Innere Kündigung

Hochschulschriften zum Personalwesen

herausgegeben von
Dr. Thomas R. Hummel, Hamburg
Prof. Dr. Dieter Wagner, Universität Potsdam
Prof. Dr. Ernst Zander, Universität Hamburg

Band 20

Ulrich Krystek, Doris Becherer, Karl-Heinz Deichelmann

Innere Kündigung

Ursachen, Wirkungen und Lösungsansätze
auf Basis einer empirischen Untersuchung

2. Auflage

Rainer Hampp Verlag   München und Mering   1995

Die Deutsche Bibliothek - CIP-Einheitsaufnahme

Krystek, Ulrich:
Innere Kündigung : Ursachen, Wirkungen und Lösungsansätze
auf Basis einer empirischen Untersuchung / Ulrich Krystek ;
Doris Becherer ; Karl-Heinz Deichelmann. - 2., verb. und erg.
Aul. - München ; Mering : Hampp, 1995
(Hochschulschriften zum Personalwesen ; Bd. 20)
ISBN 3-87988-144-8
NE: Becherer, Doris:; Deichelmann, Karl-Heinz:; GT

1. Auflage: Mai 1995
2., verb. u. erg. Aufl.: Oktober 1995

Hochschulschriften zum Personalwesen: ISSN 0179-325X

© 1995   Rainer Hampp Verlag München und Mering
Meringerzeller Str. 16 D - 86415 Mering

Geleitwort

In der Reihe HOCHSCHULSCHRIFTEN ZUM PERSONALWESEN erscheinen Arbeiten, die im wesentlichen aus hochschulbezogenen Forschungszusammenhängen entstanden sind. Charakteristisch für die Schriftenreihe ist, daß die einzelnen Bände praxisnah und wissenschaftlich fundiert einen Themenbereich aus dem Personalwesen behandeln. Sie wendet sich damit an Wissenschaftler und Studierende des Personalwesens sowie den interessierten Praktiker der Wirtschaft und Verwaltung.

Als einprägsames Schlagwort hat sich die *Innere Kündigung* längst einen festen Platz in der populärwissenschaftlichen Literatur erobert. Sie teilt dort das Schicksal vieler einprägsamer Termini: Innere Kündigung erscheint als Begriff und Problemkomplex zunächst klar und vertraut, erweist sich aber bei näherer Betrachtung als eher unscharf in der Interpretation und ist angefüllt mit Spekulationen, insbesondere im Hinblick auf Ausmaß, Wirkungen und Lösungsansätze.

Ursprünglich von Vertretern des Bad Harzburger Modells (Höhn, Raidt) in die personalwirtschaftliche Diskussion eingebracht, hat zwar die praxiorientierte Literatur zu diesem Thema ein erhebliches Volumen erreicht, allerdings bisher wenig empirische Fundierung erfahren, geschweige denn konkrete Lösungsansätze angeboten.

Die vergleichsweise wenigen theoretisch orientierten Publikationen, wie etwa von Löhnert (1989), Faller (1990/1993) sowie auch von Kanungo (1982) und Kahn (1990) haben zwar wichtige Erkenntnisse speziell unter Berücksichtigung verhaltenswissenschaftlicher Ansätze erbracht, kommen aber mangels empirischer Forschung häufig über plausible Vermutungen kaum hinaus.

Genau an diesem kritischen Punkt bisheriger Forschungsbemühungen setzt die Arbeit von Krystek/Becherer/Deichelmann an. Erstmals werden in der vorliegenden Schrift auf repräsentativer empirischer Basis Aussagen über Ausmaß, Ursachen, Wirkung und Lösungsansätze zur Inneren Kündigung präsentiert.

Die insgesamt sechs Kapitel umfassende Arbeit beschäftigt sich neben einer eingehenden Begriffsbestimmung mit Ausmaß, Anzeichen (Symptomen) und Ursachenschwerpunkten, sowie den Wirkungen der Inneren Kündigung. Darüber hinaus zeigt sie praxisorientiert mögliche Lösungsansätze zur Begrenzung dieses Phänomens auf.

Im Mittelpunkt der einzelnen Kapitel stehen die Aussagen der Praxis, dokumentiert durch die Befragungsergebnisse. Sie werden gespiegelt an den aus der Literatur gewonnenen Erkenntnissen, wobei Übereinstimmungen, Ergänzungen und Abweichungen kommentierte Hervorhebung finden. Alle wichtigen Ergebnisse sind dabei jeweils insgesamt sowie differenziert nach Branchen und Unternehmungsgrößen dargestellt. Sie lassen in dieser Spezifizierung im Detail interessante Aspekte deutlich werden.

Die besondere Bedeutung dieser Arbeit liegt nicht in spektakulären, neuen Erkenntnissen, sondern vielmehr in einer nunmehr ermöglichten Versachlichung der Diskussion zu diesem Thema.

Von den Autoren ist insgesamt ein sehr wertvoller Beitrag im Hinblick auf eine praxisorientierte Personalforschung zu einem aktuellen Problemkomplex geleistet worden, der für Personalverantwortliche und Führungskräfte sowie für Berater, aber ebenso auch für Forscher und Lehrer im Bereich der Personalwirtschaft wichtig sein dürfte.

Thomas R. Hummel
Dieter Wagner   Hamburg und Potsdam
Ernst Zander   im März 1995

Vorwort zur 2. Auflage

Innere Kündigung wurde im Rahmen der dieser Arbeit zugrundliegenden Untersuchung von fast allen Befragten als ein Problem von zunehmender Bedeutung eingeschätzt. Insoweit waren die Verfasser, wie auch schon durch viele Gespräche mit Führungskräften des Personalwesens vor und während der Umfrage, auf ein lebhaftes Interesse an dieser Thematik vorbereitet. Letztlich war es auch dieses vermutete Interesse, das Herausgeber, Verlag und Verfasser zur Veröffentlichung der Ergebnisse des Forschungsprojektes "Innere Kündigung" veranlaßt haben. Daß allerdings knapp ein halbes Jahr nach Erscheinen dieses Buches die erste Auflage vergriffen sein würde, war von den Beteiligten nicht erwartet worden, entspricht wohl auch nicht den gängigen Erfahrungen mit solchen Schriften. Begünstigt wurde ein solch weit über den Erwartungen liegendes Interesse gewiß durch das vergleichsweise große Medieninteresse, auf das die zentralen Ergebnisse der Umfrage gestoßen sind.

Die Herausgeber, der Verlag und die Verfasser freuen sich über ein solch positives Echo und danken insbesondere für die vielen persönlichen Antworten und Hinweise zu diesem Buch.

Um die Lieferbereitschaft nicht zu sehr zu gefährden, mußte diese zweite Auflage schnell erscheinen. Eine für spätere Zeiten geplante, grundlegende Überarbeitung der gesamten Thematik unter Einschluß neuer Erkenntnisse der Forschung und einer qualifizierten Aufarbeitung des Echos der Praxis auf diese Arbeit konnte in dieser Auflage noch nicht erfolgen. Sie ist allerdings weiterhin vorgesehen.

Gleichwohl wurde der Text dieser zweiten Auflage um ein Schlußkapitel erweitert, in dem auf die Mitwirkung der Inneren Emigranten bei der Überwindung von Innerer Kündigung als einem auch sie selbst gefährdenden Phänomen eingegangen wird.

Weiterhin wurden einige formale Mängel der ersten Auflage verbessert.

Die Verfasser danken erneut den Helfern, die schon an der Erstausgabe mitgewirkt haben und durchaus noch keine Anzeichen von Innerer Kündigung erkennen ließen, als es darum ging, diese Auflage schnellstmöglich zu erstellen.

Ulrich Krystek
Doris Becherer
Karl-Heinz Deichelmann

Worms
im August 1995

Vorwort zur 1. Auflage

Die Idee zu der vorliegenden Arbeit geht zurück auf eine Seminarveranstaltung des IFPM (Institut für Führung und Personalmanagement an der Hochschule St. Gallen) am 21.10.92 in Frankfurt/M.. Unter der Leitung von Prof. Dr. Martin Hilb wurden dort Ursachen und Lösungsansätze der Inneren Kündigung zwischen Führungskräften der Wirtschaft und Vertretern von Hochschulen diskutiert. Gleich zu Beginn kam dabei die Frage nach dem Ausmaß der Inneren Kündigung auf. Sie wurde - wie auch schon bei anderen Veranstaltungen dieser Art - mit einer Bandbreite von nur etwa zehn Prozent bis gar achtzig Prozent aller Mitarbeiter beantwortet, die sich in Unternehmungen vermutlich in einem Zustand Innerer Kündigung befänden. Angesichts der weitreichenden und destruktiven Wirkungen Innerer Kündigung für die Unternehmung und die Mitarbeiter selbst ist eine so vage Einschätzung der Verbreitung dieses Phänomens äußerst unbefriedigend. Zudem sind auch in der Literatur kaum relevante Untersuchungen über das Ausmaß der Inneren Kündigung bekannt. Vielmehr werden sie dort ebenfalls durch äußerst unterschiedliche Schätzungen mit ähnlicher Streubreite ersetzt.

Aus diesem offenkundigen Mangel heraus entwickelte sich das Konzept eines Forschungsprojekts an der Fachhochschule Rheinland-Pfalz, Abteilung Worms, Fachbereich BW V. In seinem Mittelpunkt stand eine Befragung von etwa einhundertfünfzig Unternehmungen unterschiedlicher Größen und Branchen über Ausmaß, Ursachen, Wirkungen und Lösungsansätze zur Begrenzung der Inneren Kündigung.

Befragungen von Unternehmungen durch Hochschulen und sonstige Forschungseinrichtungen sind allerdings nicht eben selten und die zu erwartende Rücklaufquote ist oft allein deshalb sehr gering. Umso überraschter waren die Autoren, mit immerhin dreiundsechzig Prozent auswertbarer Antworten doch eine ansehnliche Quote erreicht zu haben. Offenbar stößt der hier zu behandelnde Themenkomplex auf großes Interesse gerade in der Praxis. Innere Kündigung entwickelt sich dabei - wie es in fast allen Antworten formuliert wurde - *sogar zu einem aktuellen Problem von zunehmender Bedeutung.*

In einer solchen Situation einen Beitrag zur Verbesserung der empirischen Basis zu leisten, ist zentrales Anliegen dieser Arbeit.

Ein besonderes Anliegen der Verfasser ist es an dieser Stelle aber auch, den beteiligten Unternehmungen und ihren Führungskräften für die Mitarbeit und Unterstützung zu danken. Dies nicht nur für die gewiß schon erhebliche Mühe der Bearbeitung des immerhin neunseitigen Fragebogens, sondern insbesondere auch für vielfältige, darüber hinausgehende Anregungen und Ermutigungen, diesen Themenkomplex zu bearbeiten und die Ergebnisse zu veröffentlichen.

Wir danken Frau Dipl.-BW (FH) Corinna Fischer für die Mitwirkung bei der Erstellung des Manuskripts und Herrn Dipl. Übersetzer Stefan Schrape gilt der Dank der Verfasser für die kritische Durchsicht des Manuskripts.
Ebenso danken die Verfasser dem IFAA (Institut zur Förderung von Auslandsgeschäften und Auslandsprojekten) e. V. für die finanzielle Unterstützung des Forschungsprojektes.

Es ist der Wunsch der Verfasser, daß die nun vorliegenden Fakten eine Orientierungshilfe im Umgang mit Innerer Kündigung für die Praxis darstellen und auch die konzeptionelle Auseinandersetzung mit diesem Phänomen vorantreiben mögen.

Angesichts sich drastisch verschärfender Wettbewerbsbedingungen kann nicht hingenommen werden, daß ausgerechnet die wichtigste Ressource der Unternehmung, die engagierten und einsatzbereiten Mitarbeiter, von dem "Virus der Inneren Kündigung" (Hilb) wie von einer unabwendbaren Krankheit befallen werden. Die gefundenen Ursachen und von der Praxis bestätigten Lösungsansätze deuten vielmehr darauf hin, daß dieses Phänomen zumindest einer Begrenzung durch Erkennen und Handeln zugänglich ist.

Ulrich Krystek   Worms,
Doris Becherer   im Februar 1995
Karl-Heinz Deichelmann

INHALTSVERZEICHNIS

1. Einführung

1.1 Innere Kündigung: Verknappung knapper Ressourcen

Rationalisierungskampagnen aller Art, von breitflächigen Downsizing-Programmen über Lean-Management-Konzepte bis hin zu dem unter Motivationsaspekten noch wenig ausgeloteten Business-Reengineering[1] sind gegenwärtig Hauptthemen nicht nur in der Literatur. Sie sind vielmehr auch Realität in der wirtschaftlichen Praxis aller Branchen.

Im Kern geht es dabei stets um die bessere Nutzung, insbesondere aber auch um die Verringerung bestehender Ressourcen. Neben einer angestrebten Verknappung von Sachmitteln ist es vor allen Dingen der Mensch, der als wichtigste und wertvollste Ressource ins Zentrum der Rationalisierungsbemühungen gerückt wurde.

Die vielfältigen Berichte über drastische Personalreduzierungsabsichten bisher unbekannten Ausmaßes sowie die konstant hohe Arbeitslosenquote sind Beispiele dafür, daß sich Unternehmungen aller Größen und Branchen in zunehmendem Maße von ihrer "Humanressource", ihren Mitarbeitern, trennen.
Die verbleibende Arbeitsleistung[2] verteilt sich auf immer weniger Mitarbeiter und der Beitrag des Einzelnen wird angesichts einer knapper werdenden Personaldecke immer bedeutsamer.

Vor diesem höchst aktuellen Hintergrund muß eine Entwicklung besonders bedenklich stimmen, die von Personalverantwortlichen der Praxis als ein permanentes Problem mit zunehmender Bedeutung bezeichnet wird: die Innere Kündigung oder Innere Emigration von Mitarbeitern. Anwesend, aber nicht leistungsbereit zu sein[3], bedeutet faktisch eine weitere Verknappung der ohnehin schon durch vielfältige Rationalisierungsmaßnahmen verknappten Ressource Mensch.

Eine solche Entwicklung kann nicht hingenommen werden, selbst wenn abwegig erscheinende Spekulationen von bis zu 50% innerlich gekündigter Mitarbeiter[4] in Unternehmungen nicht zutreffen. In Zeiten, in denen auch die letzte Arbeitskraftreserve

---

[1]   Vgl. Bleicher, K. (1994a), S. 82
[2]   Vgl. Siebert, H. (1994), S. 239ff.
[3]   Vgl. Volk, H. (1992b), S. 225ff.
[4]   Vgl. Abschnitt 2.4 dieser Arbeit

aufgelöst wird, erscheinen selbst kleinste Prozentsätze von Inneren Emigranten innerhalb der Arbeitnehmerschaft höchst problematisch und tragen zu einer weiteren Verknappung des Leistungspotentials der Unternehmung bei.

Es wäre ein Irrtum anzunehmen, daß gerade die Inneren Emigranten von den Wellen der Rationalisierungsmaßnahmen hinweggespült würden. Zu den vielen Facetten des Phänomens Innere Kündigung gehört gerade die Fähigkeit vieler innerer Emigranten, ihre mangelnde Leistungsbereitschaft perfekt zu tarnen und sich so vor (formalen) Kündigungen zu schützen.

Aber nicht nur der gewiß bedeutsame Aspekt einer durch nachhaltige Leistungsdistanz bewirkten Verknappung (ohnehin schon) knapper Ressourcen ist Anlaß für die erneute Behandlung des Themas Innere Kündigung.
Letztendlich werden alle zentralen Erfolgsfaktoren für die Wettbewerbs- und Überlebensfähigkeit von Unternehmungen gerade in kritischer Zeit durch getarnte Leistungsverweigerung von Mitarbeitern schwer beeinträchtigt. Es sind dies die in Abb.1 dargestellten Elemente Innovation, Zeit, Kosten und Qualität, die insgesamt eine Art "magisches Viereck" des Erfolgs von Unternehmungen bilden.[5]

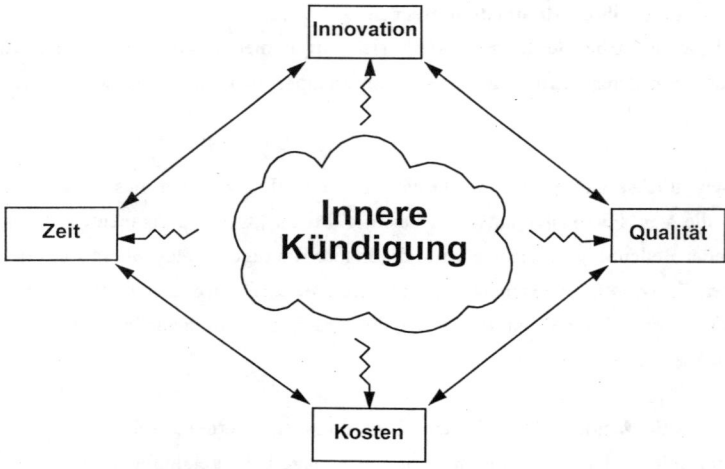

Abb. 1: Erfolgsgefährdung durch Innere Kündigung

---

[5]   Vgl. Servatius, H.G. (1994), S. 20

Es bedarf an dieser Stelle sicher keiner detaillierten Beschreibung, wie das Phänomen der Inneren Kündigung diese Elemente des Unternehmungserfolges im einzelnen bedroht. Ohne weiteres wird ersichtlich, daß mangelnde Leistungsbereitschaft von Mitarbeitern die Bestrebungen nach Innovation, (totaler) Qualität, Zeitersparnis und letztlich Kostenreduzierung ernsthaft gefährden, wenn nicht gar zunichte machen muß.

Damit ist allerdings das Spektrum *Wirkungen* der Inneren Emigration von Mitarbeitern nur verkürzt dargestellt. Kennzeichnend für das Phänomen der Inneren Kündigung ist es gerade, daß seine Wirkungen letztlich alle Unternehmungstätigkeiten infizieren können und sich meist nur schwer eingrenzen oder gar quantifizieren lassen.

Ebenso vielschichtig ist die Beantwortung der Frage nach den *Ursachen* der Inneren Kündigung. Wenn auch angenommen werden kann, daß ihre Ursachenschwerpunkte im Einflußbereich der Unternehmung selbst liegen, so ist dennoch eine Vielzahl von Faktoren, von der Persönlichkeit des Betroffenen bis zu gesellschaftlichen Einflüssen für die Innere Emigration von Mitarbeitern verantwortlich.

Allerdings existiert auch eine überschaubare Anzahl von *Maßnahmen*, mit deren Hilfe das Problem der Inneren Kündigung entscheidend verringert werden kann.

Vor diesem Hintergrund erscheint es interessant und aussichtsreich zu sein, sich mit dem zwar erkannten, bisher aber offenbar schlecht bewältigten Phänomen der Inneren Kündigung im Hinblick auf Ursachen, Wirkungen und Maßnahmen auseinanderzusetzen.

1.2 Aufbau der Untersuchung

Die vorliegende Arbeit greift die Thematik aus einem neuen, erweiterten Blickwinkel heraus auf. Waren die bisherigen Veröffentlichungen auf die Darstellung und Interpretation wissenschaftlicher Erkenntnisse beschränkt, so bezieht sich ein wesentlicher Teil dieses Beitrags auf eine empirische Untersuchung zur Inneren Kündigung, die einen detaillierteren Einblick in die generelle Einschätzung dieser Problematik geben will. Zugleich werden die spezifischen Indikatoren und Ursachen des Phänomens ermittelt und den theoretischen Erklärungsansätzen gegenübergestellt. Abschließend werden Strategien und Maßnahmen, die zur Problemlösung geeignet erscheinen, aufgezeigt und auf ihre praktische Anwendbarkeit hin überprüft. Damit will die Arbeit die Ebene einer reinen Beschreibung des

Phänomens der Inneren Kündigung verlassen und - soweit erkennbar - erstmals die theoretischen Erkenntnisse anhand von aktuellen Ergebnissen einer empirischen Untersuchung überprüfen.

• **Schriftliche Befragung von Personalverantwortlichen als Grundlage der Untersuchung**

Aus der breiten Palette der zur Verfügung stehenden Forschungsmethoden eignet sich für eine Datenerhebung im hier interessierenden Zusammenhang nach Meinung der Verfasser am besten die Form der vorstrukturierten, schriftlichen Befragung. Andere Vorgehensweisen, wie z.B. Experiment oder Beobachtung, erscheinen in Verbindung mit dieser Thematik weniger erfolgversprechend. Mündliche Befragungen sind faktisch auszuschließen, da die Befragten bei dieser Methode nicht anonym bleiben können. Um den Befragten die Anonymität der Untersuchung zu gewährleisten und um eine möglichst ehrliche Beantwortung der Fragen zu erreichen, erscheint es deshalb zweckmäßig, die empirische Studie im Rahmen einer schriftlichen Befragung durchzuführen.

Als Adressaten der Befragung wurden Personalverantwortliche[6] in jeweiligen Unternehmungen ausgewählt. Dies hat gewiß gewichtige Vor- und Nachteile, die auch in der Literatur bereits diskutiert wurden.[7] Weder die Befragung von Mitarbeitern (als den potentiell Betroffenen) noch von Vorgesetzten (als den - zunächst nur vermutlich - Hauptverantwortlichen) schien aussichtsreich; bei fast einhundertfünfzig befragten Unternehmungen auch wenig pratikabel. Umgekehrt sprach für die Personalverantwortlichen deren vergleichsweise vorhandene Neutralität sowie Professionalität im Hinblick auf dieses spezifische Personalproblem. Die Aufgeschlossenheit und Freimütigkeit der Fragenbeantwortung hat nach Auffassung der Autoren diese Auswahl der Befragten gerechtfertigt.

---

[6] im Sinne von Führungskräften aus dem Bereich Personalwesen
[7] Vgl. auch Klug, S. (1992), S. 40; Löhnert, W. (1990), S. 204

• Umfang der Befragung

Der Fragebogen wurde an insgesamt 147 Unternehmungen versandt. Im Anschreiben wurde selbstverständlich darauf hingewiesen, daß die Antworten streng vertraulich behandelt und die Bestimmungen des Datenschutzes strikt eingehalten werden. Die Rücklaufquote betrug 63%, so daß 92 Fragebögen für die Auswertung zur Verfügung standen.[8] Schon diese erfreulich hohe Rücklaufquote zeigt das große Interesse, das diesem Thema entgegengebracht wird.

Der dieser Untersuchung zugrunde liegende Fragebogen wurde in Anlehnung an die bereits zu dieser Thematik veröffentlichte Literatur konzipiert. Er umfaßt 14 Fragen, davon sind 10 geschlossen und 4 offen formuliert.

• Aufbau des Fragebogens

Der Fragebogen wurde in fünf Abschnitte unterteilt, die nachfolgend kurz erläutert werden[9]:

(1.) Zum Begriff der Inneren Kündigung (Fragen I/1 und I/2)
Zu Beginn wurden vier Definitionen der Inneren Kündigung vorgegeben um zu überprüfen, wie geläufig der Begriff in der Praxis ist und was genau darunter verstanden wird. Im Anschluß daran wurde analysiert, ob es sich nach Meinung der Befragten dabei um ein temporäres oder permanentes Problem handelt. (Bei beiden Fragen gab es nur eine Antwortmöglichkeit.)

(2.) Die Einschätzung der Inneren Kündigung und ihre Indikatoren (II/1-II/5)
Die Antworten zu diesem Komplex sollten zeigen, wie hoch der Anteil an innerlich gekündigten Mitarbeitern in Deutschland, in den neuen und alten Bundesländern, in der eigenen Unternehmung und auf den verschiedenen Ebenen von Management/Verwaltung bzw. Produktion eingeschätzt wird.

Welche Indikatoren im Zusammenhang mit der Inneren Kündigung besonders relevant sind, wurde anhand der Frage II/5 ermittelt. Dazu wurde eine Reihe von potentiellen Indikatoren vorgegeben. Die Befragten konnten angeben, ob sie diese Anzeichen "voll", "ziemlich", "weniger" oder "gar nicht" als sichere Indikatoren ansehen.[10] Als Ergänzung konnten - wie

---

8   Wenn nachfolgend verkürzt von den Befragten gesprochen wird, so sind damit die antwortenden Unternehmungen unter den Befragten gemeint
9   Der gesamte Fragebogen ist im Anhang des Buches wiedergegeben.
10 Die Befragten hatten die Möglichkeit, die einzelnen Indikatoren - dies gilt auch für die in den folgenden Kapiteln analysierten Ursachen und Maßnahmen - mit 'trifft voll zu', 'trifft ziemlich zu', 'trifft weniger zu' oder 'trifft gar nicht zu' zu beurteilen. Zur vereinfachten Darstellung und Beschreibung der Untersuchungsergebnisse wurden die 4 Antwortmöglichkeiten zusammengefaßt, so daß nachfolgend nur noch eine Unterscheidung zwischen "zutreffend" und "nicht zutreffend"

auch bei den folgenden Kapiteln über Ursachen und Maßnahmen - unter der Rubrik "andere Gründe" von den Personalverantwortlichen weitere Alarmsignale genannt werden, die nach ihrer Meinung auf eine Innere Kündigung hinweisen.

(3.) Ursachen der Inneren Kündigung (III/1-III/5)

Innerhalb dieses Kapitels sollte erforscht werden, welche Gründe für eine Innere Kündigung verantwortlich sind. Dazu wurden 5 Ursachenblöcke, bestehend aus mehreren Einzelursachen, gebildet. Damit sollte erreicht werden, daß sich zum einen das Ursachenspektrum Innerer Kündigung herauskristallisiert und zum anderen die speziellen Schwerpunkte innerhalb der folgenden Bereiche festgestellt werden können:[11]

- Private und persönliche Ursachen (III/1)
- Gesellschaftliche Ursachen (III/2)
- Ursachen im Bereich des Vorgesetzten (III/3)
- Ursachen innerhalb der Arbeitsgruppe (III/4)
- Ursachen im Bereich der Gesamtunternehmung (III/5).

Auch hier beurteilten die Befragten, ob sie die einzelnen Ursachen "voll", "ziemlich", "weniger" oder "gar nicht" als Auslöser für die Innere Kündigung einstufen.

(4.) Maßnahmen zur Bewältigung der Inneren Kündigung (IV/1-IV/2)

Ergänzend zur Ursachenanalyse sollte ermittelt werden, welche Maßnahmen nach Ansicht der Personalverantwortlichen geeignet sind, das Problem der Inneren Kündigung - jedenfalls langfristig - zu beherrschen. Dazu wurde ein Bündel von Maßnahmen vorgegeben, die von den Befragten im Hinblick auf ihre Eignung bewertet werden konnten (IV/1). In diesem Zusammenhang war es interessant zu erfahren, in welchem Umfang die einzelnen Maßnahmen durch die Unternehmungen auch tatsächlich angewandt werden. Den Befragten, die einzelne Maßnahmen nicht anwandten, wurde in einer gesonderten Spalte die Möglichkeit gegeben, Hinderungsgründe der Anwendung zu nennen (IV/2). Dadurch konnte nachvollzogen werden, was der Durchführung der Maßnahmen konkret im Wege stand.

(5.) Informationen über die befragte Unternehmung (V/1-V/4)

Abschließend wurden vier Fragen zur Unternehmung selbst gestellt.

Die Angaben über Branchenzugehörigkeit, Mitarbeiterzahl, Umsatz und geographischen Tätigkeitsbereich sollten näheren Aufschluß über die Zusammensetzung der Teilnehmer der Studie geben. Dabei verteilen sich die 92 antwortenden Unternehmungen auf die einzelnen Merkmalsklassen wie aus Tabelle 1 ersichtlich[12]:

---

gemacht wird. Dies erscheint auch insofern gerechtfertigt, da ohnehin keine nennenswerten Unterschiede zwischen der Verteilung auf die Antworten 'trifft voll zu' und 'trifft ziemlich zu' bzw. 'trifft weniger zu' und 'trifft gar nicht zu' auftraten. Diese Vorgehensweise wurde auch in den folgenden Kapiteln übernommen.

[11] Vgl. dazu Hilb, M. (1992a), S. 10ff.

[12] Zur besseren Übersichtlichkeit wurden die Angaben über Mitarbeiterzahl, Umsatz und geographischen Tätigkeitsbereich zu drei Clustern zusammengefaßt

Branche	Nennungen	Unternehmungsgröße	Nennungen
Handel	n = 12	Mitarbeiterzahl 1-500	n = 32
Dienstleistung	n = 25	Mitarbeiterzahl 501-2000	n = 28
Industrie	n = 52	Mitarbeiterzahl über 2000	n = 30
keine Angabe	n = 3	keine Angabe	n = 2

Umsatz	Nennungen	geogr. Tätigkeitsbereich	Nennungen
unter 50 Mio.	n = 18	regional	n = 18
50 - 500 Mio.	n = 27	national	n = 15
über 500 Mio.	n = 43	international	n = 58
keine Angabe	n = 4	keine Angabe	n = 1

Tab. 1: Die Zusammensetzung der befragten Unternehmungen nach Branchenzugehörigkeit, Mitarbeiterzahl, Umsatz und geographischem Tätigkeitsbereich

- **Auswertung und Darstellung der Ergebnisse**

Bei der Auswertung der Fragebögen wurde auf den Einsatz anspruchsvoller statistischer
Methoden und Verfahren bewußt verzichtet. Die Angaben in absoluten Zahlen und
Prozentsätzen erschienen den Verfassern als ausreichend. Auch wenn die Befragung über
eine vergleichsweise große Grundgesamtheit verfügt: die ableitbaren Ergebnisse und
Schlußfolgerungen können immer nur erkennbare Tendenzen andeuten. Insoweit erzeugen
z.B. bereits schon exakt angegebene Prozentsätze leicht eine Art Scheingenauigkeit, die dem
Aussagecharakter häufig nicht angemessen sein kann.

Die Darstellung der wesentlichen Ergebnisse erfolgte in jeweiliger Differenzierung nach
Branchenzugehörigkeit und Unternehmungsgröße, da sich sowohl bei den Ursachen und
Wirkungen als auch im Hinblick auf die Maßnahmen gegen Innere Kündigung diesbezüglich
interessante Abweichungen ergaben.

Obwohl die Befragten im Rahmen der Fragebogenaktion hauptsächlich zu vorformulierten
Fragen Stellung beziehen sollten, war genügend Raum für eigene (zusätzliche oder
abweichende) Antworten vorgesehen worden. Die dort zu findenden Meinungsäußerungen
der Befragten haben sich als teilweise sehr fruchtbar erwiesen. Sie sind im Text als
wörtliches Zitat mit * gekennzeichnet.

2. Das Phänomen Innere Kündigung

2.1 Begriff "Innere Kündigung": Versuch der Erläuterung eines facettenreichen Problems

Betrachtet man die Literatur zum Phänomen der Inneren Kündigung, so fällt - wie so häufig bei bekannt erscheinenden Begriffen - auf, daß eine einheitliche Definition nicht exisitiert. Der Begriff wird in unterschiedlicher Weise und mit unterschiedlicher Betonung verschiedener Aspekte verwendet. "Innere Kündigung" scheint eine eher schlagwortartige oder plakative Formel für angeblich grassierende Lustlosigkeit[13] als eine feststehende Bezeichnung für ein definiertes Phänomen zu sein.[14] Die nachfolgenden Definitionen geben einen Überblick über die Vielfalt vorhandener Formulierungen.

R. Höhn, der mit seinem Artikel "Die innere Kündigung - ein schlimmes Thema"[15] wohl als erster auf dieses Problem aufmerksam gemacht hat, beschreibt die Innere Kündigung (oder: Innere Emigration) eines Mitarbeiters als den "bewußten Verzicht auf Engagement und Eigeninitiative in der Unternehmung....Der Mitarbeiter will zwar seine Stellung in der Unternehmung behalten, beabsichtigt aber, sich in keiner Weise mehr zu engagieren"[16]. Er vermeidet Arbeitsaktivitäten, die über die von der Unternehmung aufgrund von Sanktionen durchsetzbaren Minimalforderungen hinausgehen[17]. Grund dafür ist die von ihm als frustrierend empfundene Arbeitssituation. Er rechnet sich keine Chancen aus, seine Lage noch zum Besseren wenden zu können und beschränkt sich deshalb lediglich darauf, die deprimierende Arbeitsatmosphäre "...im Sinne der eigenen Bedürfnisse zu redefinieren und sie wenigstens halbwegs erträglich zu gestalten, indem..(er)..sich gegen die andauernde Frustration und umgebende negative Zustände 'immunisiert'. Der innere Emigrant wird sich von der Arbeitssituation, der Unternehmung oder auch seinem Vorgesetzten distanzieren und sein Arbeitsverhalten bei fortdauernder Unzufriedenheit durch Verminderung der Beitragsleistungsbereitschaft ausgleichend anpassen und zwar soweit, bis aus seiner Sicht ein 'gerechter' psychologischer Vertrag erreicht wird"[18].

Der Soziologe P. Gross versteht Innere Kündigung als eine stille, mentale Verweigerung engagierter Leistung. Mental, weil sie tief im Inneren sitzt und still, weil sie nicht in einem

---

[13] Vgl. Derschka, P. (1988), S. 5
[14] Faller, M. (1991), S. 82
[15] Vgl. Höhn, R. (1982)
[16] Höhn, R. (1983), S. 17
[17] Vgl. Löhnert, W. (1990), S. 39
[18] Vgl. Faller, M. (1991), S. 231

offenen Akt sichtbar wird, sondern nur verdeckt in Arbeit und Leistung mit halbem Herzen und halber Kraft zum Ausdruck kommt[19].

W. Löhnert[20] unterscheidet zwischen einer aktiven und passiven Inneren Kündigung. Bei der aktiven Inneren Kündigung agiert der Mitarbeiter. Er rächt sich für eine als ungerecht empfundene Behandlung und hofft, es der Unternehmung "heimzuzahlen"[21]. Der Mitarbeiter kann sich aber auch passiv, d.h. nur resignativ-reagierend verhalten. Er verrichtet dann seinen Dienst nach Vorschrift. Dieses Verhaltensmuster verfestigt sich in dem Maße, in dem der Mitarbeiter erkennt, daß seine Angepaßtheit und Kritiklosigkeit keine oder gar positive Konsequenzen (bis hin zur Beförderung) hat.

Der innerlich Gekündigte ist allerdings nicht bereit, auch die letzte Konsequenz der äußeren Kündigung zu ziehen. Der aversiv erlebten Arbeitssituation kann aus der Sicht des inneren Emigranten nicht entgangen werden. Die Gründe hierfür sind die mit einem Arbeitsplatzwechsel immer verbundenen Unsicherheiten und Verlustgefahren. Dazu zählen zum einen die Angst vor finanzieller Verschlechterung, die Ungewißheit über die Eignung der erworbenen Qualifikationen für die neue Stelle und die Angst vor einem möglichen Abstieg in der sozialen Hierarchie.[22] Gerade in Zeiten von Rezession und Massenarbeitslosigkeit wiegen diese Motive besonders schwer.

Zum anderen spielt aber auch das allzu menschliche Trägheitsmoment eine nicht zu unterschätzende Rolle. Der Mitarbeiter vollzieht die Kündigung nur innerlich, um z.B. nicht die gewohnten Kollegen zu verlieren, sein Haus nicht aufzugeben oder Frau und Kindern keinen Wohnortwechsel zumuten zu müssen. Wenn er abwägen muß, welche Unannehmlichkeiten eher in Kauf zu nehmen sind, private oder berufliche, dann werden meist eher Frustrationen am Arbeitsplatz in Kauf genommen. Die Folgen einer solchen Entscheidung werden dabei allerdings fast immer unterschätzt, denn die Wirkungen einer unbefriedigenden Arbeitssituation dürften sich im Zeitablauf so verstärken, daß auch unweigerlich die Privatsphäre darunter leidet.

Im Gegensatz zur äußeren Kündigung ist die Innere Kündigung nur schwer erkennbar; ihr Charakteristikum liegt im Gegenteil geradezu in ihrer bis zur Unsichtbarkeit perfektionierten

---

19 Vgl. Gross, P. (1992a), S. 87
20 Vgl. Löhnert, W. (1990), S. 109ff.
21 Vgl. Hilb, M. (1992a), S. 7
22 Vgl. Faller, M. (1991), S. 86

9

Tarnung. Die Tabelle 2 soll zum besseren Verständnis eine Abgrenzung zwischen Innerer Kündigung und der formalen, äußeren Kündigung vornehmen:

Kündigung: Dimension:	Innere Kündigung	Äußere Kündigung
Grundlage	Psychologischer Vertrag	Rechtlicher Vertrag
Kennzeichen	Zustand	Handlung
Charakter	Psychischer Zustand, der zur Abnahme der Leistungsbereitschaft führt	Rechtlicher Akt zur Lösung des Arbeitsvertrages
Erkennbarkeit	Schwer (lautloser Protest)	Leicht (offen vollzogene Handlung)

Tab. 2: Ein Abgrenzungsversuch zwischen Innerer Kündigung und
äußerer (formaler) Kündigung
Quelle: ähnlich Hilb, M. (1992a), S.6 und Faller, M. (1991), S.90

Parallelen zur Inneren Kündigung weist auch das Phänomen des *Burnout*[23] auf. Es bezeichnet eine Persönlichkeitsveränderung, deren Symptome in Gestalt von physischer Erschöpfung, Antriebslosigkeit, Desinteresse an der Umwelt, Emotionsarmut, Gefühlen der Hilflosigkeit, Verlust des Selbstvertrauens, Enttäuschung über Privatleben und Arbeit oder Feindseligkeit bzw. Zynismus gegenüber Partnern zu erkennen sind. Beide Phänomene sind - wie wir später sehen werden - in ihren Symptomen weitgehend kongruent. Allerdings handelt es sich bei der Inneren Kündigung im Gegensatz zum Burnout-Syndrom um ein eingegrenzteres Phänomen mit (zunächst) geringerer Reichweite.[24]

Die Unterschiedlichkeit der zur Inneren Kündigung aufgeführten Definitionen läßt erkennen, daß eine handhabbare oder gar operationale Definition in der Literatur nicht existiert[25]. Deshalb wurde im Rahmen der Befragung anhand von vier vorgegebenen Definitionen abgeprüft, was die Befragten konkret unter dem Begriff der Inneren Kündigung verstehen (Vgl. Tabelle 3).

Neben zwei von den Verfassern entworfenen, zum Teil bewußt extrem formulierten Beschreibungen, wurden dabei die Definitionen 1 und 4 in Anlehnung an die vorhandene

---

[23] Hiermit ist ein "Ausbrennen" oder "ausgebrannt sein" gemeint, wie es hauptsächlich in Sozial- oder Helferberufen vorkommt. Vgl. Freudenberger, H.J. (1974), S. 159 ff. sowie grundsätzlich zum Burnout-Syndrom: Burisch, M. (1989) und Faller, M. (1993), S. 187 ff.
[24] Vgl. Faller, M. (1993), S. 189 ff.
[25] Faller, M. (1991), S. 82

Literatur gewählt. Durch die als erste Definition vorgegebene Beschreibung von Gross, Innere Kündigung sei eine stille, mentale Verweigerung engagierter Leistung, die sich als lautloser Prozeß vollzieht und deshalb für Vorgesetzte und Unternehmungsleitung schwer zu erkennen und rechtzeitig einzudämmen ist, kommt deutlicher als bei der in Anlehnung an Höhn formulierten Definition 4 zutage, daß es sich bei diesem Ereignis wohl eher um eine "schleichende Krankheit handelt, die weder vom Arzt klar diagnostiziert, noch vom Patienten bewußt reflektiert ist, deren Verlauf schwer faßbar und deren Erscheinungsformen bunt und uneinheitlich sind"[26].

Tabelle 3 stellt dar, wieviel Prozent der Befragten sich für die jeweiligen Definitionen entschieden haben:

	Unter Innerer Kündigung versteht man...	Dieser Aussage stimmen zu:
1	....die stille, mentale Verweigerung engagierter Leistung. Sie vollzieht sich als lautloser Prozeß und ist deshalb für Vorgesetzte und Unternehmungs-führung schwer zu erkennen und rechtzeitig einzudämmen[27].	60%
2	....die gedankliche Vorstufe des Mitarbeiters, der Unternehmung zu kündigen. Nach dieser zunächst Inneren Kündigung wird vom Mitarbeiter wenig später - als logische Konsequenz - die äußere Kündigung vollzogen.	9%
3	....die -aus Imagegründen- bewußte Geheimhaltung der wahren Fluktuations-rate in einer Unternehmung. Um potentielle zukünftige Mitarbeiter der Unternehmung nicht abzuschrecken, wird die - oft sehr hohe - Zahl der Mitarbeiter, die gekündigt haben, verschwiegen.	0%
4	....den bewußten Verzicht auf Eigeninitiative und Engagement eines Mitarbeiters in der Unternehmung. Er will zwar seine Stellung behalten, beab-sichtigt aber, sich aufgrund der von ihm als frustrierend empfundenen Arbeitssituation in keiner Weise mehr zu engagieren[28].	31%

Tab. 3: Begriffsassoziationen zur Inneren Kündigung

Die Ergebnisse zeigen, daß mit 91% (60% stimmen mit der Begriffsbestimmung von Gross überein, während 31% sich an die Definition von Höhn anlehnen) die überwältigende Mehrheit der befragten Personalverantwortlichen eine erfreulich konkrete Vorstellung vom Phänomen der Inneren Kündigung hat. Lediglich 9% wählten eine Formulierung, deren implizierte Feststellung, der Inneren würde immer auch eine äußere Kündigung folgen, als

[26] Gross, P. (1992a), S. 87
[27] Vgl. Gross, P. (1992a), S. 87
[28] Vgl. Höhn, R. (1983), S. 17

atypisch für die Innere Kündigung angesehen werden muß. Dies kann, muß aber nicht geschehen und zählt deshalb auch nicht zu den typischen Charakteristika.

In Verbindung mit der Definition der Inneren Kündigung erschien es auch interessant zu erfahren, welche zeitlichen Dimensionen die Befragten dieser Thematik zuschreiben (vgl. Tab.4).

Bei der Inneren Kündigung handelt es sich um...	Dieser Aussage stimmen zu:
...ein temporäres Problem, das sich überleben wird.	2%
...ein permanentes Problem mit zunehmender Bedeutung.	98%

Tab. 4: Zeitliche Dimensionen der Inneren Kündigung

Fast einstimmig (98%) wird die Innere Kündigung von den Personalverantwortlichen als *permanentes Problem mit zunehmender Bedeutung* eingeschätzt. Was die Angaben zu den Begriffsdefinitionen bereits vorwegnehmen, bestätigt sich durch dieses hohe Ergebnis: Die Innere Kündigung vollzieht sich in "Form eines langsamen, schleichend einsetzenden und langwierigen Prozesses"[29].

Insgesamt darf im Hinblick auf das Verständnis von Innerer Kündigung festgestellt werden, daß ein Problembewußtsein in hohem Maße vorhanden ist. Von einer Verleugnung dieses Mißstandes zumindest bei den Personalverantwortlichen der befragten Unternehmungen kann also nicht die Rede sein.

---

[29] Faller, M. (1991), S. 105

2.2 Innerlich Gekündigter und Workaholic Endpunkte eines Kontinuums von Mitarbeitercharakteren

Während der vom Burnout-Syndrom betroffene Mitarbeiter dem Inneren Emigranten sehr ähnlich ist, kann als der - gedankliche - Antipode, als das Gegenteil des innerlich Gekündigten der *Arbeitssüchtige* gelten. Es ist der häufig auch als *Workaholic* bezeichnete, von Arbeit besessene Mitarbeiter.[30] Er steht am anderen Ende des Kontinuums, dessen eines Ende der Innere Emigrant darstellt. (Vgl. Abb. 2)

Innerer Emigrant ⇐	(Kriterien)	⇒ Workaholic
beschränkt auf das Nötigste ⇐	Einsatzbereitschaft ⇒	bis zur Aufopferung
vorgetäuscht ⇐	Engagement ⇒	aktionistisch
Eigeninteresse ⇐	Interessenverfolgung ⇒	(scheinbar) Unternehmungsinteresse
scheinbar hoch ⇐	Teamfähigkeit ⇒	gering (Einzelkämpfer)
gering ⇐	Selbständigkeit ⇒	hoch
maximal ⇐	Ausmaß der Distanz zur Arbeit ⇒	nicht vorhanden

Ausprägungsformen von Mitarbeitertypen

Abb. 2: Ausprägungsformen von Mitarbeitertypen

Bei nur oberflächlicher Betrachtung scheint der Workaholic zunächst vielleicht eine Art *positives Gegenstück* zum innerlich Gekündigten zu sein. Mit seiner weit über übliche Grenzen - selbst engagierter Mitarbeit - hinausgehenden, völlig freiwillig erbrachten Arbeitsleistung kommt er den Zielen der Unternehmung entgegen und wird vielleicht sogar zum notwendigen Ausgleichsfaktor für die durch innerlich Gekündigte verursachte Minderleistung. In ihrem äußeren Erscheinungsbild sind es Mitarbeiter, "die aus eigenem Antrieb lange und hart arbeiten, die fast immer mehr arbeiten, als es die jeweiligen Stellenbeschreibungen und die Erwartungen von Mitarbeitern und Vorgesetzten

---

30 Vgl. zur Kennzeichnung der Arbeitssüchtigen oder Workaholics u.a.: Biallo, H. (1989), S. 64ff.; Ernst, H. (1985), S. 46ff. sowie grundsätzlich zur Arbeitssucht: Machlowitz, M. (1980); Mentzel, G. (1979) S. 115ff.; Rüßmann, K.H. (1983), S.116ff.

erfordern".[31] Dabei resultiert ihre extreme Arbeitsleistung weder aus der Notwendigkeit einer Ausnahmesituation, noch erfolgt sie, um Vorgesetzte zufriedenstellen zu wollen oder eigene (materielle) Vorteile zu erarbeiten. Diese permanente Hochleistung wird - im Gegensatz zu einer schubweisen Arbeitsleistung, wie bei den sogenannten "Saisonarbeitern" - ganz und gar aus eigenem Antrieb, scheinbar aus purem Spaß und aus Genuß an der Arbeit erbracht.[32] Wahrscheinlich weist sogar fast jeder engagierte Mitarbeiter - so betrachtet - jedenfalls zeitweise auch Züge eines Workaholic auf.

Bei Lichte besehen handelt es sich bei der hier interessierenden Extremform von Arbeitsversessenheit jedoch um eine *Prozeßsucht*[33] im pathologischen Sinne, um eine Form von psychischer Erkrankung, die - wie viele andere Süchte - ihre Ursache in der verlorengegangenen Fähigkeit hat, auf "normale" Weise mit dem Leben zurecht zu kommen. Oft wird die Arbeit nur vorgeschoben, um vor den Problemen im privaten und persönlichen Bereich fliehen zu können[34]. In ihrem beobachtbaren Verhalten weisen Workaholics denn auch weitere Eigenschaften auf, die durchaus nicht positiv erscheinen und insgesamt eher kontraproduktiv sind:[35]

Der Workaholic ist unehrlich gegenüber seiner Familie, weil er die Wirkungen auf sich und seine Privatsphäre leugnet, indem er sie (unbewußt) unterschätzt. Die Fähigkeit, entspannen und abschalten zu können, ist ihm verlorengegangen. Gegenüber Kollegen werden immer wieder raffinierte Gründe vorgeschoben, warum soviel gearbeitet werden muß. Charakteristisch für sein Verhalten ist auch, daß er immer stärker den Kontakt zur Gegenwart verliert. Sein Mangel an Nähe zu anderen einerseits und an Distanz zur Arbeit andererseits drückt sich beruflich nicht zuletzt auch darin aus, daß er ungern delegiert, stark ichbezogen handelt und kaum noch zur Teamarbeit bereit ist. Wenn er überhaupt noch Freunde hat, sind dies nicht selten selbst von der Arbeitssucht befallene.

Ein weiteres Merkmal von Workaholics ist deren sprichwörtliche Krisenorientierung. Fälschlicherweise glauben sie, sich nur in solchen Ausnahmesituationen neu bewähren zu können. Als Folge dieser Krisensucht entsteht im Umfeld von Workaholics oder sogar in der gesamten Unternehmung das nicht ungefährliche Scheinklima einer betrieblichen Dauerkrise.

---

31 Ernst, H. (1985), S. 40
32 Vgl. Ernst, H. (1985), S. 40
33 Vgl. zur Unterscheidung von Prozeß- und Substanzsucht: Wilson-Schaef, A./Fassel, D. (1994), S. 58f.
34 Vgl. Rentrop, S. (1989), S. 33
35 Vgl. Fassel, D. (1991), S. 45ff. und Rentrop, S. (1989), S. 38ff.

Nicht zu unterschätzen ist weiterhin die Tatsache, daß das soziale Umfeld des Workaholic dessen Arbeitssucht indirekt unterstützt. Es werden positive Mythen[36] gefördert, die das Phänomen als keineswegs gefährlich, sondern - ganz im Gegenteil - als eine lobenswerte, anzustrebende und gesellschaftlich wertvolle Arbeitseinstellung verschleiern. Wenn zum Beispiel behauptet wird, daß von schwerer Arbeit noch niemand gestorben sei, dann wird zum einen die seit Jahrzehnten bekannte Erkenntnis der psychosomatischen Wirkungen der Arbeit auf die menschliche Gesundheit ignoriert und zum anderen die hohe Anzahl der Herzerkrankungen geleugnet, die ihre Ursache häufig in der beruflichen Überlastung und der daraus resultierenden, unverträglichen Lebensweise hat.

Noch immer wird gemeinhin angenommen, Unternehmungen würden von der Arbeitssucht profitieren. Eher das Gegenteil ist der Fall: Wer sich selbst überlastet, indem er sich immer mehr Arbeit aufbürdet, der belastet nicht nur sich selbst. Dadurch, daß er fast zwangsläufig überproportional mehr Fehler macht, wirkt sich sein Fehlverhalten auch nachteilig für die Unternehmung aus. Nicht zuletzt deshalb entspricht es auch keineswegs der Realität, daß Arbeitssüchtige beruflich immer vorankommen würden. Eben weil sie bei weitem nicht so effektiv und konzentriert wie manche ihrer Kollegen arbeiten, drängen sie sich eher seltener auf, wenn es darum geht, ihnen Verantwortung und Kompetenzen zu übertragen. Weiterhin dürfte der Workaholic wegen seiner völlig fehlenden, aber letztlich notwendigen Distanz zur Arbeit kaum noch in der Lage sein, kreativ in seiner Tätigkeit zu wirken und neuartigen Problemen mit neuartigen Lösungen zu begegnen. Noch immer wird zu wenig berücksichtigt, daß den auch im Sinne der Unternehmung erfolgreichen Mitarbeiter mit der von ihm zunehmend mehr zu erwartenden Kreativität auch ein gewisses Maß *schöpferischer Distanz* auszeichnen muß.[37]

Schließlich führt die permanente Überlastung psychischer und physiologischer Art geradezu zwingend auch zu körperlichen Schäden, von denen Kreislaufbeschwerden, Schlafstörungen und häufige Kopfschmerzen wohl noch zu den weniger schwerwiegenden Symptomen zählen.

---

36   Vgl. Fassel, D. (1991), S. 23ff.
37   Vgl. Swillims, E. (1993), insbesondere S. 78ff.

Wie bei vielen Krankheitsbildern, so lassen sich auch bei der Entwicklung von pathologischer Arbeitssucht mehrere Phasen unterscheiden, wie in Abbildung 3 schematisch dargestellt.[38]

Einleitungs-Phase

* drastische und nachhaltige Ausdehnung der Arbeitszeit
* beginnende körperliche Beschwerden

Kritische Phase

* zunehmende Isolation gegenüber Kollegen/Familie
* Abbau sozialer Kontakte
* Suche nach immer mehr Zeit für zusätzliche Arbeit

Chronische Phase

* Arbeit als extensive Suchtbefriedigung wird zum ausschließlichen Lebensinhalt
* Sonstige Lebensbereiche spielen für den Betroffenen keine Rolle mehr
* physiologischer und psychologischer Verfall

Abb. 3: Phasen pathologischer Arbeitssucht
Quelle: Vgl. Biallo, H., (1989), S. 65

---

[38]   Vgl. Biallo, H. (1989), S. 65

In einer *Einleitungsphase* dehnen sich etwa Überstunden auffällig und nachhaltig zu Lasten der Freizeit aus, häufig begleitet von Herz-Kreislauf-Beschwerden oder Kopf- und Magenschmerzen.

Als *zweite, bereits kritische Phase* muß der Zustandsraum bezeichnet werden, in dem sich der Betroffene zunehmend gegen Familien- und Kollegeneinflüsse abgrenzt, soziale Kontakte weitgehend meidet und durch akribische Planung immer mehr Zeit für zusätzliche Arbeit zu finden sucht.

Ein *chronisches, letztes Stadium* ist schließlich dann erreicht, wenn Arbeit zum ausschließlichen Sinn des Lebens als einer Form der Suchtbefriedigung denaturiert ist und sonstige Lebensbereiche keine Rolle mehr spielen.

Es muß nicht extra betont werden, daß Mitarbeiter in einem späten Stadium von Arbeitssucht wohl kaum noch in der Lage sind, auf Dauer konstruktive Beiträge für die Unternehmung zu leisten. Vielmehr dürften ihre Verhaltensweisen im Verbund mit ihrem psychischen und physiologischen Verfall den (partiell) positiven Beitrag ihrer Arbeits(mehr)leistung überkompensieren.

So betrachtet werden Workaholics den innerlich Gekündigten in ihren kontraproduktiven Wirkungen auf die Unternehmung einander wieder sehr ähnlich, wie aus den nachfolgenden Überlegungen deutlich werden mag:

Workaholic und innerlich Gekündigter denken immer an die Arbeit - allerdings auf ganz unterschiedliche Weise: Während der Arbeitssüchtige sich angestrengt Gedanken darüber macht, wie er noch mehr arbeiten kann um seine Sucht zu befriedigen, überlegt der innerlich Gekündigte zum einen intensiv, wie er seine Arbeit auf ein Minimum reduzieren kann, ohne aufzufallen. Sein Bemühen gilt dabei zugleich der geschickten Tarnung seiner tatsächlichen Arbeitsleistung, was ebenfalls eine gewisse Konzentration auf die Arbeit selbst erfordert. Zum anderen ist der innerlich Gekündigte auch in seinem Privatleben mit seiner Arbeit, oder besser gesagt mit den deprimierenden Wirkungen seiner Arbeitssituation auf alle seine Lebensbereiche verbunden. In fast demselben Maße, wie für den Workaholic arbeitsfreie Zeit verlorene Zeit ist, die nur zu ertragen ist, wenn in der Freizeit an die Arbeit gedacht wird, ist für den innerlich Gekündigten Arbeitszeit verlorene Zeit, die wiederum nur ertragen werden kann, wenn während der Arbeit an die Freizeit gedacht werden kann.

Die Wirkungen der beiden extremen Arbeitseinstellungen beschränken sich keineswegs nur auf die Betroffenen selbst. In beiden Fällen sind es neben der Familie auch die Unternehmung und sogar die Gesellschaft, die sowohl unter der Arbeitswut der Workaholics als auch unter der Leistungsverweigerung der innerlich Gekündigten leiden.

Die Fehler, die den Workaholics aufgrund ihrer Überlastung unterlaufen, summieren und multiplizieren sich unter Umständen zu enormen *Kosten für die Unternehmung* - analog zu den stillen Kosten, die innerlich Gekündigte für die Unternehmung entstehen lassen. Arbeitssucht ist deshalb für Unternehmungen keineswegs ein Vorteil. Im Grunde genommen erleiden sie dadurch auf umgekehrte Weise den gleichen Schaden wie durch Innere Kündigung.

Führungskräfte hinterfragen sowohl beim Workaholic als auch beim innerlich Gekündigten nur selten, ob wirklich effizient gearbeitet wird. Der innere Emigrant bietet dem Vorgesetzten keinen Anlaß, seine Arbeitsleistung genau zu überprüfen, solange er (scheinbar) eine Mindestarbeitsleistung erbringt. Noch viel weniger dürfte der Vorgesetzte die effektive Arbeitsleistung desjenigen Mitarbeiters hinterfragen, der weit über die Grenzen engagierter Arbeitsleistung hinweg tätig ist.

Workaholics verlieren auch häufig die Motivation zu strategisch orientierter Arbeit. Sie bevorzugen eher kurzfristige Lösungen, die zu kurzfristigen Erfolgen führen, längerfristig jedoch unerwünschte Folgen nach sich ziehen können. Mit ihrer Arbeitsweise ähneln sie damit den innerlich Gekündigten, die - aus anderen Motiven heraus - ebenfalls nur noch daran interessiert sind, ihr Tagespensum zu absolvieren und strategische Aufgaben umgehen. *Die Ursachen für kurzfristiges Denken sind in beiden Fällen unterschiedlich - die Wirkungen sind gleich.*

Interessant erscheint abschließend ein Vergleich der Prozeßentwicklung von Arbeitssucht und Innerer Kündigung, wie sie in Abb. 4 dargestellt wird. Beide Phänomene sind Phasenprozesse, deren Entwicklung genau entgegengesetzt verläuft. Der innerlich Gekündigte reduziert seine Arbeitsleistung solange, bis er das arbeitsrechtliche Minimum erreicht hat, dessen Erfüllung notwendig ist, um der Unternehmung keinen Grund für eine Kündigung zu geben. Der Workaholic intensiviert dagegen seine Arbeitsleistung solange, bis er an biologische/gesundheitliche oder zeitliche Grenzen stößt.

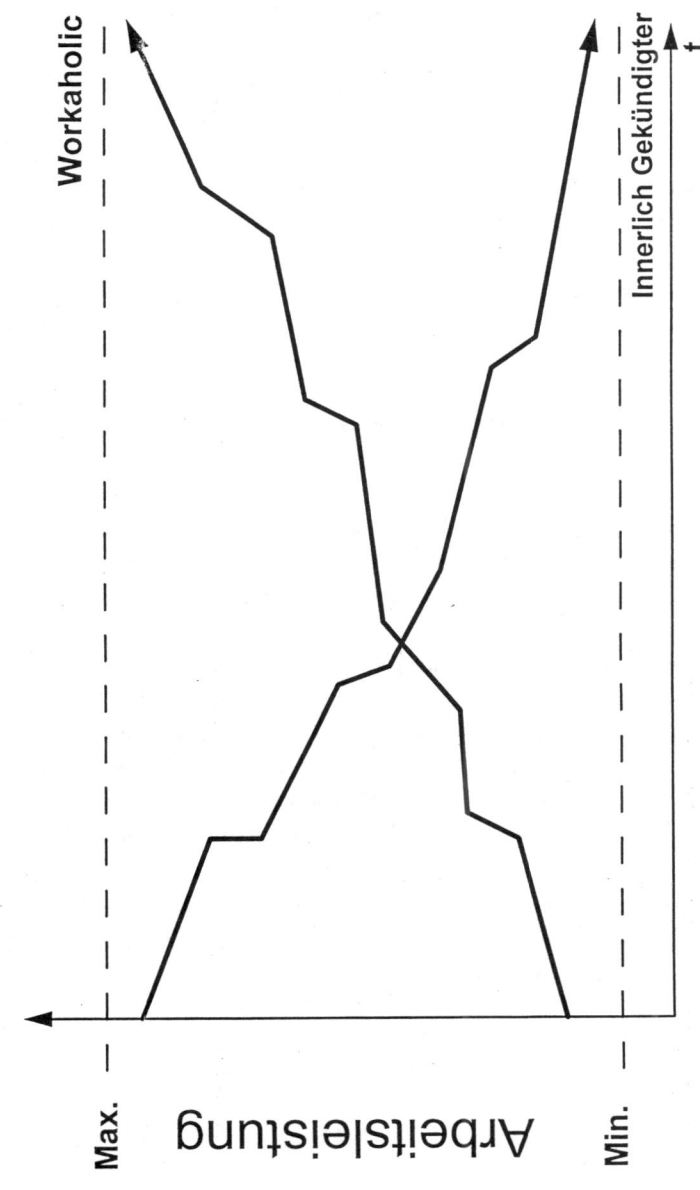

Abb. 4: Phasenverläufe von Innerer Kündigung und Arbeitssucht im Vergleich

2.3 Die Innere Kündigung als mehrstufiger Prozeß

Die Abwehrhaltung "Innere Kündigung" ist keine spontane Trotzreaktion auf *ein* bestimmtes Ereignis. Sie ist vielmehr als ein sich langsam verfestigender Prozeß zu verstehen. "Ein Entschluß zur Inneren Kündigung und darauf basierendes Verhalten sind nicht plötzlich existent; die Bereitschaft, innerlich zu kündigen, steigt bei den Mitarbeitern aufgrund von zum Teil schmerzhaften Erfahrungen in der Arbeitssituation im Laufe der Zeit an'[69].

Abbildung 4 stellt schematisch die Stufen dieses Prozesses dar. Am Beginn steht die Wahrnehmung der - zumindest in einzelnen Bereichen - aversiv erlebten Arbeitssituation. In diesem Stadium denkt der Mitarbeiter noch über Verbesserungsmöglichkeiten nach und unterbreitet seinem Vorgesetzten Änderungsvorschläge. Wenn diese Bemühungen erfolglos verlaufen und auch ein Arbeitsplatzwechsel nicht möglich ist, werden erste Erfahrungen der Ohnmacht und Hilflosigkeit gesammelt, die als Initialerlebnisse des Prozesses interpretiert werden können. Der Mitarbeiter wird in der darauffolgenden Zeit seine Bemühungen zur Situationsverbesserung noch einmal intensivieren. Wenn aber auch diese Anstrengungen scheitern, schlägt der bisher offene, aktive Widerstand über die bewußte, schrittweise Reduzierung des Engagements langsam in passiven Widerstand um.[40]
Der Mitarbeiter fühlt sich der unbefriedigenden Situation zunehmend hoffnungslos ausgeliefert. Er resigniert und setzt seine langsam gereifte Absicht, innerlich zu kündigen, in die Tat um. Er zieht sich schrittweise aus immer mehr Arbeitsbereichen zurück, wobei sich sein Verhalten zunehmend an der Vermeidung von negativen Konsequenzen orientiert und zwar so lange, bis er seinen Aktionsraum auf einen weitgehend mißerfolgsfreien, kontrollierbaren Bereich reduziert hat. Da für ihn zwischen Arbeitsengagement und eintretenden Erfolgen kein positiver Zusammenhang besteht, wird er in der Folgezeit jede über das Mindestmaß hinausgehende Anstrengung im beruflichen Bereich vermeiden und vor allem bemüht sein, seine reduzierte Arbeitsleistung nach außen geschickt zu tarnen. Um den Verlust an Anerkennung und Bestätigung im Beruf zu kompensieren, verlagert er sein Engagement auf außerbetriebliche und private Felder.[41]

---

[39]   Löhnert, W. (1990), S. 30
[40]   Vgl. Faller, M. (1991), S. 105
[41]   Vgl. Löhnert, W. (1990), S. 38ff.

2.4 Ausmaß der Inneren Kündigung

Trotz intensiver Beschäftigung mit dem Phänomen der Inneren Kündigung liegt bisher überraschend wenig gesichertes Datenmaterial über das tatsächliche Ausmaß dieses Phänomens vor.

Betrachtet man das verfügbare Material, so drängt sich fast der Eindruck auf, die Autoren beteiligten sich - wie nach dem olympischen Motto: "schneller, höher, weiter..." - an einem Wettstreit, wer wohl mit der höchsten Schätzung über das Ausmaß der Inneren Kündigung aufwartet. Dabei kann eine geschickte Wortwahl sehr hilfreich sein. Wer verallgemeinernd von "bis zu 50%"[42] spricht, hat vielleicht einen Extremwert in dieser Größenordnung vorzuweisen, verschweigt aber die häufigeren, viel geringeren Ergebnisse. Nicht zuletzt die Vorstellung der volkswirtschaftlichen Konsequenzen von tatsächlich 50% innerlich gekündigter Arbeitnehmer entlarvt solche Zahlen schnell als haltlose Übertreibung.

Genauso problematisch erscheint auf der anderen Seite eine ungerechtfertigte Verharmlosung des Phänomens. Wenn behauptet wird: "Die 'innere Kündigung' ist offenbar die Ausnahme; lediglich fünf Prozent der Beschäftigten identifizieren sich nicht mehr mit ihrer bisherigen Tätigkeit[43]", dann muß befürchtet werden, daß das Ausmaß des Problems hier gefährlich unterschätzt wird.

Unklar ist meist auch die Quelle des jeweiligen Zahlenmaterials. Empirische Studien, die sich konkret und ausschließlich mit dem Phänomen der Inneren Kündigung und seiner Ausbreitung in Deutschland befassen, liegen bisher - soweit erkennbar - nicht vor. Auch Resultate aus Untersuchungen, die sich mit Themen wie Arbeitsmotivation, Arbeitszufriedenheit oder dem gesellschaftlichen Wertewandel beschäftigen, können - trotz der Nähe zum Untersuchungsgegenstand - oft nur bedingt auf den Komplex der Inneren Kündigung übertragen werden.

Ziel der hier vorliegenden Untersuchung ist es deshalb, erstmals Aussagen auf breiterer empirischer Basis über das Ausmaß des Problems, seine wesentlichen Ursachen und erfolgversprechende Gegenmaßnahmen zu liefern.

---

[42] Volk, H. (1989a), S. 322
[43] Seyler, M. (1992), S. 4

Die vorliegende Erhebung befaßt sich zunächst mit der allgemeinen Einschätzung des Phänomens in der Bundesrepublik Deutschland, in der jeweils eigenen Unternehmung sowie innerhalb einzelner Bereiche der Unternehmung. Im Anschluß an die Darstellung der für die *Gesamtheit* ermittelten Ergebnisse wird differenziert auf die Ausprägungen innerhalb einzelner *Branchen* und *Größenklassen* von Unternehmungen eingegangen.

2.4.1 Innere Kündigung in Deutschland

In einem einleitenden Kommentar der Deutschen Bundespost zu dem Beitrag von R. Höhn über Führungsfehler des Vorgesetzten und die damit verbundene Gefahr der Inneren Kündigung heißt es: "Wir können uns nicht vorstellen, daß die geschilderten Situationen in gleicher Weise bei der Deutschen Bundespost möglich oder gar geläufig sind. Das ausgefeilte Beurteilungswesen einerseits und die durch Unkündbarkeit des Mitarbeiters im Zusammenwirken mit selbstbewußten Personalvertretungen bedingte Unabhängigkeit des Mitarbeiters andererseits lassen im allgemeinen ein Vorgesetztenverhalten der hier geschilderten Art nicht aufkommen"[44].

Eine solche Beurteilung erscheint eher verharmlosend und wohl auch etwas realitätsfern. Auf die Frage nach ihrer Einschätzung des Anteils der innerlich gekündigten Mitarbeiter in Deutschland antworteten in der hier vorliegenden Befragung die Unternehmungen mit Angaben zwischen 2% und 65%. **Der Durchschnitt aller Werte betrug 24%.** Die Schwerpunkte der Nennungen lagen bei 20% (darauf entfielen 22% der Antworten) und 30% (15% nannten diese Zahl).

Tabelle 5 zeigt die Zusammenfassung der Angaben und ihre Anteile an den Gesamt-nennungen in Prozent.

Die Innere Kündigung in Deutschland beträgt zwischen:	Diese Aussage treffen:
0-10%	16%
11-20%	43%
21-30%	23%
31-40%	13%
über 40%	5%
Durchschnitt	24%

Tab. 5: Innere Kündigung in Deutschland

---

44 Kommentar zu: Höhn, R. (1989b), S. 29

Der ermittelte Durchschnittswert weist auf den beängstigenden Umstand hin, daß nach Auffassung der befragten Personalverantwortlichen rund ein Viertel der in Deutschland Beschäftigten innerlich gekündigt haben. Jeder Vierte verrichtet demnach seinen Dienst nach Vorschrift, hält sich in seinem betrieblichen Engagement in unvertretbarer Weise zurück.

Interessant erscheint hier ein Vergleich mit den Zahlen, die das Allensbach Institut für Demoskopie im Rahmen der Umfrage "Jobs in the 80s" durch die Befragung von Berufstätigen ermittelt hat: Im Rahmen dieser Untersuchung über Arbeitsethik im internationalen Vergleich stimmten 1982/83 erschreckende 41 % der befragten deutschen Berufstätigen (gegenüber 33 % im Jahre 1967) folgender Aussage zu: "Ich tue bei meiner Arbeit das, was von mir verlangt wird, da kann mir niemand etwas vorwerfen. Aber daß ich mich darüber hinaus noch besonders anstrengen soll, sehe ich nicht ein. So wichtig ist mir der Beruf nun auch wieder nicht"[45].

2.4.2 Innere Kündigung in der eigenen Unternehmung

Die Antworten zu dieser Frage geben eine interessante Ergänzung zu den Ergebnissen der Einschätzung über das Ausmaß Innerer Emigration in Deutschland (insgesamt).
Befragt nach dem Zustand in ihrer eigenen Unternehmung, nannten die Personalverant-wortlichen deutlich günstigere Werte als bei ihrer Beurteilung der Gesamtsituation. Die Spanne der verwertbaren Angaben war zwar mit Werten zwischen 0 und 68% etwa genauso breit wie bei den Angaben zur Situation in ganz Deutschland. Jedoch schätzten nur 12 Befragte (=14%) die Innere Kündigung in der eigenen Unternehmung höher ein als in der Bundesrepublik insgesamt. 19% der Befragten waren der Meinung, sie sei gleich hoch und 67% behaupteten, daß die Anzahl innerlich Gekündigter in der eigenen Unternehmung geringer sei als im Bundesdurchschnitt. Dementsprechend liegt der ermittelte Durchschnitts-wert der Angaben für die eigene Unternehmung auch wesentlich niedriger, nämlich bei nur **17%**. Bezogen auf den für ganz Deutschland ermittelten Wert von 24% ist das mehr als ein Viertel weniger.

---

45   Allensbach Institut für Demoskopie, Internationale Umfrage "Jobs in the 80's" (1983), in: Raidt, F. (1989), S. 72

Tabelle 6 faßt die genannten Werte und ihre Anteile an den Gesamtnennungen zusammen und stellt sie den Ergebnissen des geschätzten Ausmaßes der Inneren Kündigung in Deutschland (insgesamt) gegenüber.

Die Innere Kündigung in der eigenen Unternehmung beträgt zwischen:	Diese Aussage treffen:	Die Innere Kündigung in Deutschland beträgt zwischen:	Diese Aussage treffen:
0-10%	47%	0-10%	16%
11-20%	34%	11-20%	43%
21-30%	10%	21-30%	23%
31-40%	6%	31-40%	13%
über 40%	3%	über 40%	5%
Durchschnitt	17%	Durchschnitt	24%

Tab. 6: Innere Kündigung in der eigenen Unternehmung und in Deutschland

Es sind also scheinbar jeweils die anderen Unternehmungen, die in viel stärkerem Umfang mit dem Problem der Inneren Kündigung zu kämpfen haben. Als dementsprechend geringer wird dann auch die Notwendigkeit erkannt, sich noch intensiver als bisher mit diesem Thema auseinanderzusetzen.

2.4.3 Innere Kündigung innerhalb der Unternehmungshierarchie

Ausgehend von der Überlegung, daß eine der Hauptursachen des Problems im unterschiedlichen Handlungsspielraum und den damit verbundenen Möglichkeiten zur Situationskontrolle des einzelnen Mitarbeiters liegt, wurde die These vertreten, daß die Innere Kündigung innerhalb der Pyramide betrieblicher Hierarchien nach unten hin zunimmt.[46] Zur Überprüfung dieser Behauptung wurden die Unternehmungen deshalb befragt, wie sie das Ausmaß der Inneren Kündigung auf den verschiedenen Ebenen der beispielhaft herausgegriffenen Funktionsbereiche Management/Verwaltung und Produktion einschätzen.

---

[46] Vgl. Rüber, A. (1990), S. 47

Dabei bestätigten die Ergebnisse der folgenden Tabelle diese These (Angaben als Durchschnittswerte):

Unternehmungsbereich Management/Verwaltung	Anteil innerlich Gekündigter:	Unternehmungsbereich Produktion	Anteil innerlich Gekündigter:
Topmanagement	4%	Meister	10%
Mittleres Management	11%	Facharbeiter	13%
Unteres Management	14%	Angelernte Arbeiter	20%
Hilfskräfte der Verwaltung	17%	Ungelernte Arbeiter	23%

Tab. 7: Innere Kündigung innerhalb einzelner Unternehmungsbereiche

Das Ausmaß der Inneren Kündigung nimmt danach von der Ebene des Topmanagements bis zu den Hilfskräften der Verwaltung ebenso kontinuierlich zu wie von der Meisterebene bis zur Ebene der ungelernten Arbeiter.

Die in Abb. 5 dargestellten Resultate lassen deshalb folgende Schlußfolgerungen zu: Je höher die hierarchische Stellung der Mitarbeiter angesiedelt und je größer ihr Aufgabenfeld/Verantwortungsbereich, um so geringer ist ihre Anfälligkeit für Innere Kündigung. Der Größe der *Kontrollspanne* als der Anzahl der dem einzelnen Vorgesetzten direkt unterstellten Mitarbeiter kommt dabei entscheidende, wenn auch nicht unumstrittene Bedeutung zu: Je weiter man in der Hierarchie der Unternehmung nämlich nach oben steigt, um so niedriger wird die Kontrollspanne, die nach konventioneller Einschätzung idealtypisch 7 bis (höchstens) 10 Personen nicht übersteigen sollte.[47] Betrachtet man dagegen, wieviele Mitarbeiter z.B. oft einem Meister (auf unterer Hierarchieebene) tatsächlich unterstellt sind, so wird deutlich, daß dieses organisatorische Prinzip, das ganz wesentlich die Qualität des Verhältnisses Vorgesetzter-Mitarbeiter bestimmt, häufig durchbrochen wird. Bei solchen Überlegungen wird unterstellt, daß eine (zu) große Kontrollspanne demotivierenden Tendenzen und damit auch der Neigung zu Innerer Kündigung bei den Mitarbeitern Vorschub leistet.

Wenn im Rahmen moderner Organisations- und Führungskonzeptionen immer wieder die Forderung nach flachen Hierarchien und damit zwangsläufig vergrößerten Kontrollspannen erhoben wird, so kann daraus allerdings keineswegs gefolgert werden, daß dadurch der Inneren Emigration Vorschub geleistet wird.[48] Diese Konzepte flacher Hierarchien und

---

[47] Vgl. Nieder, P. (1991), S. 2
[48] Vgl. Ulrich. E. (1992), Sp. 381f.

schlanker Strukturen gehen implizit von einem *Paradigmenwechsel im Führungsverständnis* aus, der bei traditionell organisierten und strukturierten Unternehmungen - wie von der überwiegenden Mehrzahl der antwortenden Unternehmungen anzunehmen ist - noch nicht unterstellt werden kann.

Insoweit muß die hier getroffene Annahme über den Zusammenhang zwischen Kontrollspanne und Tendenzen zu Innerer Kündigung im Kontext des jeweiligen Organisations- und Führungsmodells betrachtet werden .

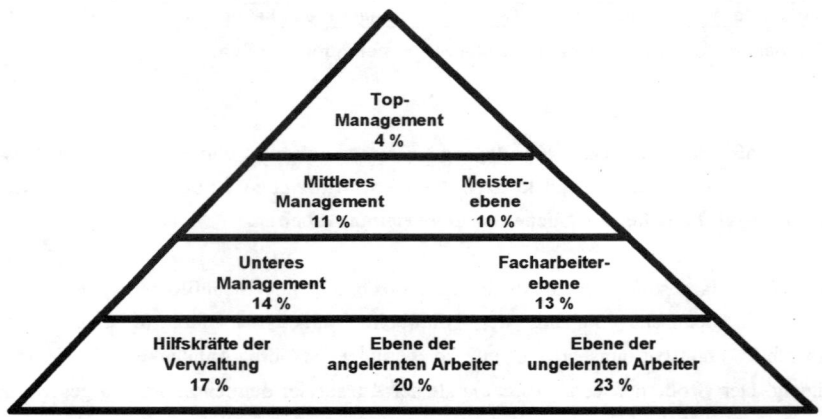

Abb. 5: Die Pyramide der Inneren Kündigung
(Ebenen mit vergleichbarem Ausmaß an Innerer Kündigung)

Die für die einzelnen Hierarchieebenen ermittelten Durchschnittswerte belegen, daß die zur Eindämmung der Inneren Kündigung notwendigen Voraussetzungen wie geringe Kontrollspanne und/oder großer Verantwortungsbereich am besten auf der Ebene des Topmanagements erfüllt werden: Nur 4% der Mitglieder der Unternehmungsleitung reduzieren nach Meinung der Befragten ihr betriebliches Engagement auf das Notwendigste.

Diese Aussage wird durch Ergebnisse einer von der Zeitschrift "Wirtschaftswoche" initiierten Untersuchung über das Führungsverhalten deutscher Manager ergänzt. Zusammenfassend wird dabei festgestellt: "Je höher die Ebene, desto größer der Anteil der Manager, die flexibel und situationsgerecht führen können... .Instabile Krakeeler und Laissez-faire-Typen, die ihren Beritt nicht im Griff haben, kommen dort seltener vor. Ihre

Zahl wächst erst auf den Ebenen von Hauptabteilungsleitern, Abteilungs- und Gruppenleitern"[49].

Zwischen den Bereichen Management/Verwaltung und Produktion zeigen sich interessanterweise keine gravierenden Abweichungen. Zwischen den Hierarchieebenen "Mittleres Management" und "Meisterebene" finden sich ebensowenig große Unterschiede wie auf der darunterliegenden Ebene (mit vergleichbarem Ausmaß an Innerer Kündigung) "Unteres Management" und "Facharbeiter". Beide Male ist der Anteil innerlich Gekündigter nach Einschätzung der befragten Personalverantwortlichen fast gleich hoch. Lediglich auf der untersten Stufe zeigen sich stärkere Differenzen zwischen den Hilfskräften in der Verwaltung und den an- bzw. ungelernten Arbeitern.

Nachfolgend soll näher beleuchtet werden, wie sich die Ergebnisse für die einzelnen Hierarchieebenen zusammensetzen. Dazu dienen die Abbildungen 6 bis 13 als Hilfe. Die (senkrechte) y-Achse spiegelt jeweils die Angaben in Prozent wider. Auf der (waagrechten) x-Achse wurden die Einschätzungen der Inneren Kündigung zur besseren Übersicht in Cluster aufgeteilt.

Eine steigende Quote innerlich Gekündigter wird demzufolge graphisch durch sich (von Abbildung zu Abbildung) immer weiter nach rechts verschiebende Balken ausgedrückt.

---

[49]   Scherer, H.-P. (1993), S. 42

• Innere Kündigung im Topmanagement

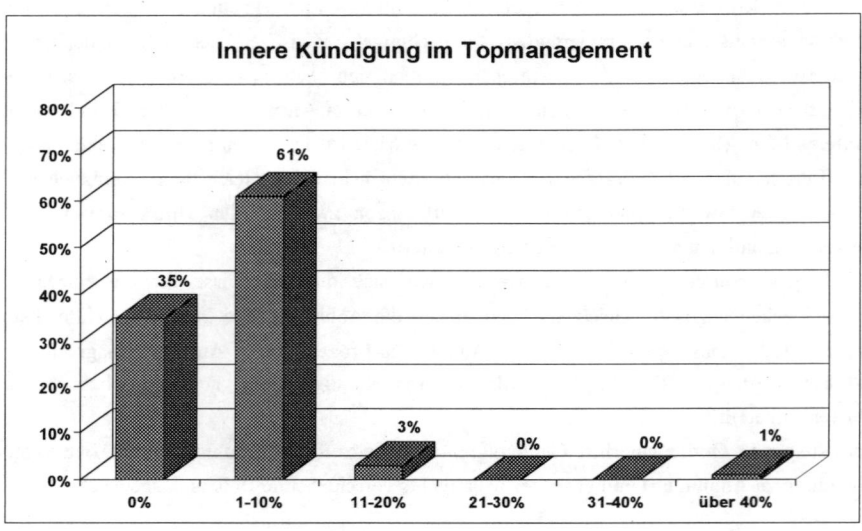

Abb. 6: Innere Kündigung im Topmanagement

Die Angaben der befragten Personalverantwortlichen zeigen, wie sich die Quote von durchschnittlich 4% innerlich Gekündigter im Topmanagement zusammensetzt: Von 35% der Befragungsteilnehmer wird die Meinung vertreten, daß das Problem der Inneren Kündigung auf der obersten Unternehmungsebene überhaupt nicht existiert. Insgesamt weisen 96% aller Befragten den Anteil der innerlich gekündigten Topmanager mit weniger als 10% aus; nur 4% der Antworten lagen darüber. Dabei betrug der höchste Wert 20% (bis auf einen atypischen "Ausreißer" von 60%).

• Innere Kündigung im mittleren Management

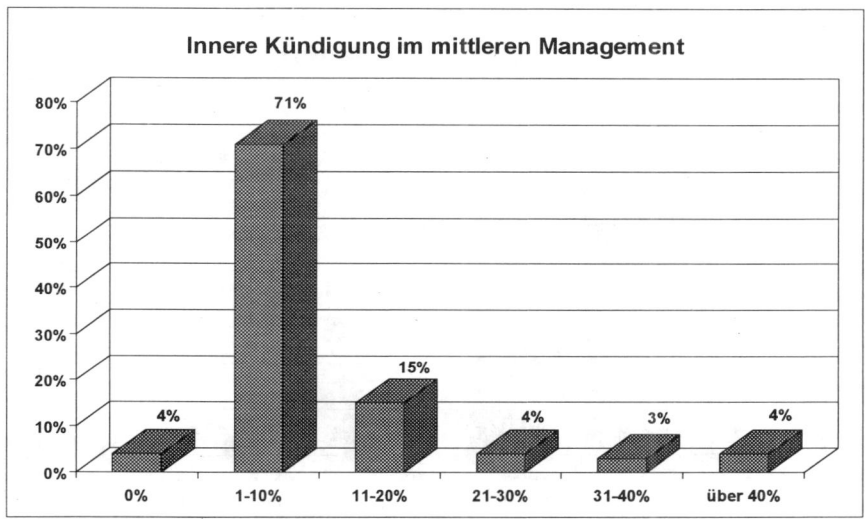

Abb. 7: Innere Kündigung im mittleren Management

Der Mittelwert der Inneren Emigration im mittleren Management liegt bei 11% und damit immer noch deutlich unter dem Gesamtdurchschnitt der Angaben zur Inneren Kündigung in der eigenen Unternehmung von 17%. Die angegebenen Zahlen schwanken dabei zwischen den beiden Extremwerten 0% und 55%. Wesentlich seltener als beim Topmanagement, nämlich von nur 4% der befragten Personalverantwortlichen wird behauptet, daß Innere Kündigung im mittleren Management nicht auftrete. Die Antworten ballen sich hier in den Bereichen zwischen 1-10% mit 71% der Nennungen und 11-20% mit 15% aller Angaben. Mit einem Anteil von insgesamt 11% ist allerdings auch die Summe derer nicht zu übersehen, die die Innere Kündigung hier mit mehr als 20% einschätzen.

• Innere Kündigung im unteren Management

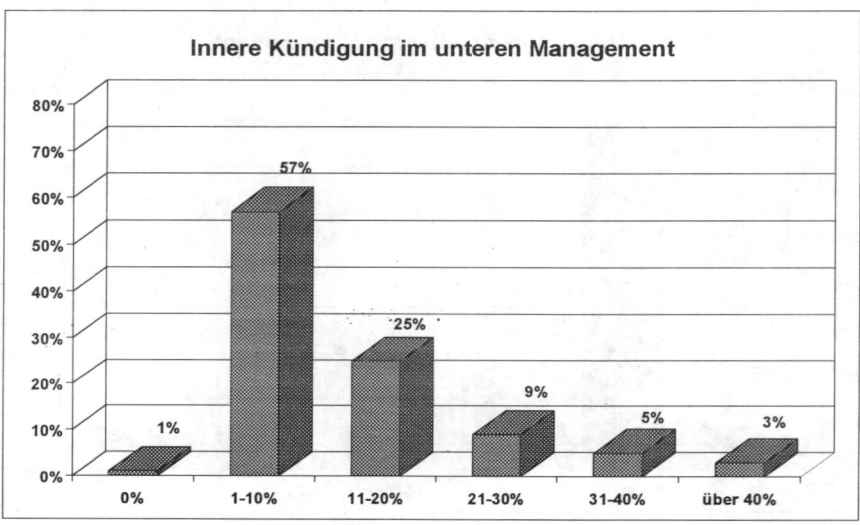

Innere Kündigung im unteren Management

Abb. 8: Innere Kündigung im unteren Management

Auf der dritten Stufe der Hierarchiepyramide im Bereich Management/Verwaltung wird der Anteil der von der Inneren Kündigung Betroffenen auf durchschnittlich 14% geschätzt. Die Spannbreite der Ergebnisse bewegt sich zwischen dem niedrigsten Wert von 0% (der aber nur einmal angegeben wurde) und dem höchsten Wert von 50%. Als Schwerpunkt der Nennungen hat sich auch hier der Bereich von 1-10% herausgebildet, auf den 57% aller Angaben entfielen. Wesentlich auffälliger als noch im Bereich des mittleren Managements sind die häufigen Nennungen zwischen 11% und 20% mit einem Anteil von 25%. Mit insgesamt 17% nannte bereits mehr als jede sechste Unternehmung Werte über 20%.

• Innere Kündigung der Hilfskräfte in der Verwaltung

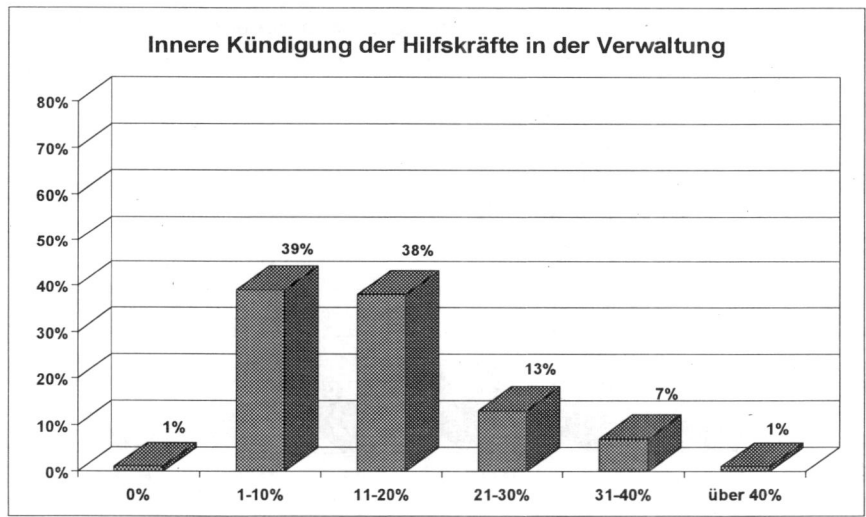

Abb. 9: Innere Kündigung der Hilfskräfte in der Verwaltung

Der Anteil an innerlich Gekündigten ist auf der niedrigsten Hierarchiestufe deutlich am höchsten. Für diesen Sektor gaben nur noch 39% der Personalverantwortlichen eine Quote zwischen 1% und 10% an. 38% machten bei Ihrer Beurteilung Angaben im Rahmen von 11-20%, 21% der Nennungen entfielen auf Werte über 20%. Die Schätzungen bewegten sich zwischen den Extremwerten 0% und 45%.

• Innere Kündigung auf der Meisterebene

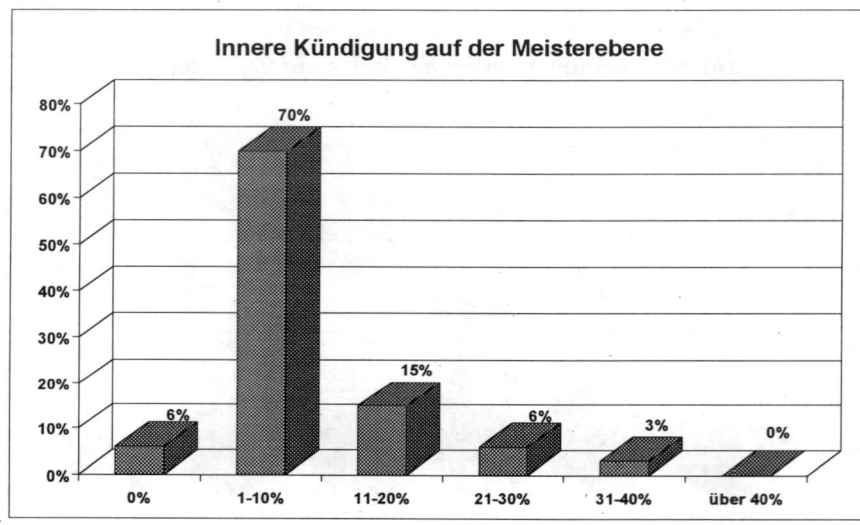

Abb. 10: Innere Kündigung auf der Meisterebene

Auf der Meisterebene zeigen die ermittelten Zahlen große Ähnlichkeiten mit denen für das mittlere Management. Die Zahl derer, die vom Virus der Inneren Kündigung erfaßt sind, wird auf durchschnittlich 10% geschätzt. Der Schwerpunkt liegt auch hier deutlich im Bereich zwischen 1-10% (70% der Nennungen). Aber auch Angaben zwischen 11% und 20% sind mit einem Anteil von 15% recht häufig vertreten. Insgesamt 9% der Befragten nennen Zahlen über 20%. Als Extremwerte werden 0% und 40% genannt.

• Innere Kündigung auf der Facharbeiterebene

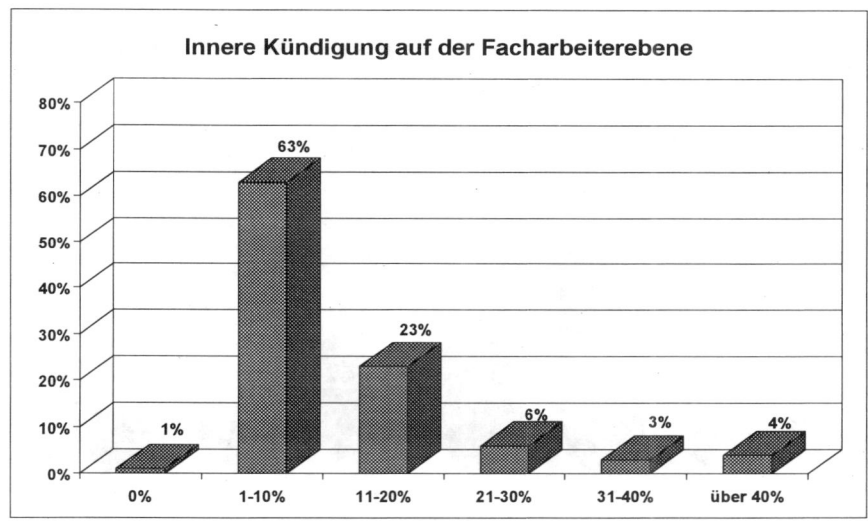

Abb. 11: Innere Kündigung auf der Facharbeiterebene

Die dritte Hierarchiestufe im Bereich Produktion zeigt klare Übereinstimmungen mit den für das untere Management ermittelten Resultaten. Nach Auffassung der Befragten beträgt die Quote der Inneren Kündigung auf dieser Ebene durchschnittlich 13%. Ähnlich wie bei der Meisterebene liegen auch hier - allerdings mit veränderter Verteilung - die Schwerpunkte in den Bereichen 1-10% (63% der Antworten) und 11-20% (23%). Die übrigen Angaben verteilen sich mit geringen Werten ausgeglichen auf die restlichen Cluster. Auffallend sind aber die stark auseinanderdriftenden Extremwerte. Der höchste genannte Wert für die Innere Kündigung auf der Facharbeiterebene liegt bei 70%, der niedrigste bei 0%.

• Innere Kündigung auf der Ebene der angelernten Arbeiter

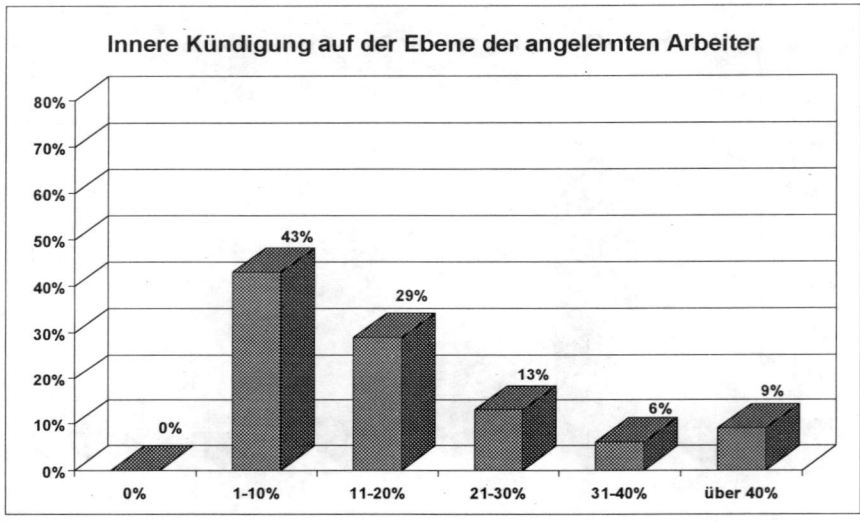

Abb. 12: Innere Kündigung auf der Ebene der angelernten Arbeiter

Auch wenn der Schwerpunkt der Angaben mit 43% noch im Bereich von 1-10% liegt, macht der Anteil von Werten zwischen 11% und 20% (29%) und über 20% (insgesamt 28%) doch schon weit mehr als die Hälfte aus. Von 13% der Antwortenden wird die Innere Kündigung auf dieser Ebene im Bereich zwischen 21-30% eingeschätzt und auch in den Clustern über 30% findet sich mit insgesamt 15% eine außergewöhnlich hohe Zahl von Nennungen. Den Trend einer stärkeren Ausprägung der Inneren Emigration auf der Ebene der angelernten Arbeiter verdeutlicht auch die größer werdende Spannbreite der vorliegenden Werte von 1% (genau wie auf der Ebene der ungelernten Arbeiter wird auch hier kein einziges Mal 0% angegeben) bis 75%.

• Innere Kündigung auf der Ebene der ungelernten Arbeiter

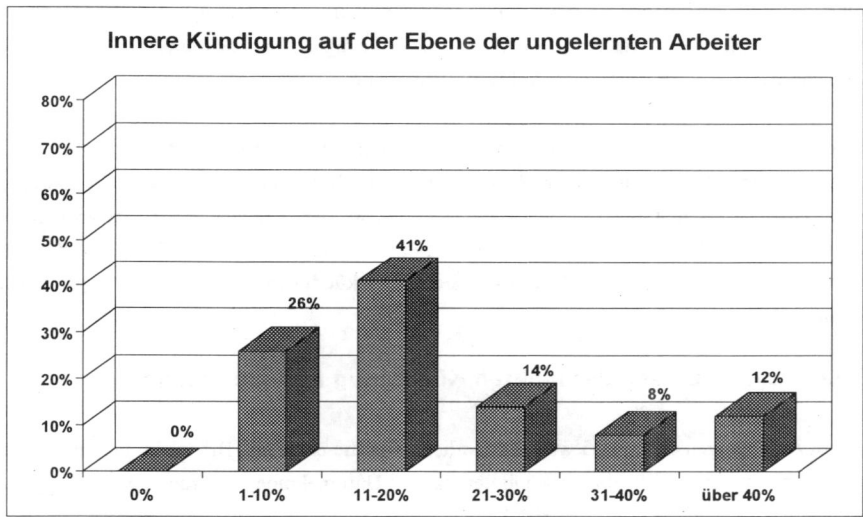

Abb. 13: Innere Kündigung auf der Ebene der ungelernten Arbeiter

Mit einem maximalen Extremwert von 80% innerlich Gekündigter (minimal: 1%) wird für diese Hierarchiestufe der absolut höchste Wert dieser Untersuchung genannt. Die besonders starke Ausprägung des Phänomens Innere Kündigung ergibt sich hier aufgrund folgender Schwerpunkte in den Nennungen: nur noch 26% geben einen Wert von 1-10% an, dafür nennen 41% eine Zahl zwischen 11% und 20%. 22% schätzen die Innere Kündigung zwischen 21% und 40% ein und 12% der Befragten antworteten sogar, die Innere Emigration auf der untersten Stufe des Hierarchie betrage mehr als 40%.

2.4.4 Innere Kündigung nach Branchenzugehörigkeit

Eine häufig formulierte These lautet, die Innere Kündigung weise erhebliche branchenspezifische Abweichungen auf. Keineswegs einig ist man sich aber darüber, welche Branche von diesem Phänomen in welchem Umfang betroffen ist.

Eine von A. Rüber[50] durchgeführte Untersuchung bei Schweizer Großbetrieben ergab z.B., daß die Innere Kündigung unter Banken und Versicherungen im Durchschnitt häufiger anzutreffen ist als in Industrie- und Handelsbetrieben. Dementgegen stehen Aussagen der von B. Strümpel[51] durchgeführten Studien, die eine höhere Arbeitszufriedenheit - und somit vermutlich auch eine geringere Quote an innerlich Gekündigten - im Dienstleistungsbereich ergaben.

2.4.4.1 Einschätzung der Inneren Kündigung in Deutschland

In den Abbildungen 14 und 15 wird verdeutlicht, wie die einzelnen Branchen das Phänomen sowohl in ganz Deutschland als auch in der eigenen Unternehmung wahrnehmen.
Folgende Aussagen kristallisieren sich bei näherer Betrachtung deutlich heraus:
Die Unternehmungen, die dem industriellen Bereich zuzuordnen sind, schätzen das Problem der Inneren Kündigung in Deutschland mit durchschnittlich 21% am geringsten ein. Danach folgen die Dienstleistungsunternehmungen mit einem Mittelwert von 26% und fast gleichauf der Handel mit 27%. Handel und Dienstleistung liegen somit über, Industrie unter dem Durchschnitt der Gesamtheit aller Befragten.

---

[50] Vgl. Rüber, A. (1990), S. 47
[51] Vgl. Strümpel, B.(1985), S. 42ff.

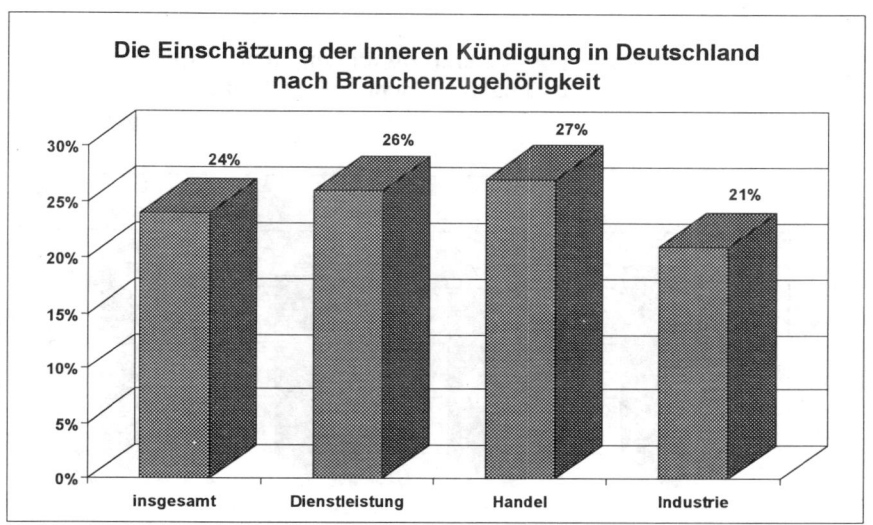

Die Einschätzung der Inneren Kündigung in Deutschland nach Branchenzugehörigkeit

Abb. 14: Innere Kündigung in Deutschland nach Branchenzugehörigkeit

2.4.4.2 Einschätzung der Inneren Kündigung in der eigenen Unternehmung

In Ergänzung zu den Aussagen von A. Rüber und B. Strümpel interessieren besonders die Angaben zur Situation in der jeweils eigenen Unternehmung. Im Unterschied zu den beiden genannten Studien lassen sich nach Auskunft der Befragten der hier vorliegenden Untersuchung keine wesentlichen Unterschiede im Hinblick auf die Rangfolge der einzelnen Branchen ausmachen. Nicht im Dienstleistungssektor werden die höchsten Angaben erzielt, sondern im industriellen Bereich. Hier geben die Befragten an, daß 17% ihrer Beschäftigten innerlich gekündigt hätten. Diese Beurteilung entspricht damit genau den durchschnittlichen Angaben der Gesamtheit. Für den Handelsbereich beträgt die Quote 16% und erst dann folgen die Dienstleister mit 15%. Beide Werte liegen damit - wenn auch nur knapp - unter dem Durchschnitt.

Die bereits erwähnte Diskrepanz zwischen den Angaben zur Inneren Kündigung in ganz Deutschland und in der eigenen Unternehmung ist bei den Bereichen Handel und Dienstleistung mit einer Abweichung von jeweils 11% besonders markant. Im Gegenteil dazu nimmt sich der Abstand zwischen beiden Werten im industriellen Sektor mit nur 4% vergleichsweise gering aus.

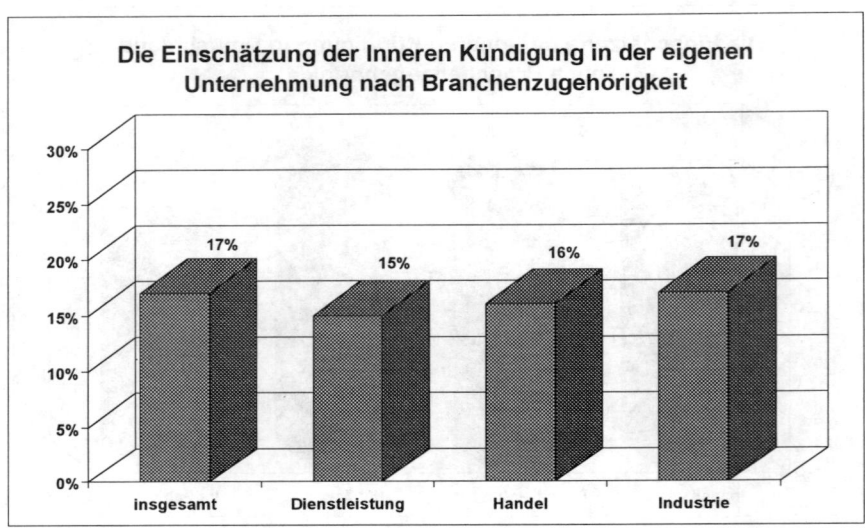

Die Einschätzung der Inneren Kündigung in der eigenen Unternehmung nach Branchenzugehörigkeit

Abb. 15: Innere Kündigung in der eigenen Unternehmung
nach Branchenzugehörigkeit

2.4.4.3 Einschätzung der Inneren Kündigung auf den einzelnen Unternehmungsstufen

Die durchschnittlichen Ergebnisse über branchenspezifische Aussagen zur Inneren Kündigung der einzelnen Unternehmungsstufen sind in Tabelle 8 zusammengefaßt:

	Top-manage ment	Mittleres Manage-ment	Unteres Manage ment	Hilfskräfte der Ver-waltung	Meister-ebene	Fach-arbeiter-ebene	Ange-lernte Arbeiter	Unge-lernte Arbeiter
Dienstleistung	3 %	8 %	12 %	18 %	7 %	12 %	20 %	26 %
Handel	3 %	10 %	17 %	22 %	14 %	16 %	28 %	26 %
Industrie	4 %	13 %	15 %	15 %	11 %	13 %	19 %	22 %
Gesamtdurchschnitt	4 %	11 %	14 %	17 %	10 %	13 %	20 %	23 %

Tab. 8: Innere Kündigung auf den einzelnen Unternehmungsstufen nach Branchenzugehörigkeit

Dabei zeigt sich, daß in der Industrie und im Dienstleistungsgewerbe - bis auf einige leichte Abweichungen von maximal 3% - fast alle Werte auf der Höhe der für sämtliche Unternehmungen errechneten Mittelwerte liegen. Stärker dagegen sind die Abweichungen beim Handel. Hier fallen besonders die Differenzen bei den unteren Hierarchiestufen auf: Bei den Hilfskräften der Verwaltung und den angelernten Arbeitern ist die Innere Kündigung im Vergleich zur Gesamtheit besonders stark ausgeprägt: Die geschätzten Quoten liegen hier bei 22% bzw. 28% und somit 5% bzw. 8% über dem Durchschnitt.

Vergleicht man die einzelnen Branchenresultate untereinander, so fällt auf, daß bis auf das mittlere Management, in dem der industrielle Sektor die höchsten Quoten erzielt, alle Hierarchieebenen am stärksten im Handel - teilweise mit deutlichem Abstand - von der Inneren Kündigung betroffen sind. Dabei wird auf der Ebene der angelernten Arbeiter mit einer Differenz von 9% zwischen Handel und Industrie die größte Abweichung innerhalb des Branchenvergleichs erzielt.

2.4.5 Innere Kündigung nach Unternehmungsgrößen

Noch stärker als bei der Branchenzugehörigkeit liegt bei der Einteilung der befragten Betriebe in einzelne Größenklassen die Vermutung nahe, daß die Angaben über die Einschätzung des Phänomens Innere Kündigung - je nach Mitarbeiterzahl - stark voneinander abweichen.

Allgemein wird angenommen, daß man der Inneren Kündigung in kleinen Unternehmungen früher auf die Spur kommt und somit auch wirksamer begegnen kann. Schwerfällige bürokratische Organisationen, Mißtrauenskulturen und Visionslosigkeit als drei relevante Hauptursachenkomplexe auf der Unternehmungsebene[52] spielen - dem ersten Anschein folgend - in kleineren Betrieben eine wesentlich geringere Rolle als in großen Unternehmungen. Hinzu kommt, daß in kleinen und mittleren Unternehmungen die Leistungsbereitschaft nicht zuletzt durch die übersichtlicheren Organisationsstrukturen und ein engeres Verhältnis zwischen Unternehmungsleitung, Vorgesetztem und Mitarbeiter stärker sein dürfte. Dementsprechend höher müßten auch die großen Unternehmungen das Problem der Inneren Kündigung einschätzen. Die vorliegende Untersuchung kann diese Vermutung allerdings nicht bestätigen.

Zur besseren Übersichtlichkeit wurden die Antworten der beteiligten Unternehmungen nach dem Merkmal der Mitarbeiterzahl zu drei Größenklassen zusammengefaßt (vgl. Tabelle 9).

Kleine Unternehmungen:	weniger als 500 Mitarbeiter
Mittlere Unternehmungen:	zwischen 500 und 2000 Mitarbeitern
Große Unternehmungen:	mehr als 2000 Mitarbeiter

Tab. 9: Unternehmungsgrößenklassen

---

[52] Vgl. Hilb, M. (1992a), S. 12

2.4.5.1 Einschätzung der Inneren Kündigung in Deutschland

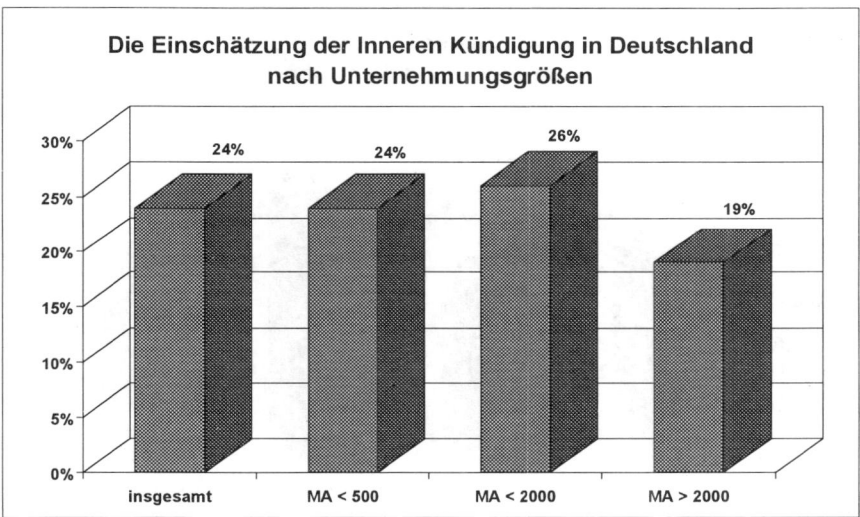

Abb. 16: Innere Kündigung in Deutschland nach Unternehmungsgrößen

Die höchste Einschätzung der Phänomens der Inneren Kündigung auf Bundesebene lieferten die mittleren Unternehmungen mit einem durchschnittlichen Wert von 26%. Der Mittelwert der Antworten der kleinen Unternehmungen lag bei 24% und entsprach somit genau dem Resultat der Gesamtheit. Lediglich die Meinung der großen Unternehmungen, die Quote der innerlich Gekündigten läge in Deutschland bei nur 19%, wich mit 5% stark vom Durchschnitt ab.

2.4.5.2 Einschätzung der Inneren Kündigung in der eigenen Unternehmung

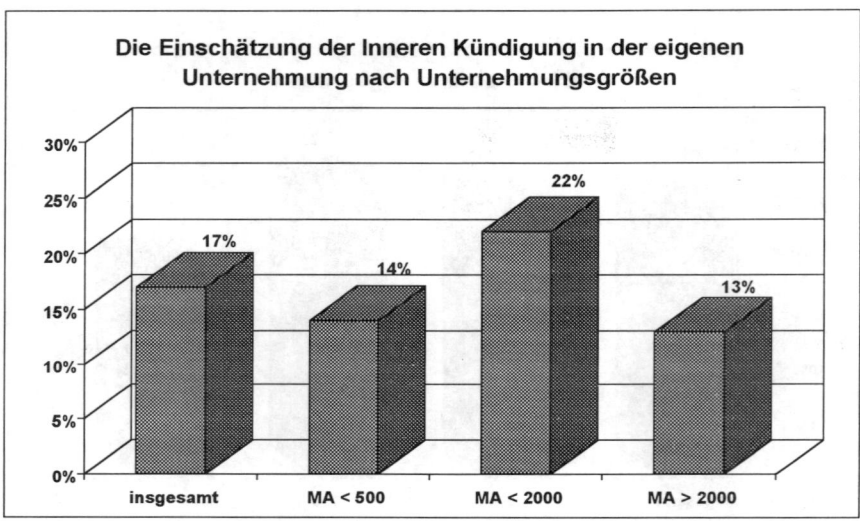

Abb. 17: Innere Kündigung in der eigenen Unternehmung nach Unternehmungsgrößen

Die gleiche Reihenfolge ergibt sich, wenn man die vorangegangenen Angaben zur Inneren Kündigung in Deutschland mit denen über den Zustand in der eigenen Unternehmung vergleicht. Auch hier sind die Nennungen der mittleren Betriebe mit durchschnittlich 22% deutlich am höchsten. Der Abstand zu den Angaben großer und kleiner Firmen hat sich sichtbar vergrößert: Die kleinen Unternehmungen schätzen die Innere Emigration in der eigenen Unternehmung mit einem Mittelwert von 14% ein; große Betriebe liegen mit 13% sogar noch einen Prozentpunkt darunter. Auffällig ist somit, daß eine Differenz zwischen diesen beiden Größenklassen, im Gegensatz zur Einschätzung des Phänomens für ganz Deutschland, fast nicht mehr vorhanden ist. Dies resultiert vor allem aus den unterschiedlichen Angaben der kleinen Betriebe, die die Rate der Inneren Kündigung in ganz Deutschland mit 24% bezifferten, für ihre eigene Unternehmung allerdings 10% weniger angaben. An diesem Beispiel zeigt sich besonders der unterschiedliche Maßstab, der offensichtlich bei der allgemeinen Beurteilung des Problems einerseits und in der eigenen Unternehmung andererseits angelegt wird.

2.4.5.3 Einschätzung der Inneren Kündigung auf den einzelnen Unternehmungsstufen

Vergleicht man die Ausprägung der Inneren Kündigung auf den einzelnen Stufen der Organisationshierarchie, so fallen bei der Betrachtung der für die verschiedenen Unternehmungsgrößen ermittelten Ergebnisse einige Besonderheiten auf (vgl. Tab.10):

	Top-manage-ment	Mittleres Manage-ment	Unteres Manage-ment	Hilfskräfte der Ver-waltung	Meister-ebene	Fach-arbeiter-ebene	Ange-lernte Arbeiter	Unge-lernte Arbeiter
Kleine Unternehmungen	3 %	8 %	12 %	17 %	9 %	13 %	22 %	26 %
Mittlere Unternehmungen	6 %	17 %	17 %	18 %	11 %	17 %	19 %	23 %
Große Unternehmungen	2 %	10 %	14 %	16 %	11 %	12 %	19 %	21 %
Durchschnitt	4 %	11 %	14 %	17 %	10 %	13 %	20 %	23 %

Tab. 10: Innere Kündigung auf den einzelnen Unternehmungsstufen nach Unternehmungsgrößen

Die diesbezüglichen Zahlen für die kleinen Unternehmungen liegen fast alle leicht unter dem Gesamtdurchschnitt. Lediglich auf den Ebenen der an- und ungelernten Arbeiter liegt die Abweichung mit 2% bzw. 3% etwas darüber. Gerade umgekehrt verhält es sich bei den mittleren Unternehmungen: Sämtliche Angaben liegen (bis auf eine zu vernachlässigende Ausnahme im Bereich der angelernten Arbeiter) über dem Mittelwert aller befragten Betriebe. Die großen Firmen wiederum zeigen bis auf die Meisterebene Werte leicht unterhalb des Durchschnitts.

Bei einer Analyse der einzelnen Ebenen untereinander sowie in der Differenzierung nach Größenklassen von Unternehmungen fallen besonders die sehr hohen Diskrepanzen zwischen den Werten für das mittlere Management ins Auge. Die Extremwerte ergeben sich dabei durch eine Differenz von 9% bzw. 7% zwischen den mittleren und kleinen bzw. den mittleren und großen Unternehmungen.

Grundsätzlich ist festzuhalten, daß sich die Tendenzen, die schon in den ermittelten Durchschnittswerten für die Innere Kündigung in der eigenen Unternehmung zum Ausdruck kamen, hier weiter verfestigen.

3. Anzeichen Innerer Kündigung: Symptome und Indikatoren

Bevor die Frage nach Ursachen und Wirkungen Innerer Kündigung sowie nach Strategien und Maßnahmen zu ihrer Begrenzung beantwortet werden kann, müssen *Anzeichen für ihr möglichst frühzeitiges Erkennen* gefunden werden. Der damit verbundene Suchprozeß beginnt beim einzelnen Mitarbeiter und den *Symptomen,* die in seinem Verhalten auf Innere Kündigung hindeuten. Er setzt sich auf der Ebene der Unternehmung fort und forscht dort nach *Indikatoren,* die in den Reaktionen der Belegschaft oder Teilen der Belegschaft auf Anzeichen für Innere Kündigung schließen lassen.

3.1 Symptome Innerer Kündigung

Der bewußte Selbstverzicht des Mitarbeiters auf Engagement und Eigeninitiative kann für die Unternehmung lebensbedrohend werden. Es ist deshalb wichtig, die Sensibilität der Betriebe auf das Verhalten einzelner Mitarbeiter zu richten, um Symptome, die eine zunehmende Distanzierung von der Arbeit bzw. den Zielen der Unternehmung vermuten lassen, rechtzeitig zu erkennen. Als Symptome sollen hier die direkt beim einzelnen Miarbeiter wahrnehmbaren Anzeichen Innerer Kündigung verstanden werden.

Das rechtzeitige Erfassen der Inneren Kündigung stellt sich jedoch als ein schwieriges Problem dar. "Sie ähnelt einer schleichenden Krankheit, die weder vom Arzt klar diagnostiziert, noch vom Patienten bewußt reflektiert ist. Ihr Verlauf ist schwer faßbar, die Erscheinungsformen sind bunt und uneinheitlich und ihre Ursachen vielfältig. Die Innere Kündigung ist - kurz gesagt - komplex."[53]

---

[53] Gross, P. (1992a), S. 87

44

Woran kann aber erkannt werden, daß ein Mitarbeiter innerlich gekündigt hat? F. Raidt macht den Vorschlag, das Ausmaß der Inneren Kündigung anhand einer "Checkliste"[54] abzuprüfen. Typische Symptome der Inneren Emigration sind seiner Meinung nach gegeben, wenn der Mitarbeiter alle oder einige der in Abbildung 18 dargestellten Verhaltensweisen zeigt.[55]

Von Innerer Kündigung eines Mitarbeiters muß ausgegangen werden, wenn er:
- kein Interesse mehr an Auseinandersetzungen hat,
- zum typischen Ja-Sager geworden ist,
- stets bei der Mehrheit zu finden ist,
- keine Vorschläge und keine Kritik mehr bringt,
- zum angepaßten Konformisten geworden ist,
- Chefentscheidungen gar nicht oder nur zustimmend kommentiert,
- seine Kompetenz nicht mehr ausschöpft,
- Eingriffe in seinen Kompetenzbereich gelassen hinnimmt,
- kein Karriere-Interesse mehr hat,
- sich beim Auftreten zurückhält,
- sehr angenehm, ja fast überangenehm im Umgang ist,
- zunehmend wegen Familie und Krankheit fehlt.

Abb. 18: Symptome Innerer Kündigung im Verhalten des Mitarbeiters
Quelle: ähnlich Raidt, F. (1987), S. 21

Diese Liste ließe sich um ein Vielfaches erweitern. Die einschlägige Literatur bietet eine reiche Auswahl an Symptomen, die auf die Problematik der Inneren Kündigung hinweisen. So muß das Verhalten von Mitarbeitern, die jegliche Aufstiegsmöglichkeiten, die ihnen in der Unternehmung angeboten werden, mit allen nur möglichen Vorwänden ablehnen oder Freiräume während der Dienstzeit für persönliche Interessen nutzen, ebenfalls als ein Hinweis auf Innere Kündigung ernst genommen werden.[56] Auch verbale Aussagen der Mitarbeiter wie "ich habe interessante Angebote von verschiedenen Firmen erhalten" oder "man hat versucht, mich mit Gehalt abzuwerben" weisen nach Meinung von H. Oehlers[57]

---

[54] Fröhlich, W.(1992)
[55] Vgl. Raidt, F. (1987), S. 21
[56] Vgl. Höhn, R. (1989c), S. 123 und Höhn, R. (1988), S. 82
[57] Vgl. Oehlers, H. (1989a), S. 273

auf Konfliktfelder hin und sollten Anlaß sein, über potentielle Schwierigkeiten nachzudenken.

An dieser Stelle ist jedoch darauf hinzuweisen, daß sowohl die Checkliste von F. Raidt als auch eine Katalogisierung von Symptomen durch weitere Autoren das Risiko des reinen Abhakens von Stichworten und somit die nicht zu unterschätzende Gefahr in sich birgt, durch Typologisierung die Realität sehr zu schematisieren. Symptomlisten dürfen nur als Indizien aufgefaßt werden. Treffen mehrere Aspekte bei einem Mitarbeiter zu, ist die Wahrscheinlichkeit groß, es mit einem 'Infizierten' zu tun zu haben.[58]

Äußerst schwierig erscheint es allerdings, aufgrund einer Liste von Einzelmerkmalen Mitarbeiter, die innerlich gekündigt haben, zu identifizieren. Jedes genannte Symptom kann auch andere Ursachen als die der Inneren Kündigung haben. Zeichnet sich ein Mitarbeiter z.B. durch Mangel an Humor im Betrieb aus (dies wird als ein Indiz dafür genannt, daß die Innere Kündigung in der Unternehmung schon um sich gegriffen hat und selbst für Außenstehende zu erkennen ist), so könnte dies ebensogut auf Charakter, Wohlerzogenheit, Bescheidenheit oder Intelligenz zurückzuführen sein. Die erwähnten Symptome stehen darüber hinaus nicht in einem zwingenden Zusammenhang.[59]

Des weiteren ist auch eine aktive Form der Inneren Kündigung denkbar, die sich weniger durch Schlaffheit als durch Aggressivität, weniger durch Zurückhaltung als durch Renitenz und überhaupt nicht durch eine stumme "Alles-über-sich-ergehen-lassen-Haltung" aus-zeichnet. Es ist nicht einmal auszuschließen, daß auch das vollständige Fehlen der genannten Symptome als Signal Innerer Kündigung zu werten ist.[60]

Generell ist darauf hinzuweisen, daß neben den beschriebenen typischen Handlungsweisen oder verbalen Aussagen auch eine Deformation der seelischen Struktur des innerlich Gekündigten beobachtet werden kann, die im Extremfall in Depressionen mündet. Die emotionale Distanzierung von der Arbeit schlägt sich dann in einer geschwächten Persönlichkeit des einzelnen nieder und muß als ein besonders ernstes Anzeichen wahrgenommen werden. Die Grenzen zwischen Symptomatik und Wirkungen der Inneren Kündigung sind hier fließend. Befindet sich der innere Emigrant bereits in einem seelisch deformierten Zustand, so haben die Konsequenzen der Inneren Kündigung die Aufgabe des

---

[58] Vgl. Fröhlich, W. (1992)
[59] Vgl. Gross, P. (1992a), S. 89
[60] Vgl. Gross, P. (1992a), S. 89

Motivbeobachters[61] überrannt; die Problematik wurde in einem frühen Stadium verkannt. Es hängt somit entscheidend von der Sensibilität der Unternehmung und ihrer Führungskräfte ab, ob Innere Emigration frühzeitig erfaßt wird und die verheerenden Folgen für sie und die Mitarbeiter selbst abgewendet werden können.

Abbildung 19 vermittelt einen Eindruck davon, wie vielfältig sich die Innere Kündigung auf die Persönlichkeit auswirken kann.

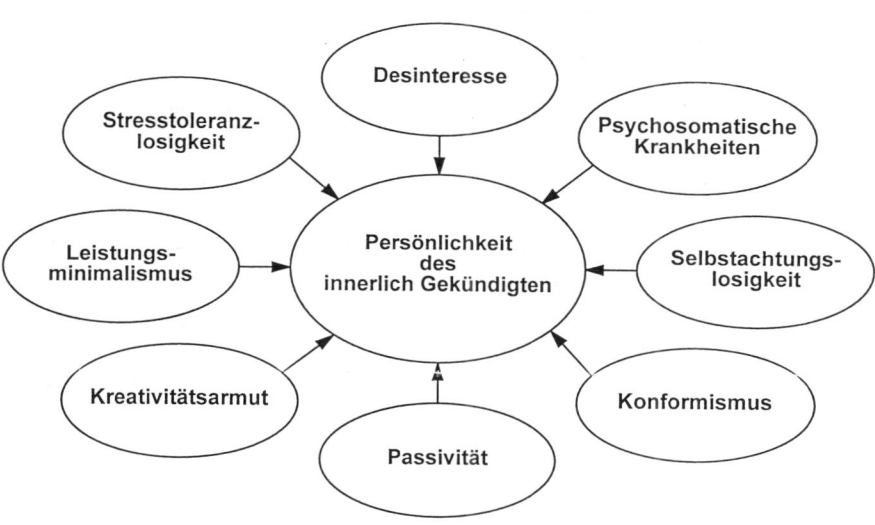

Abb. 19: Auswirkungen der Inneren Kündigung auf die Persönlichkeit des innerlich Gekündigten
Quelle: ähnlich Hilb, M. (1992a), S. 18

---

61   Vgl. Rosner, L. (1992), S. 87

3.2 Indikatoren Innerer Kündigung

Jedes der im vorangegangenen Abschnitt geschilderten Symptome des einzelnen Mitarbeiters wirkt sich in der Summe auf eine Vielzahl betrieblicher Eckwerte und Kennzahlen aus. Deshalb erscheint es im Rahmen der empirischen Untersuchung von Interesse zu erfahren, welche Indikatoren die Befragten als Anzeichen für eine zunehmende innere Distanz von der Arbeit ansehen.

3.2.1 Grundsätzliches zu Indikatoren Innerer Kündigung

Als Indikatoren[62] werden hier solche Anzeichen verstanden, die auf der Ebene der Unternehmung wirken und damit indirekt das Vorhandensein von Innerer Kündigung signalisieren.

Häufig wird noch immer lediglich die *Fluktuationsquote*, die jahrzehntelang in der Praxis als Maßstab für das Betriebsklima und für die Qualitäten der Führungskräfte galt, als Kriterium für das Ausmaß der Inneren Kündigung herangezogen[63]. Letztendlich stellt jedoch auch sie nur die Spitze eines Eisbergs dar, die aus dem Wasser ragt. Der weit überwiegende, unsichtbare Teil des Eisbergs, bestehend aus den "Inneren Emigranten", die eben nicht die Firma wechseln, aber das Betriebsklima kontinuierlich verschlechtern und Jahr für Jahr enorme "stille Kosten" verursachen, gerät oft in Vergessenheit.[64]

Typisch betriebswirtschaftlich relevante Anzeichen im Sinne von Indikatoren Innerer Kündigung sind deshalb auch hohe Fehlzeiten, überzogene Lohnforderungen, Widerstand gegen organisatorische Veränderungen, aber auch ständige Nörgeleien des Betriebsrats, die seinen Funktions- und Aufgabenkatalog sprengen[65].

Um herauszufinden, welche innerbetrieblichen Anzeichen die Personalverantwortlichen für die Einschätzung der Inneren Kündigung auf der Unternehmungsebene als wesentlich erachten, wurden in der vorliegenden Befragung diverse Indikatoren vorgegeben. Durch Ankreuzen konnten die Befragten verdeutlichen, wie stark nach ihrer Einschätzung einzelne Indikatoren Rückschlüsse auf eine Innere Emigration zulassen. Abbildung 20 vermittelt einen ersten Eindruck über das Untersuchungsergebnis:

---

[62] Vgl. generell zu Indikatoren und ihrer Bedeutung für die Früherkennung latenter Entwicklungen: Krystek, U./Müller
Stewens, G. (1993), S. 52 ff.
[63] Vgl. Raidt, F. (1989), S. 68
[64] Vgl. Nuber, U. (1987), S. 20ff.
[65] Vgl. Losch, U. (1987), S. 47

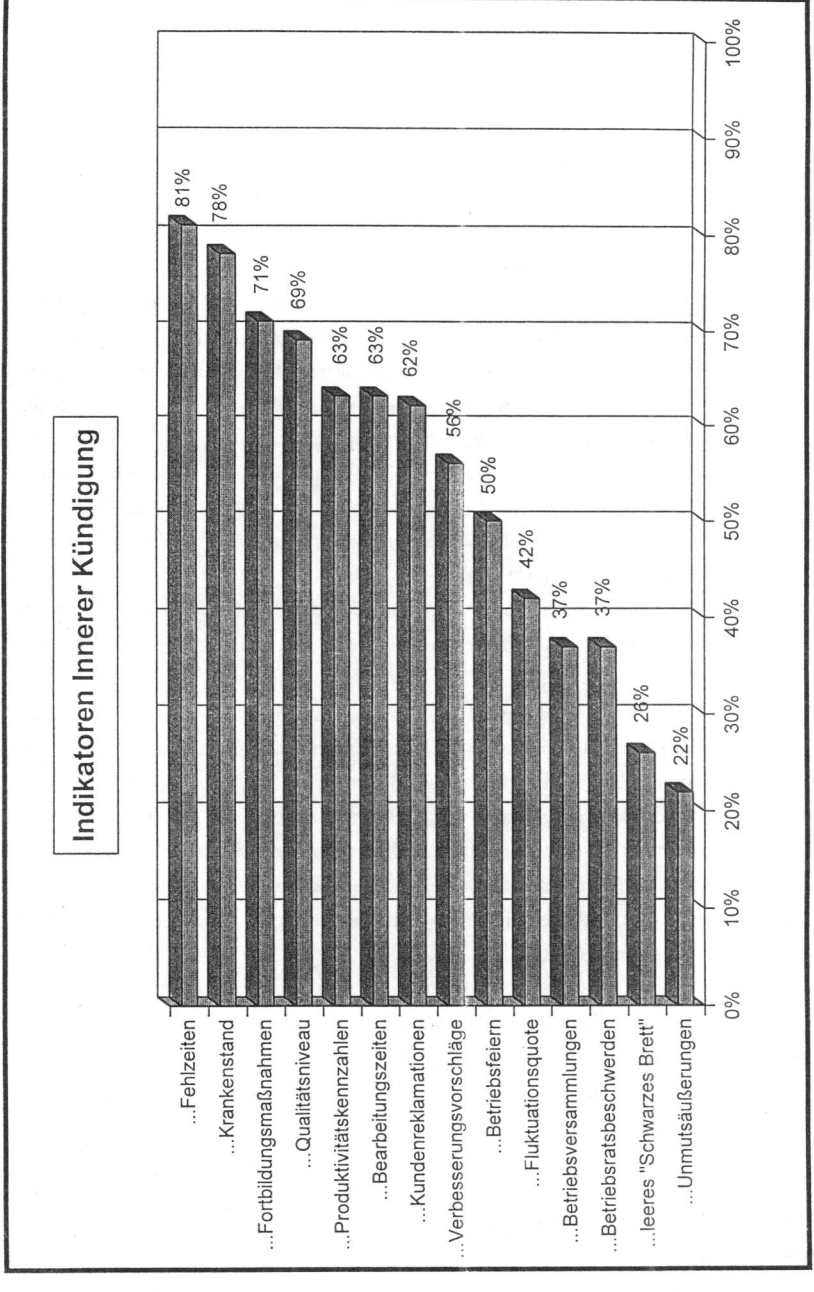

Abb. 20: Indikatoren Innerer Kündigung

Mit 81% schätzen die Unternehmungen *häufigere Fehlzeiten*[66] als sichersten Indikator für die Beurteilung des Ausmaßes Innerer Kündigung ein. Die wiederholte Abwesenheit am Arbeitsplatz weist offensichtlich darauf hin, daß Mitarbeiter ihr Interesse an der Arbeit und am Erfolg der Unternehmung verloren haben.

Die Entscheidung der Mitarbeiter, an ihrem Arbeitsplatz zu erscheinen oder ihm fernzubleiben, wird von mehreren Faktoren bestimmt. Je unzufriedener die Mitarbeiter mit ihrer Arbeitssituation sind, um so größer ist die Wahrscheinlichkeit, daß sie häufiger fehlen. Die Bereitschaft, am Arbeitsplatz nicht zu erscheinen, wird noch verstärkt, wenn damit nur geringe Konsequenzen in Form von Vorhaltungen durch Vorgesetzte und Kollegen, Abmahnungen oder Kündigung verbunden sind. Aber auch außerberufliche Faktoren spielen eine gewichtige Rolle. Je angenehmer und erfolgversprechender den Mitarbeitern deren Nebenbeschäftigungen erscheinen oder aber je mehr negative Konsequenzen zu erwarten sind, wenn andere Verpflichtungen (z.B. die Erledigung der Hausarbeit oder die Pflege von kranken Familienmitgliedern) nicht erfüllt werden, um so größer ist die Wahrscheinlichkeit, daß sie ihrem Arbeitsplatz fernbleiben.[67]

Dies bestätigt auch eine Studie[68], die zu dem Ergebnis kommt, daß die häufigsten Fehlzeiten motivationsbedingt und die Ursachen in der allgemeinen betrieblichen Situation zu finden sind.

Ein Zusammenhang zwischen Fehlzeiten und Führungsverhalten wird immer wieder hervorgehoben. So wurde im Rahmen einer weiteren Untersuchung[69] herausgefunden, daß die Fehlzeiten absolut am höchsten bei schlechtem Betriebsklima, falscher Behandlung durch den Vorgesetzten und Schwierigkeiten mit Kollegen sind. Aber auch Über- oder Unterforderung sowie nicht leistungsgerechte Bezahlung im Vergleich zu Kollegen können sich in höheren Fehlzeiten niederschlagen. Das Erreichen des Berufsziels spielt besonders bei Angestellten eine bedeutsame Rolle. Sie fehlen offenbar häufiger, wenn sie ihr Ziel nicht erreichen bzw. nicht erreichen können.

Selbst wenn in schlechten konjunkturellen Phasen die Fehlzeiten zurückgehen, bedeutet dies keineswegs, daß das Problem behoben wurde. Nicht die Qualität der Führung hat sich verbessert; vielmehr tragen äußere, existenzbedrohende Umstände dazu bei, daß immer weniger Mitarbeiter bereit sind, die mit der äußeren Kündigung verbundenen Konsequenzen

---

66 In Anlehnung an die Definition von Peter Nieder ist der sog. *Absentismus* gemeint. Absentismus entspricht hierbei dem motivational bedingten, durch das Individuum entscheidbaren Entschluß zur Abwesenheit.
67 Vgl. Nieder, P. (1992), Sp. 7
68 Vgl. Meder, H.-J./Bitzer, B. (1993), S. 212
69 Vgl. Machwürth, H.-P. (1992), S. 71

auf sich zu nehmen. Viel wahrscheinlicher ist es deshalb, daß die Innere Kündigung zu einem späteren Zeitpunkt wieder auftritt, dann aber möglicherweise in noch stärkerem Umfang.

Von 78% der Personalverantwortlichen wird ein *steigender Krankenstand*[70] als fast ebenso wichtiger Indikator für die Einschätzung des Phänomens der Inneren Kündigung genannt. Auch hier ist der Mitarbeiter nicht am Arbeitsplatz anwesend, allerdings aus gesundheitlichen Gründen. Der Hinweis, daß viele Arbeitnehmer unter den Verhältnissen am Arbeitsplatz leiden (dies kann sowohl auf psychische als auch physische Arbeitsbedingungen zurückzuführen sein) und ihre Abwesenheit zu einem immer größeren Teil mit psychosomatischen Störungen begründet wird, läßt darauf schließen, daß die Ursachen für eine 'Nicht-Präsenz' am Arbeitsplatz bei den Organisationsmitgliedern als persönliches Schicksal empfunden werden und dann weitgehend in Form von Krankheiten individualisiert werden.[71]

Statistisch gesehen liegt der Krankenstand bei gewerblichen Arbeitnehmern deutlich höher als bei Angestellten. Dies wird häufig damit begründet, daß den Angestellten ein bestimmter Arbeitsplatz mit einem konkreten Arbeitsgebiet zugeordnet ist. Erscheinen sie dort nicht, so bleibt ihre Arbeit in der Regel unerledigt. Der Druck, möglichst schnell wieder am Arbeitsplatz zu erscheinen, ist dadurch vergleichsweise hoch. Bei gewerblichen Arbeitnehmern in der Produktion herrscht dieser Druck häufig nicht, da die Produktion auch ohne sie weiter aufrecht erhalten wird.[72]

Mit der Einschätzung der befragten Personalverantwortlichen, daß der Krankenstand ein besonders aussagefähiger Indikator für das Ausmaß der Inneren Kündigung sei, wird auch die innerhalb der Umfrage "Jobs in the 80s" ermittelte Erkenntnis bestätigt, wonach Berufstätige, die sich in ihrem Beruf deutlich stärker engagieren, viel seltener krank werden.[73]

Ähnlich wie bereits bei den Fehlzeiten festgestellt, darf aber auch ein niedriger Krankenstand nicht automatisch mit einer Reduzierung des Ausmaßes von Innerer Kündigung gleichgesetzt werden, wie am folgenden Beispiel verdeutlicht werden kann.

Nach Angaben des Bundesarbeitgeberverbandes Chemie e.V. befand sich etwa die Krankenstandsquote der chemischen Industrie auf einem "Krisentief" von 5,53%. Dies ist ein Wert, der letztmals in den Krisenjahren 1982/83 erreicht wurde. Damit bestätigt sich nach

---

70 In Anlehnung an die Definiton von P. Nieder ist die Arbeitsunfähigkeit aufgrund Krankheit im medizinisch-biologischen Sinne gemeint. Dies impliziert neben einem vom Arbeitsplatz unabhängigen Krankenstand auch eine vom Arbeitsplatz abhängige Krankheit, aufgrund eines Arbeitsunfalls, psychischer Arbeitsbedingungen mit somatischem Krankenbild oder physischer Arbeitsbedingungen wie z.B. Luft, Lärm.
71 Vgl. Machwürth, H.P. (1992), S. 70 und Nieder, P. (1992), Sp. 1
72 Vgl. Machwürth, H.P. (1992), S. 70f.
73 Vgl. Noelle-Neumann, E./Strümpel, B. (1984), S. 196

Meinung des Verbandes erneut der Zusammenhang zwischen wirtschaftlicher Entwicklung und Verlauf des Krankenstandes. "Während in Phasen wirtschaftlichen Wachstums auch der Krankenstand 'wächst', gehen Rezessionsphasen auch mit einer 'Rezession' des Krankenstandes einher."[74]

Ausgeprägter *Absentismus*[75] hat eine Signalwirkung und stellt eine Art Frühwarninformation dar, die frühzeitig Hinweise auf die Notwendigkeit der Planung und Realisierung von Maßnahmen zur Verbesserung der Arbeitssituation gibt. Darauf aufbauend muß die Unternehmung versuchen, die latenten Ursachen direkt vor Ort zu erfassen und gleichzeitig entsprechende Maßnahmen zur Reduzierung von Absentismus einzuleiten. Die Reaktion vieler Betriebe beschränkt sich dagegen meist darauf, den Absentismus ihrer Mitarbeiter schwerpunktmäßig einer zu nachsichtigen Gesetzgebung sowie zu wohlwollenden Ärzten anzulasten anstatt die Ursachen in der Unternehmung selbst zu suchen. Ärzte aber kurieren nur medizinisch relevante Symptome und auch das Lohnfortzahlungsgesetz gibt dem Mitarbeiter lediglich die Möglichkeit, seine Entscheidung für eine Abwesenheit ohne finanzielle Einbußen zu treffen. Nur selten beschäftigen sich die Verantwortlichen mit den tatsächlichen Hintergründen. Die Frage ist zu stellen: "Wann beginnen Organisationen einmal damit, die ungeplanten, aber vorhandenen Nebeneffekte ihrer Rationalisierungsbemühungen mit in die Kostenkalkulation einzubeziehen, also auch psychosomatische Reaktionen, z.B. bei den Betroffenen, mitzubedenken, statt ihre Effektivität an der Zahl wegrationalisierter Arbeitsplätze zu messen"[76].

Als dritthäufigster Indikator wird eine *nachlassende Teilnahme an Fortbildungsmaßnahmen außerhalb der Arbeitszeiten* von 71% der Befragten als ein Signal für eine rückläufige Leistungsbereitschaft genannt.
Immer wieder wird hervorgehoben, wieviele Mitarbeiter sich verstärkt im Freizeitbereich engagieren. Daß ein Interesse für die berufliche Weiterbildung außerhalb der Arbeitszeit darunter leiden muß, erscheint einleuchtend. So vertreten viele Mitarbeiter die Auffassung, es sei Aufgabe der Unternehmung, die Schulungen ihrer Mitarbeiter zu organisieren und sie während der Arbeitszeit dafür freizustellen. Konnte früher noch leichter von einem Engagement für die Unternehmung auch außerhalb der Arbeitszeit ausgegangen werden, so scheint sich dies - im Zuge einer zunehmenden Freizeitorientierung - grundlegend geändert zu haben. Möglicherweise ist diese neue Einstellung im Sinne einer notwendigen Distanz zur Arbeit aber nicht generell negativ zu bewerten. Es stellt sich die Frage, ob nicht gerade ein

---

74 O.V. (1994a), S. 6
75 Gemeint sind hier die beiden Indikatoren *häufige Fehlzeiten* und *steigender Krankenstand*
76 Nieder, P. (1992), Sp. 9

gewisser Abstand, der die Möglichkeit bietet, einmal "durchzuatmen" und seinen Kopf von betrieblichen Problemen freizumachen, für die Motivation und Kreativität besonders förderlich sein kann.

Eine *Verschlechterung des Qualitätsniveaus* der erbrachten Arbeitsleistung wird von 69% der befragten Unternehmungen als wichtiger Indikator für die Einschätzung der Inneren Kündigung gewertet. Welche gravierenden Folgen ein Absinken des Qualitätsstandards nach sich ziehen kann, wird deutlich, wenn man sich vor Augen hält, welche Bedeutung der Qualität ganz allgemein im Hinblick auf die Konkurrenz- und Überlebensfähigkeit der Unternehmungen auf den internationalen Märkten zukommt.[77]

Sinkende Produktivitätskennzahlen und *steigende Bearbeitungszeiten* werden mit je 63% als gleich wichtige Hinweise für eine nachlassende Leistungsbereitschaft eingestuft. Die mit der Inneren Kündigung einhergehende geringere Konzentration auf die Arbeit und am Arbeitsplatz sowie der damit verbundene unachtsame Umgang mit Roh-, Hilfs- und Betriebsstoffen hat automatisch steigende Ausschußquoten und damit höhere Stückkosten zur Folge.

Nachlassende Leistungsbereitschaft führt aber auch dazu, daß Bearbeitungszeiten länger werden. Nicht selten beschränken sich die Mitarbeiter auf das Erfüllen von Minimalanforderungen, die sich in einer Personalmentalität in der Art von: "Achtung! Kunde droht mit Auftrag!" niederschlagen[78].

Wie fließend jedoch die Grenzen zwischen Produktivität und Kontraproduktivität sein können, zeigt das oft bemühte Beispiel des Buchhalters. Seine Aufgabe besteht nicht darin, sich kreativ zu produzieren, sondern vielmehr - wie gefordert - seine Arbeit nach Vorschrift, nämlich nach den genau festgelegten Grundsätzen der ordnungsgemäßen Buchführung zu verrichten.[79]

Für 62% der Personalverantwortlichen geht von den *ansteigenden Kundenreklamationen* eine deutliche Signalwirkung aus. Befaßten sich die bisher genannten Anzeichen mit Situationen, die eher innerbetrieblich Aufmerksamkeit erregen, so kommt der Hinweis auf einen etwaigen Mißstand nun von außen, nämlich von den Kunden der Unternehmungen, die offensichtlich mit der Leistungserstellung nicht (mehr) zufrieden sind. Ähnlich wie bei der Verschlechterung des Qualitätsniveaus besteht hier die Gefahr des überlebenskritischen

---

[77] Vgl. Seghezzi, H.D. (1994), S. 11ff. sowie S. 2 dieser Arbeit
[78] Vgl. Hilb, M. (1992a), S. 14
[79] Vgl. Fröhlich, W. (1992)

Verlustes von Kunden und Märkten. Je später diese mögliche Bedrohung durch die nachlassende Leistungsbereitschaft der Mitarbeiter erkannt wird, um so schwieriger wird es, die bereits entstandenen Schäden zu beheben. Es überrascht, daß gerade dieser Indikator, der auf einen besonders gravierenden Mangel hinweist, als so wenig aussagekräftig eingeschätzt wird. Die Vermutung liegt nahe, daß den ansteigenden Kundenreklamationen gerade aufgrund ihres Nachteils, erst sehr spät auf Mißstände hinweisen zu können und deshalb als Frühwarninformation ungeeignet zu sein, eine vergleichsweise geringe Bedeutung als Indikator zugeschrieben wird.

Für 56% der Befragten gilt es als Alarmzeichen, wenn die Zahl *innerbetrieblicher Verbesserungsvorschläge* stark rückläufig ist. Dieser vergleichsweise geringe Wert verwundert, weil sich auch in der Teilnahme am betrieblichen Vorschlagswesen niederschlägt, wie engagiert die Belegschaft an der konstruktiven Verbesserung der Arbeitsabläufe mitarbeitet, Arbeitsbedingungen durch Veränderungsvorschläge zu verbessern versucht oder gar innovative Ideen einbringt. Gerade dieser Indikator zeigt, wie kreativ, initiativ und kritisch die Mitarbeiter sind. Die Zahl der Verbesserungsvorschläge dürfte tendenziell um so höher sein, je besser die Arbeitsatmosphäre in der Unternehmung ist. Mitarbeiter, die innerlich gekündigt haben, legen in der Regel keinen großen Wert mehr darauf, durch Eigeninitiative und Kritikfähigkeit an der Verbesserung von Arbeitsabläufen oder Produkten mitzuwirken.

Überkommene Unternehmungsstrukturen liefern einen möglichen Erklärungsansatz für die geringe Wertschätzung dieses Indikators. Es ist bekannt, daß in Deutschland die Entscheidungsabläufe noch überwiegend nach dem Top-down-Prinzip angelegt sind. Den Gegensatz dazu bildet das in Japan weit verbreitete Bottom-up-Prinzip. Hier gehen die Impulse für Verbesserungsvorschläge gerade von den unteren Hierarchieebenen aus. Probleme werden solange auf einer Ebene diskutiert, bis man zu einem Konsens gelangt. Erst dann wird dieser Lösungsansatz an die nächst höhere Hierarchieebene weitergegeben. Die Initiative geht also von unten aus.[80]

Da Verbesserungsvorschlägen hierzulande allerdings lange Zeit offensichtlich wenig Bedeutung beigemessen wurde, verwundert es nicht, wenn den Mitarbeitern die Motivation fehlt, überhaupt Empfehlungen zur innerbetrieblichen Verbesserung anzubringen.

Ein *mangelndes Interesse an Betriebsfeiern und -ausflügen* wird nur noch von 50% der Personalverantwortlichen als Warnsignal für eine Innere Kündigung gesehen. Die Hälfte der Befragten sind der Meinung, daß ein Fernbleiben von solchen Veranstaltungen kein Indiz

---

[80] Vgl. dazu grundsätzlich: Bleicher, K. (1989), S. 65ff.

dafür ist, daß die Mitarbeiter Eigeninitiative und Engagement reduzieren. Dennoch sollte eine geringe Resonanz zum Nachdenken anregen, geht es doch gerade bei solchen Anlässen darum, die innerbetriebliche Kommunikation zu fördern und soziale Beziehungen zu Kollegen und Vorgesetzten aufzubauen und zu vertiefen. Es stellt sich deshalb die Frage, ob die Abwesenheit bei solchen Veranstaltungen nicht auf ein eher schlechtes Betriebsklima hinweist und somit Anlaß gibt, Unternehmungskultur und interne Umgangsformen zu hinterfragen.

Genauso wie es naiv ist, zu glauben, daß allein die Durchführung von Festen und Ausflügen eine wirksame Maßnahme gegen Demotivation am Arbeitsplatz ist, erlaubt natürlich auch das Ausmaß der Teilnahme an solchen Aktivitäten keine zwingenden Rückschlüsse auf das Phänomen der Inneren Kündigung. Ebenso aber wie Betriebsfeiern und Ausflüge erst im Rahmen einer ganzheitlichen Betrachtung betrieblicher Maßnahmen wie z.B. im Rahmen des Organisationsklima- bzw. Unternehmungskulturkonzepts[81] Bedeutung erlangen, müssen solche Indikatoren, auch wenn sie nach Meinung der meisten Personalverantwortlichen nur bedingt aussagekräftig sind, als wichtige Mosaiksteine begriffen werden: Erst in ihrer Gesamtheit zeigen sie das wahre Ausmaß der Inneren Kündigung in der Unternehmung. Deshalb darf ein mangelndes Interesse an Betriebsfeiern und -ausflügen nicht unbeachtet bleiben, sondern sollte in verstärktem Maße dazu anregen, das herrschende Betriebsklima kritisch zu analysieren.

Daß eine *steigende Fluktuationsquote* nur mit 42% als Indiz für die nachlassende Leistungsbereitschaft genannt wird, erscheint einleuchtend, wenn man sich die Begriffsbestimmung der Inneren Kündigung vor Augen hält. Während die Fluktuation quantitativ den Personalwechsel oder -abgang beschreibt und damit das Ausmaß der offenen Kündigung darlegt, ist der Mitarbeiter im Fall der Inneren Kündigung dagegen weiterhin in der Unternehmung anwesend, löst aber die ihm übertragenen Aufgaben lediglich mit Routine und wenig Engagement[82].

Galt einst die Fluktuationsquote der Arbeitnehmer als Maßstab für die Qualität des Betriebsklimas und für das Führungsverhalten des Managements, so wird inzwischen erkannt, daß diese Zahlen lediglich die bereits erwähnte Spitze eines Eisbergs wider-spiegeln[83]. Die Fluktuationsquote kann das wahre Ausmaß der Misere nur andeuten. Außerdem wird die Fluktuationsrate ganz wesentlich von der Arbeitsmarktsituation bestimmt. Arbeitnehmer machen ihre offene Kündigung i.d.R. von der aktuellen Lage am Arbeitsmarkt abhängig. Im Falle einer ungünstigen Arbeitsmarktlage, wie sie seit Jahren als

81 Vgl. Bögel, R. (1991), S. 501
82 Vgl. Löhnert, W. (1990), S. 21ff.
83 Vgl. Raidt, F. (1987), S. 19

Dauerphänomen zu beobachten ist, wird es schwierig sein, eine adäquate Beschäftigung zu annehmbaren Bedingungen zu finden. Ein formale Kündigung ist dann für viele Mitarbeiter kaum mehr möglich; zu stark ist die Angst vor Arbeitslosigkeit und den damit verbundenen Schwierigkeiten. Diese Furcht vor den Konsequenzen kann dann zum entscheidenden Kriterium avancieren, das gegen eine äußere Kündigung und für die Alternative "Standhalten" spricht.[84]

Eine vergleichsweise geringe Rolle fällt Indikatoren wie *geringe Teilnahme an Betriebsversammlungen* und *häufigere Beschwerden beim Betriebsrat* zu. Nur 37% der befragten Personalverantwortlichen glauben, daß ein entsprechendes Verhalten als Hinweis für eine nachlassende Leistungsbereitschaft dient.

Diese Einstellung verwundert zunächst, werden bei Betriebsversammlungen doch die Belange der Mitarbeiter und *ihrer* Unternehmung behandelt. Gerade hier haben die Betriebsangehörigen die Möglichkeit, Beschwerden anzubringen und Vorschläge zur Verbesserung der Arbeitssituation zu unterbreiten. Durch ihre Absenz drücken sie deutlich ihr Desinteresse an betrieblichen Vorgängen, häufig auch ihre Frustration im Hinblick auf die individuelle Arbeitssituation aus. In vielen Fällen ist eine geringe Teilnahme an Betriebsversammlungen allerdings auch Ausdruck resignativen Verhaltens, das der Einsicht entspringt, durch Beschwerden oder Verbesserungsvorschläge doch keine Veränderungen zu bewirken. Dies jedoch wäre ebenfalls ein direkter Hinweis auf einen sich ausbreitenden Virus "Innere Kündigung".

Betriebsversammlungen dienen - dies ist ihr eigentlicher Zweck - in entscheidendem Maße zur Information der Belegschaft. Nehmen Beschäftigte nicht mehr an solchen Veranstaltungen teil, so kann der daraus resultierende schlechte Informationsstand schnell zu Unklarheiten, Halbwahrheiten und dem Aufkommen von Gerüchten führen. Als logische Konsequenz ergibt sich: Mitarbeiter werden verunsichert und mißtrauisch, das Betriebsklima wird vergiftet. Eine geringe Einschätzung dieses Indikators läßt befürchten, daß viele Personalverantwortliche die geringe Frequentierung solcher Zusammenkünfte immer noch damit verbinden, daß die Mitarbeiter zufrieden sind und keinen Bedarf sehen, diese innerbetrieblichen Informations- und Kritikmöglichkeiten für Verbesserungsvorschläge auszuschöpfen.

Ähnlich verhält es sich mit der geringen Beachtung *häufigerer Beschwerden beim Betriebsrat*. Anstatt die Klagen der Arbeitnehmer als konstruktive Kritik und damit als

---

84   Vgl. Faller, M. (1991), S. 86

eindeutigen Ausdruck ihrer Unzufriedenheit ernstzunehmen, werden sie weitgehend ignoriert. Der Betriebsrat scheint in vielen Unternehmungen immer noch eine Art "black box" zu sein. Ein Bezug zur Inneren Kündigung ist jedoch nicht von der Hand zu weisen. Dies macht allein folgende Aussage einer antwortenden Unternehmung unter der Rubrik "sonstige Indikatoren" deutlich: "Beschwerden beim Betriebsrat sind Vorstufe zur Inneren Kündigung"*. Das ebenfalls in diesem Zusammenhang gefallene Stichwort der "Nörgler"* zeigt auf erschreckende Weise, mit welch einseitiger Sichtweise Vorgesetzte berechtigte Beschwerden der Mitarbeiter abqualifizieren, somit die Frustration am Arbeitsplatz erhöhen und letztlich jegliche Initiative blockieren.

Am Ende der Kette relevanter Indikatoren für die Innere Kündigung stehen ein *leeres "Schwarzes Brett" als ungenutzte betriebliche Kommunikationsmöglichkeit* sowie *Unmutsäußerungen und Schmiereien auf Toilettenwänden und in Sozialräumen.* Gerade einmal 26% bzw. 22% sprechen diesen Indikatoren einen Frühwarncharakter zu.

Problembewußten Personalverantwortlichen sollte auch und gerade ein von den Mitarbeitern ungenutztes Schwarzes Brett als Indikator dienen. Es bedeutet bei weitem nicht, daß nichts mitzuteilen wäre, sondern gibt vielleicht im Gegenteil einen deutlichen Hinweis darauf, daß viele Beschäftigte aus Angst vor Repressionen gar nicht erst wagen, diese Kommunikations- möglichkeit zu nutzen. Auch scheinbar unqualifizierte Meinungsäußerungen wie Schmiere- reien auf Toilettenwänden und Sozialräumen sollten nicht unbeachtet bleiben. Dies mag auf verständliche Vorbehalte stoßen. Es wird aber noch viel zu oft verkannt, daß es sich hierbei lediglich um eine andere Form handelt, seiner Unzufriedenheit anonym Ausdruck zu verleihen. Unmutsäußerungen dieser Art resultieren nicht zuletzt aus einem fehlenden Vertrauen in die Unternehmung und ihre Führung. Wenn durch eine mißtrauende Unternehmungskultur jegliche Kritik im Betrieb untersagt wird, ist es naheliegend, daß die Mitarbeiter sich auf einem anderen Wege Luft machen und Äußerungen dieser Art als Ventil benutzen.

Eine Vielzahl zusätzlich von den Befragten genannter Indikatoren runden das Bild ab. Mehrfach wurde dabei an die Motivation angeknüpft, die bekanntermaßen schwer meßbar ist. Dennoch ist nach Meinung der Befragten ein schwindendes Engagement aus einer nicht vorhandenen "Bereitschaft zur Mehrarbeit"*, der zutage tretenden "Begeisterung"* oder aus einem "aktiven Rückzug auf Teilbereiche der ausgeübten Funktion ("...das geht mich nichts an...,...*früher* habe ich das gemacht"*) herauszulesen.

Weitere Anzeichen zielen auf abteilungsübergreifendes Verhalten ab. Als Indikatoren werden eine "geringere Kommunikation mit dem Vorgesetzten"*, "weniger Kooperationsbereitschaft"*, "zunehmende innerbetriebliche Konflikte"* und generell ein "geringeres Kommunikationsinteresse"* genannt. Die bereits erwähnten Hinweise, eine Innere Kündigung lasse sich dadurch feststellen, daß die "Mitarbeiter ihre Aktivitäten in die Freizeit"* legen oder eine "freizeitorientierte Schonhaltung"* erkennbar ist, knüpfen ebenfalls an den Motivationsaspekt an.

Zwei befragte Unternehmungen sahen in der fehlenden Flexibilität ihrer Mitarbeiter ein Indiz. Eine "mangelnde Bereitschaft, ständig Innovationen zu leisten"* sowie eine "mangelnde interne Mobilität bei internen Stellenangeboten"* geben danach Anlaß zur Vermutung, ihre Mitarbeiter würden nur noch "Dienst nach Vorschrift" verrichten.

Ein besonders problematischer Indikator wird von einer antwortenden Firma gewählt, die im "schlechten Firmenimage"* ein frühes Anzeichen für die Innere Kündigung sieht: Wenn erst Signale von außen kommen müssen, um zu erkennen, daß Innere Kündigung auch in der eigenen Unternehmung Fuß gefaßt hat, scheint es für aussichtsreiche Gegenmaßnahmen relativ spät zu sein.

Im Anschluß an die soeben erfolgte Darstellung und Analyse der Gesamtergebnisse verschaffen die weiteren Tabellen mit einer Gegenüberstellung der einzelnen Werte einen konkreten Überblick über Unterschiede zwischen den verschiedenen Branchen und Unternehmungsgrößen. Sie eröffnen jeweils die nachfolgenden Abschnitte, in denen untersucht wird, ob die Ergebnisse unterschiedlicher Branchen und Unternehmungsgrößen hinsichtlich der Rangfolge und der konkreten Resultate für einzelne Ursachen von den für die Gesamtheit erzielten Tendenzen und Werten abweichen.[85]

---

[85]   Diese Vorgehensweise wird auch innerhalb der Abschnitte 4. "Ursachenschwerpunkte Innere Kündigung" und 6.2 "Maßnahmen zur Begrenzung des Problems" beibehalten.

3.2.2 Indikatoren nach Branchenzugehörigkeit

Rang		Insgesamt %	Industrie %	Handel %	Dienstleistung %
1	...Fehlzeiten	81	79	92	50
2	...Krankenstand	78	75	100	71
3	...Fortbildungsmaßnahmen	71	71	83	67
4	...Qualitätsniveau	69	69	67	75
5	...Produktivitätskennzahlen	63	60	58	100
6	...Bearbeitungszeiten	63	56	92	61
7	...Kundenreklamationen	62	60	83	57
8	...Verbesserungsvorschläge	56	55	58	61
9	...Betriebsfeiern	50	47	67	42
10	...Fluktuationsquote	42	33	55	84
11	...Betriebsversammlungen	37	27	33	58
12	...Betriebsratsbeschwerden	37	37	58	29
13	...leeres „Schwarzes Brett"	26	27	17	21
14	...Unmutsäußerungen	22	25	50	4
	Durchschnitt	54	51	65	56

Tab. 11: Indikatoren im Branchenvergleich

• **Industrie**

Die im industriellen Sektor bewerteten Indikatoren für eine Innere Kündigung weichen sowohl bezüglich der Prioritätenrangfolge als auch bei der Einzelbewertung nicht nennenswert von den für die Gesamtheit ermittelten Resultaten ab. Bezeichnend für diese Feststellung ist, daß die höchste Differenz bei der Einschätzung der *Fluktutationsquote* und der *Teilnahme an Betriebsversammlungen* gerade einmal 9% bzw. 10% beträgt.

• **Handel**

Auf den ersten Blick stimmt die Rangliste des Handels mit der Gesamttabelle überein. Bei genauerer Betrachtung fällt allerdings auf, daß zwei Indikatoren durch den Handel ganz anders eingeschätzt werden als von der Gesamtheit der antwortenden Unternehmungen: *Ansteigenden Bearbeitungzeiten* wird im Handelsbereich eine wesentlich höhere Bedeutung zugeschrieben; *sinkende Produktivitätskennzahlen* finden dort dagegen - verständlicherweise - weniger Beachtung.

Wesentlich gravierender dagegen sind die Unterschiede in den für die einzelnen Indikatoren ermittelten Werten. Schon der für den Handelsbereich ermittelte durchschnittliche Wert für die Eignung aller Indikatoren weicht um 11% vom Mittelwert der Gesamtheit ab.

Dementsprechend groß sind auch die Einzelunterschiede. Die größten Abweichungen sind bei der Beurteilung der *steigenden Bearbeitungszeiten* (+29%), des *ansteigenden Krankenstandes* (+22%), *zunehmender Kundenreklamationen* und *häufigerer Beschwerden beim Betriebsrat* (jeweils +21%) festzustellen.

• **Dienstleistung**

Auch in diesem Sektor gibt es Indikatoren für eine Innere Kündigung, die in ihrer Bedeutung im Vergleich zu den Gesamtergebnissen sehr unterschiedlich gesehen werden: Während nach der Meinung sämtlicher Unternehmungen den *Fehlzeiten* mit einer Zustimmung von 81% als Signal für die Innere Kündigung absolute Priorität eingeräumt wird, rangiert dieses Anzeichen bei der Betrachtung durch Dienstleistungsbetriebe - aufgrund einer Wertschätzung von nur 50% - nur noch abgeschlagen auf Position 10. Dagegen werden die *Produktivitätskennzahlen* - bei der Bewertung durch die Gesamtheit mit 63% nur im Mittelfeld plaziert - mit 100% Zustimmung als absolut sicheres Indiz eingestuft. Ähnliches gilt für die Positionierung der *Fluktuationsquote* (Gesamtergebnis: 42% - Dienstleistung: 84%).

• **Branchen im Vergleich**

Ebenso wie große Unterschiede bei den einzelnen Ergebnissen zu verzeichnen waren, lassen sich auch unter den einzelnen Branchen wenig Gemeinsamkeiten ausmachen. Dies gilt vor allem für die fast durchgehend starken Diskrepanzen bei der Beurteilung einzelner Indikatoren. Der Wert der durchschnittlichen Abweichungen beträgt 28%. Spitzenwerte werden bei der Einschätzung von *Fluktuationsquoten* mit 51% (84 % der Dienstleister halten diesen Indikator für aussagekräftig, um die Innere Kündigung festzustellen, aber nur 33 % der Industriebetriebe), von *Unmutsäußerungen und Schmierereien* mit 46% (Handel 50% - Dienstleistung 4%(!)) sowie den *sinkenden Produktivitätskennzahlen* (Handel 58% - Dienstleistung 100%) und von *häufigeren Fehlzeiten* (Handel 92% - Dienstleistung 50%) mit je 42% erreicht.

3.2.3 Indikatoren nach Unternehmungsgrößen

Rang			Insgesamt %	Kleine Untern. %	Mittlere Untern. %	Große Untern. %
1	...Fehlzeiten		81	81	74	87
2	...Krankenstand		78	75	74	83
3	...Fortbildungsmaßnahmen		71	78	54	73
4	...Qualitätsniveau		69	75	59	73
5	...Produktivitätskennzahlen		63	72	65	50
6	...Bearbeitungszeiten		63	61	63	67
7	...Kundenreklamationen		62	72	42	67
8	...Verbesserungsvorschläge		56	55	59	59
9	...Betriebsfeiern		50	41	50	60
10	...Fluktuationsquote		42	50	59	14
11	...Betriebsversammlungen		37	34	48	23
12	...Betriebsratsbeschwerden		37	28	38	47
13	...leeres „Schwarzes Brett"		26	25	19	28
14	...Unmutsäußerungen		22	22	22	27
	Durchschnitt		54			

Tab.12: Indikatoren im Unternehmungsgrößenvergleich[86]

• **Kleine Unternehmungen**

Vergleicht man die Beurteilung der Indikatoren durch die kleinen Unternehmungen mit der Gesamteinschätzung, so sind kaum Unterschiede festzustellen. Zwar verändert sich bei einzelnen Indikatoren die Rangfolge etwas; bezogen auf den Prozentanteil sind aber keine signifikanten Differenzen festzustellen. Eine etwas größere Abweichung zeigt sich lediglich bei der Beurteilung *sinkender Produktivitätskennzahlen* und *ansteigender Kundenreklamationen*. Während 63% bzw. 62% der insgesamt Befragten hier einen Hinweis auf die Innere Kündigung sehen, sprechen mit je 72% die kleinen Unternehmungen diesen Indizien einen höheren Informationsgehalt zu. Auch für die *häufigeren Beschwerden beim Betriebsrat* ergibt sich eine unterschiedliche Gewichtung: 37% aller Betriebe sehen dies als relevantes Anzeichen, von den kleinen Unternehmungen teilen dagegen nur 28% diese Auffassung.

---

[86] Vgl. zur Unterteilung von Unternehmensgrößen und Mitarbeiterzahlen auch Tab. 1 in Kapitel 1.2 dieser Arbeit

• **Mittlere Unternehmungen**

Im Gegensatz zu den Angaben der kleinen Unternehmungen weichen die der mittleren deutlicher von der Gesamteinschätzung ab. Das schlägt sich auch in der Rangfolge der Indikatoren nieder. So bewerten 71% aller befragten Personalverantwortlichen eine *nachlassende Bereitschaft zur Teilnahme an Fortbildungsmaßnahmen* als drittwichtigsten Indikator, während nur 54% der mittleren Unternehmungen dieses Verhalten als Anzeichen sehen. Ein abweichendes Ergebnis zeigt sich ebenfalls bei der Bewertung der *ansteigenden Kundenreklamationen,* die aufgrund der Gesamtbeurteilung mit 62% im Mittelfeld angesiedelt werden, von den mittleren Unternehmungen aber mit 42% am Ende plaziert werden. Auffallend ist weiterhin die Einschätzung einer *steigenden Fluktuationsquote.* Während von nur 42% der insgesamt Befragten diesem Signal Aussagekraft zuerkannt wird und es deshalb im letzten Drittel der Rangliste angesiedelt ist, sind 59% der mittleren Unternehmungen dagegen der Meinung, daß dieser Indikator durchaus Frühwarncharakter besitzt. Dementsprechend rangiert er auch im ersten Drittel der Rangfolge.

• **Große Unternehmungen**

Während durch die Einschätzung der vier stärksten Indikatoren das Bild der Gesamteinschätzung widergespiegelt wird, ergeben sich für die Beurteilung der restlichen Indikatoren sowohl bezogen auf die Rangfolge als auch auf den Prozentanteil einige Divergenzen. Am deutlichsten wird dies bei der Einschätzung der *Fluktuationsquote.* Die Gesamtheit der Befragten spricht diesem Indikator mit einer nur 42%igen Zustimmung ohnehin schon keine überdurchschnittliche Bedeutung zu. Noch ausgeprägter ist diese Einschätzung allerdings bei Großunternehmungen. Gerade einmal 14% sind der Meinung, daraus einen Hinweis auf die Innere Kündigung ableiten zu können. Auch bei der Bewertung einer *geringeren Teilnahme an Betriebsversammlungen* klaffen die Ergebnisse auseinander. Während die Gesamtmeinung mit 37% diesem Signal bereits eine nachgeordnete Rolle verleiht, verstärkt sich diese Auffassung mit Nennungen von nur 23% bei den Großbetrieben. Weitere Abweichungen lassen sich beim *mangelnden Interesse an Betriebsfeiern* sowie bei der Bewertung *häufigerer Beschwerden beim Betriebsrat* feststellen. Beide liegen mit ihrer Wertschätzung durch die Großunternehmungen 10% über der Gesamtbewertung.

• **Unternehmungsgrößen im Vergleich**

Zwischen den für die einzelnen Unternehmungsgrößen ermittelten Ergebnissen lassen sich einige Abweichungen feststellen. Am deutlichsten werden sie bei der Beurteilung *steigender Fluktuationsquoten*: Bewerten die kleinen und mittleren Unternehmungen diesen Indikator noch mit durchschnittlich 59% als relevant, so teilen von den Großunternehmungen nur 14% diese Meinung.

Ähnlich verhält es sich mit der Einordnung einer *geringeren Teilnahme an Betriebsversammlungen* und *sinkenden Produktivitätskennzahlen*. Auch hier fällt die Zustimmung der kleinen und mittleren Betriebe deutlich höher aus. Im Hinblick auf ein *mangelndes Interesse an Betriebsfeiern und -ausflügen* ergibt sich ein umgekehrtes Verhältnis. Diesem Indikator messen erstaunlicherweise Großunternehmungen als Hinweis auf eine Innere Kündigung mit durchschnittlich 60% eine größere Bedeutung bei als kleine und mittlere Firmen (41% bzw. 50%). Betrachtet man die Einschätzung einer *nachlassenden Bereitschaft zur Teilnahme an Fortbildungsmaßnahmen* und die *Verschlechterung des Qualitätsniveaus*, dann fällt auf, daß die Klein- und Großunternehmungen diese Anzeichen mit zu den wichtigsten zählen, während ihnen die mittelgroßen Betriebe mit einer um mehr als 20% geringeren Nennung eine eher nachgeordnete Rolle zuschreiben. Ein analoges Bild ergibt sich bei der Bewertung von *ansteigenden Kundenreklamationen*, denen von den mittleren Unternehmungen nur eine geringe Wertschätzung als aussagefähiger Indikator entgegengebracht wird.

4. Ursachenschwerpunkte Innerer Kündigung

Mit der vorausgegangenen Darstellung von Anzeichen für Innere Kündigung beim einzelnen Mitarbeiter sowie innerhalb der Belegschaft ist die Basis geschaffen worden für die Beantwortung der entscheidenden Frage nach dem *Warum* Innerer Kündigung. Wie schon bei den Symptomen und Indikatoren Innerer Kündigung, begegnet man auch bei der Darstellung ihrer Ursachen einem komplexen Geflecht relevant erscheinender Einflußgrößen, die lediglich versuchsweise zu Schwerpunkten der Verursachung zusammengefaßt werden können. Die Formulierung *"Dienst nach Vorschrift"* erinnert als Metapher zwar zunächst an den bereits beschriebenen Buchhalter und sicher auch an das Beamtentum. So belegt denn auch die Realität, daß eine Vielzahl der Staatsdiener sich innerlich vom Behördengeschehen distanzieren und ihre Tätigkeit nur auf das unbedingt Notwendige beschränken[87]. Nicht "Zielerreicher" scheinen da gefragt zu sein, sondern loyale und angepaßte "Erfüllungsgehilfen", die zwar nicht dumm, aber "faul" und jedenfalls nicht initiativ sind[88]. Das Phänomen der Inneren Kündigung ist jedoch in jüngster Zeit in wachsendem Maße auch in Unternehmungen anzutreffen, so daß z.B. öfter von einer "Verbeamtung von Großbetrieben" die Rede ist. Aber auch für Mittel- und selbst Kleinbetriebe - dies beweist die hier vorgelegte Studie eindeutig - ist dieses Problem virulent. Eine Ursachenanalyse dieser weitverbreiteten Problematik erscheint somit aus vielen Gründen unabdingbar.

4.1 Grundsätzliches zu Ursachenschwerpunkten Innerer Kündigung

Das Phänomen der Inneren Kündigung resultiert aus dem Zusammenspiel vieler Faktoren. Die unterschiedlichen Erscheinungsformen Innerer Emigranten deuten bereits darauf hin, daß es sich um ein multikausales Phänomen handelt. Um sich ein wirklichkeitsnahes Bild der Inneren Emigration zu verschaffen, ist es notwendig, diese nicht nur auf den innerbetrieblichen Kontext zu beschränken. Gerade weil sie multifaktoriell verursacht ist, scheint die Ausweitung der Untersuchungsperspektive auf die gesellschaftlichen Zusammenhänge unausweichlich, zumal Unternehmung und Mitarbeiter untrennbar in sie eingebunden sind.

---

[87] Vgl. Höhn, R. (1989a), S. 21
[88] Vgl. Hablützel, P. (1992), S. 31

Aus dem Wechselspiel verschiedener Ursachen - einerseits aus dem individuellen Bereich des Mitarbeiters und andererseits aus dem Bereich seiner Umwelt, d.h. seines Arbeitsumfeldes, der Unternehmung und der Gesellschaft - läßt sich das im folgenden abgebildete Schachtelmodell der Ursachenschwerpunkte Innerer Kündigung[89] bilden.

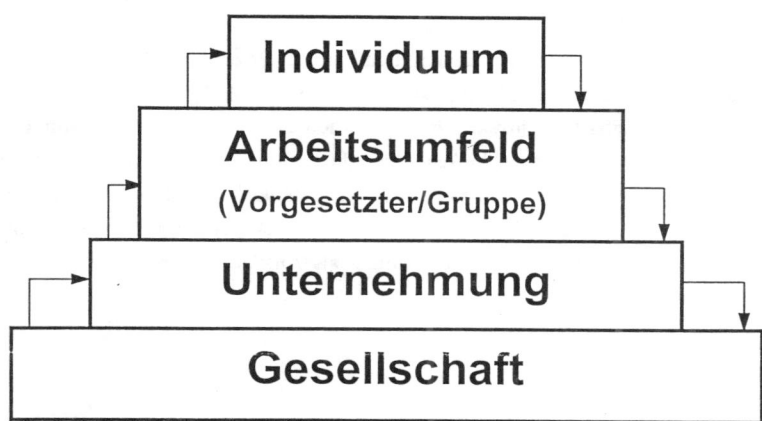

Abb. 21: Schachtelmodell der Ursachenschwerpunkte Innerer Kündigung

In Anlehnung an dieses Schachtelmodell wurde im Rahmen dieser empirischen Untersuchung anhand von fünf vorgegebenen Ursachenblöcken überprüft, welche Gründe nach der Einschätzung der Befragten für eine nachlassende Leistungsbereitschaft der Mitarbeiter hauptsächlich verantwortlich sind. Als Ursachenblöcke wurden dabei vorgegeben:

• **Individuum:**
  - Private und persönliche Ursachen
• **Arbeitsumfeld:**
  - Ursachen im Bereich des Vorgesetzten
  - Ursachen im Bereich der Arbeitsgruppe

---

89   Vgl Hilb, M. (1992a), S. 10ff.

- **Unternehmung:**
  - Ursachen im Bereich der Gesamtunternehmung
- **Gesellschaft:**
  - Ursachen im Bereich der Gesellschaft

Im Mittelpunkt stand dabei zunächst die Beantwortung der Frage, *welcher* dieser Bereiche nach Meinung der Befragten am meisten zur Entstehung der Inneren Kündigung beiträgt. Deshalb wurde in einem ersten Schritt ermittelt, wieviel Prozent der befragten Unternehmungen die einzelnen Ursachen als Auslöser für die Innere Kündigung betrachten. Auf der Grundlage firmenspezifischer Einzelergebnisse wurde dann das arithmetische Mittel für die Gesamtheit der den fünf Ursachenblöcken zugeordneten Einzelursachen festgestellt. Die so ermittelten Durchschnittswerte der einzelnen Ursachenblöcke konnten dadurch in eine Rangfolge gebracht werden. Abb. 22 verdeutlicht, welchem Ursachenblock von der Gesamtheit der Befragten die größte Bedeutung als Auslöser für die Innere Kündigung zugeschrieben wird.

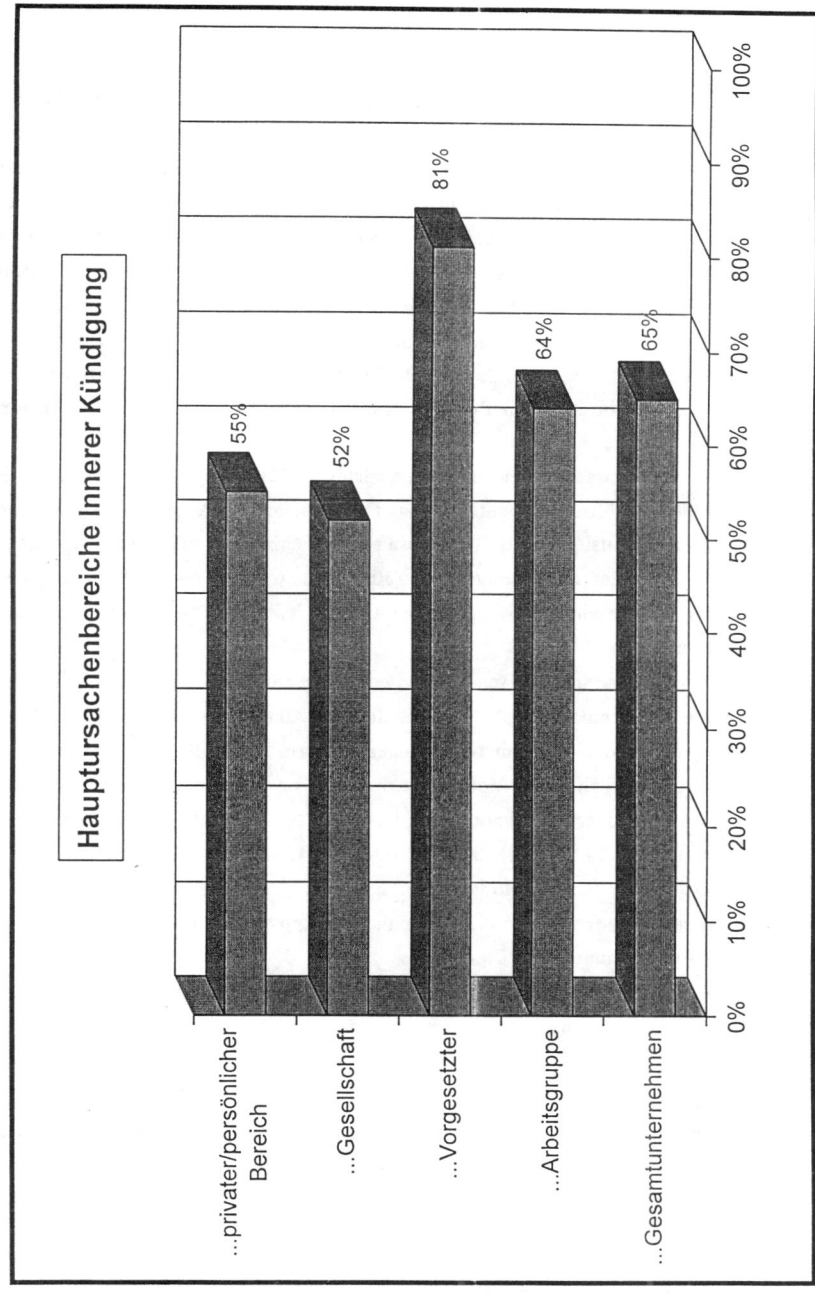

Abb. 22: Hauptursachenbereiche Innerer Kündigung

Die dargestellten Ergebnisse bestätigten die Vermutung, wonach das Entstehen der Inneren Kündigung vor allem durch *Fehler im Führungsverhalten des Vorgesetzten* begünstigt wird. Während die restlichen Sektoren mit ihren Werten relativ eng zusammenliegen, zeichnet sich der Bereich des Vorgesetzten durch die mit Abstand höchsten Werte aus (81%). Danach folgen Ursachen aus dem Bereich der Gesamtunternehmung (65%) und der Arbeitsgruppe (64%). Auch durch dieses Teilergebnis bewahrheitet sich, daß es vor allem innerbetriebliche Faktoren sind, die für ein Nachlassen der Leistungsbereitschaft des Mitarbeiters verantwortlich sind. Erst mit deutlichem Abstand folgen die außerbetrieblichen, nämlich persönlich und gesellschaftlich bedingte Gründe für die Entstehung des Phänomens der Inneren Kündigung. Für diese beiden Bereiche wurden mit 55% und 52% die geringsten Werte ermittelt.

Die gewonnenen Erkenntnisse werden durch vergleichbare Resultate einer Studie über die Gründe für betriebliche Fehlzeiten gestützt[90]: Das Fehlverhalten des Vorgesetzten war dort mit 30% der stärkste Auslöser. Zu 19% resultieren Fehlzeiten aus organisatorischen Mängeln, 17% lagen in der unbefriedigenden Tätigkeit begründet. Nur 10% hatten ihre Ursache in einem unangenehmen Gruppenklima und in lediglich 8% der Fälle wurden familiäre Gründe genannt.

Es wäre gewiß unzureichend und fast schon eine Leerformel, aufgrund dieser Ergebnisse den Vorgesetzten allein die Schuld für das Auftreten Innerer Kündigung zuzuweisen.[91] Dabei würde übersehen, daß alle Ursachenbereiche miteinander in Wechselwirkung stehen und nicht zuletzt auch das Verhalten des Vorgesetzten selbst von anderen Ursachen beeinflußt wird, wie dies auch in dem Schachtelmodell der Ursachenschwerpunkte Innerer Kündigung zum Ausdruck kommen soll (Abb. 21). In diese Kette von Ursachen-/Wirkungsbeziehungen gehören die durch die Gesamtunternehmung gestalteten Rahmenbedingungen (auch innerhalb der Arbeitsgruppe) genauso wie persönliche Dispositionen und/oder der Einfluß gesellschaftlicher Veränderungen und Ereignisse.

In den folgenden Abschnitten werden im Anschluß an die grundsätzlichen Darstellungen die Ergebnisse der empirischen Untersuchung für jeden einzelnen Ursachenbereich aufgezeigt. Dabei wird zunächst ermittelt, welche besonderen Problemfelder innerhalb der fünf genannten Ursachenblöcke als mehr oder weniger bedeutsam für die Entstehung Innerer Kündigung angesehen werden. Abschließend wird auf die speziellen - für die einzelnen Branchen und Unternehmungsgrößenklassen ermittelten - Ergebnisse eingegangen.[92]

---

90   Vgl. Meder, H.-J./Bitzer, B. (1993), S. 212
91   Vgl. speziell zur Rolle des Vorgesetzten bei der Verursachung Innerer Kündigung Abschnitt 4.3.1
92   Die Darstellungen folgen der aus Abb. 21 ersichtlichen Reihenfolge unabhängig von deren Bedeutung im Rahmen der Umfrage.

4.2 Private und persönliche Ursachen

4.2.1 Grundsätzliches zu privaten und persönlichen Ursachen Innerer Kündigung

Die oft beschriebene, wachsende Komplexität und Dynamik von gesellschaftlichen und technologischen Veränderungen in Umwelt und Unternehmung führen - wie in Abschnitt 4.5 noch ausgeführlich dargestellt wird - auch zu einer zunehmenden Verunsicherung der Mitarbeiter im Hinblick auf die Philosophie, Visionen, Ziele und Zielerreichungsstrategien/-maßnahmen ihrer Unternehmungen. Vielerorts besteht eine mangelnde Orientierung, die nicht nur Klarheit, sondern auch Motivation, Konsens und Identifikation bei den Mitarbeitern verhindert.[93] Der einzelne entwickelt ein Gefühl der Entfremdung, verbunden mit dem Erleben eines Verlustes von Kontrolle, Macht und Bedeutung, so daß ein klassischer Konflikt des Individuums mit der Organisation vorprogrammiert ist[94].

• **Individuum und Innere Kündigung**

A. Koestler[95] betrachtete bereits das Sich-Einfügen in ein größeres Ganzes und das Bewahren der Eigenständigkeit als zwei grundlegende Prinzipien des Lebens. Im Spannungsfeld zwischen Fremd- und Selbstbestimmung fühlen sich viele Mitarbeiter in ihrer Identität bedroht. Sie sehen sich lediglich als eine Nummer in der Unternehmung: abrufbar, verschiebbar, austauschbar, ersetzbar und manipulierbar.[96] So verläuft eine Sozialisation des Individuums vor allem in Großorganisationen nicht immer wunschgemäß. Im Extremfall bilden sich zwei Typen von Mitarbeitern heraus: Der "Indifferente", der alle seine Ambitionen außerhalb der Arbeitszeit ansiedelt oder der "Konformist", der sich an die bestehenden Verhältnisse anpaßt. Von beiden sind kreative Impulse nicht (mehr) zu erwarten. Ihr Verhalten entspricht ganz und gar dem der Inneren Emigration.[97]

Die Bereitschaft, Leistung zu erbringen, verknüpft sich heute viel mehr als früher mit der Erwartung, sich selbst als Person einbringen zu können. Bedürfnisse nach Kreativität, Verwirklichung individueller Sinnvorstellungen sowie das Ausleben eigener Fähigkeiten und Neigungen bei der Arbeit bestimmen maßgeblich die neuzeitlichen Arbeitseinstellungen.[98] E. Gebhard bezeichnet dies als die Wiederauferstehung eines klassischen Charakterideals des

93 Vgl. Bleicher, K. (1992), S. 59
94 Vgl. Rosenstiel v., L./Stengel, M. (1987), S. 50
95 Vgl. Tschirky, H./Suter, A. (1990), S. 45
96 Vgl. Tschirky, H./Suter, A. (1990), S. 239
97 Vgl. Rosenstiel v., L./Nerdinger, F./Spieß, E. /Stengel, M. (1989), S. 49ff.
98 Vgl. Klages, H. (1987), S. 11

Individuums: "Arbeitsethos verschoben von Fremdbestimmung auf Mitbestimmung bzw. Selbstbestimmung"[99].

Der Identifikationsbereich ergibt sich für den Mitarbeiter aus der Übereinstimmung der erlebten Ist-Ziele der Unternehmung und seinen erwünschten Soll-Zielen[100]. Ein Individuum wird sich grundsätzlich nur solange fremder Kontrolle unterordnen, wie dies übergeordneten Zwecken in seiner Bedürfnishierarchie dient.

Darüber hinaus können Persönlichkeitsfaktoren wie Ängstlichkeit, Depressivität, mangelnde Selbstachtung, Unsicherheit, Neigung zu Irritationen, geringes Durchsetzungsvermögen und Übererregbarkeit den Prozeß der Inneren Kündigung, ausgehend von der Ebene des Individuums, fördern. Auch ein labiles Selbstwertgefühl, das in überstarkem Ausmaß von externen Bestätigungen wie Beachtung, Zuwendung, Wichtigschätzung, Erfolg oder Anerkennung abhängig ist, kann die Innere Kündigung begünstigen, da aufgrund mangelnder Fähigkeit, sich selbst zu belohnen oder zu bestätigen, eine drastische Selbstabwertung bei Zielfrustration durch Mißerfolge sehr wahrscheinlich ist.[101] Eine sich daraus ergebende emotionale Distanzierung von der Arbeit führt beim einzelnen häufig zu einer Deformation seiner seelischen Struktur bis hin zu Depressionen. Sie beeinflußt nicht nur die Arbeitsproduktivität, sondern wirkt sich häufig auch negativ auf Familie und Freizeitverhalten des Betroffenen aus. Dies schlägt sich beim innerlich Gekündigten nieder in Sinnverlust, Desinteresse, Trägheit, Passivität, und Unlustgefühlen.[102]

Das Ausmaß der Inneren Kündigung hängt aber auch wesentlich davon ab, inwieweit sich eine Person mit ihrem Beruf identifiziert, welche Erwartungen der Mitarbeiter mitbringt, welche Ziele er sich gesetzt hat, welche Situationen und Kollegen er antrifft und schließlich, wie der Mitarbeiter auf diesem Parcours agiert und reagiert[103]. Es darf nicht unterschätzt werden, daß viele Menschen gerade aus eigenen unrealistischen Erwartungen heraus dem Virus Innere Kündigung gegenüber besonders anfällig sind. So haben z.B. viele junge Akademiker einen zu schnellen und unproblematischen Aufstieg erwartet. Fortbildungsmaßnahmen werden nicht selten als Garant für eine Beförderung betrachtet. Schließlich überschätzen sich Mitarbeiter in ihrer Leistung häufig selbst. Sie unterliegen dem Fehler der selektiven Wahrnehmung, indem sie aus Äußerungen ihres Vorgesetzten über ihre

---

99 Gebhard, E. (1991), S. 37
100 Vgl. Hilb, M. (1992a), S.15
101 Vgl. Faller, M. (1991), S. 243
102 Vgl. Hilb, M. (1992a), S. 17ff.
103 Vgl. Büchi, W. (1992), S. 67

Leistungen nur das entnehmen, was für sie positiv ist. Kritik wird übersehen, weil der Chef sie nur vorsichtig formuliert.[104]

Darüber hinaus kann sogar behauptet werden, daß die Neigung zu hochgesteckten Zielen, zu unermüdlichem Arbeitseinsatz, zu unrealistischen Erwartungen - aber auch zu Perfektionismus und Kompromißunfähigkeit - für die Innere Kündigung eher förderlich sind, da Enttäuschungen damit nahezu vorprogrammiert sind[105].

Schließlich sind Defizite bei der individuellen Lebens- und Karriereplanung als Ursachen Innerer Kündigung zu nennen.

Viele Menschen begehen den Fehler, wenn überhaupt, dann meist zu spät eine Karriere- (und damit gleichzeitig auch Lebens-) Planung[106] durchzuführen. Jeder Mitarbeiter sollte sich rechtzeitig und ggf. gemeinsam mit seiner Familie eine Lebens- und Tätigkeitsvision geben[107]. Wichtig ist dabei vor allem der Realitätsbezug solcher Visionen, denn erst eine realistische Karriereplanung kann dem einzelnen Mitarbeiter helfen, kritische Laufbahnphasen zu überwinden, ohne der Inneren Emigration zum Opfer zu fallen. Am Beginn der beruflichen Laufbahn steht die Berufswahl. Hier kann bereits eine falsche oder erzwungene Wahl sowie die Unmöglichkeit, einen gewünschten Beruf zu erlernen, schon in der Ausbildungsphase den einzelnen in die Innere Kündigung führen[108].

Wichtig ist, Probleme in diesem Zusammenhang immer direkt anzugehen, denn nur durch ein effizientes, erfolgreiches Problemlösungsverhalten kann die Gefahr einer Inneren Kündigung verkleinert werden. Konflikte austragen heißt, sich mit anderen Personen und anderen Meinungen auseinanderzusetzen. Je mehr das Individuum Konflikten aus dem Wege geht oder mit ungelösten Konflikten lebt, desto anfälliger ist es für die Innere Emigration. Natürlich ist immer damit zu rechnen, daß ein Problem oder Konflikt nicht gelöst werden kann, schlecht gelöst wird oder Fehlschläge und Niederlagen zu verkraften sind. Entscheidend ist dabei aber, *wie* der einzelne mit einem Fehlschlag lebt und was er daraus lernen kann. Anfällig für die Innere Kündigung ist sowohl derjenige, der zu rasch zurücksteckt und in Zukunft weniger riskiert, als auch jener, der nicht einsehen will, daß auch er Fehler gemacht hat oder die Hürde für seine Fähigkeiten zu hoch war.[109]

---

[104] Vgl. Rischar, H. (1992), S. 46ff.
[105] Vgl. Faller, M. (1991), S. 248
[106] Zur ausführlichen Darstellung der Bedeutung einer Lebens- und Karriereplanung vgl. auch Abschnitt 6.2.3 "Kontinuierliche Mitarbeitergespräche"
[107] Vgl. Hilb, M. (1992a), S. 24
[108] Vgl. Büchi, W. (1992), S. 68
[109] Vgl. Büchi, W. (1992), S. 71ff.

• **Befragungsergebnisse insgesamt**

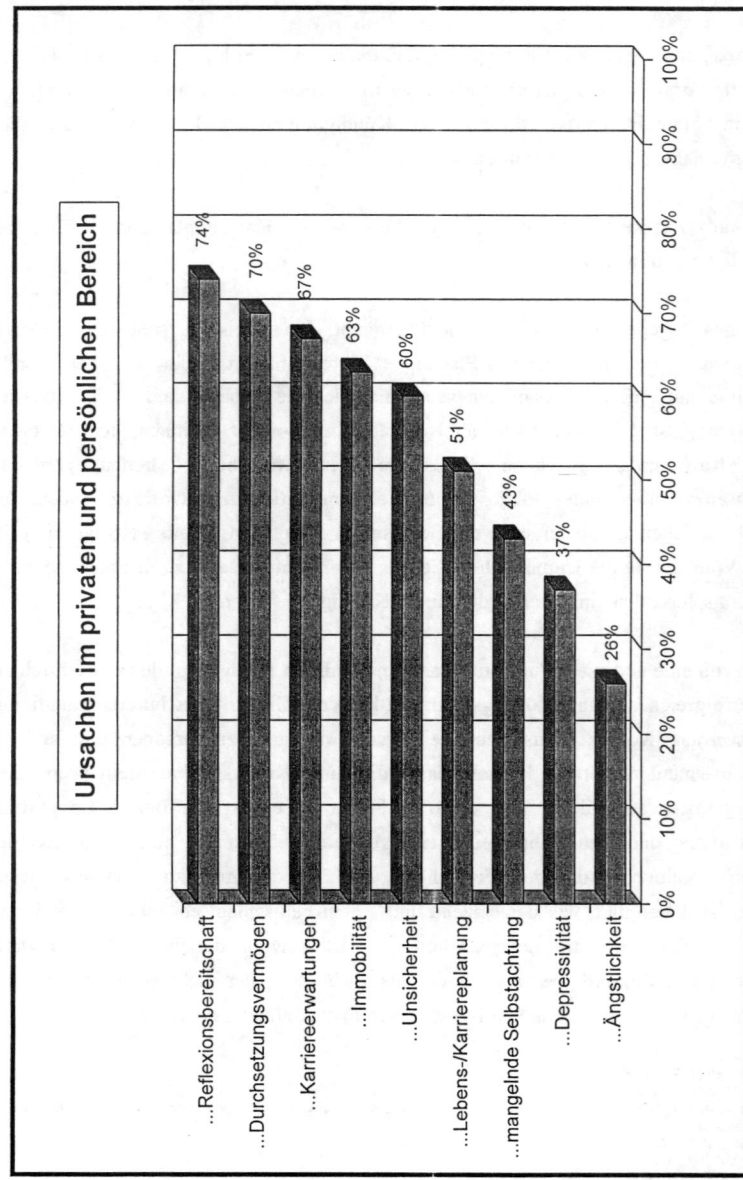

Ursachen im privaten und persönlichen Bereich

- ...Reflexionsbereitschaft — 74%
- ...Durchsetzungsvermögen — 70%
- ...Karriereerwartungen — 67%
- ...Immobilität — 63%
- ...Unsicherheit — 60%
- ...Lebens-/Karriereplanung — 51%
- ...mangelnde Selbstachtung — 43%
- ...Depressivität — 37%
- ...Ängstlichkeit — 26%

Abb. 23: Ursachen im privaten und persönlichen Bereich

Welche privaten und persönlichen Ursachen nach Meinung der Befragten tatsächlich als Auslöser für die Innere Kündigung dominieren, zeigt die vorangegangene Übersicht (Abb. 23). Dabei wird deutlich, daß auch persönliche und private Probleme einen nicht zu unterschätzenden Teil zur Entstehung der Inneren Kündigung beitragen.

Mit 74% fällt die höchste Nennung auf die *mangelnde Bereitschaft des Mitarbeiters zur kritischen Reflexion seiner Arbeitssituation*. Innere Kündigung resultiert also nach Meinung der Befragten innerhalb des Ursachenkomplexes "Individuum" vor allem aus dem Fehler der Mitarbeiter, ihre Handlungen, Empfindungen und Gedanken am Arbeitsplatz nicht zu hinterfragen. Dies wird auch durch die Aussage einer Unternehmung bekräftigt, wonach die "Unkenntnis der eigenen Möglichkeiten"* den Mitarbeiter für eine Innere Kündigung anfällig macht.

Mit 70% stellt das *geringe Durchsetzungsvermögen* einen fast gleich starken Auslöser für Innere Kündigung dar. Hier läßt sich eine Brücke zum Fehlverhalten des Vorgesetzten[110] schlagen, denn wie oft wird es dem Mitarbeiter erst gar nicht ermöglicht, sich durchzusetzen, weil z.B. ein autoritärer Führungsstil dies von vorneherein ausschließt. Die Aussage einer Unternehmung, daß ein "diktatorisches Führungssystem"* ebenso den Ursachen zugeordnet werden kann, die im privaten und persönlichen Bereich liegen, hebt dies noch einmal hervor.

Auf Rang 3 werden mit 67% *übertriebene Anforderungen und Karriereerwartungen* als weitere Gründe für eine Innere Kündigung genannt. Die Aussage einer Unternehmung, daß ein "langsameres Unternehmenswachstum und damit verbundene geringere Möglichkeiten, schnell 'Karriere' zu machen bzw. neue Positionen einzunehmen"*, für eine Innere Kündigung förderlich sind, nähert sich diesem Gedanken.

Die *Immobilität des Mitarbeiters und die daraus resultierende Bequemlichkeit, seine Stelle zu wechseln* sowie auch *das Versäumnis, eine individuelle Lebens- und Karriereplanung durchgeführt zu haben*, werden von 63% bzw. 51% als zutreffend eingestuft und somit innerhalb der Rangliste im Mittelfeld eingeordnet. Beide Aussagen zeugen von einer gewissen Lethargie, die - bis zu einem gewissen Grad - einem Fehlverhalten des Vorgesetzten zugeschrieben werden kann, ist es doch auch seine Aufgabe, die Mitarbeiter aus dieser Trägheit herauszureißen.

---

[110]   Vgl. dazu Abschnitt 4.3.1

Erstaunlich ist, daß den im Fragebogen genannten Persönlichkeitsfaktoren von den Befragten kein besonderes Gewicht beigemessen wird. Zwar bringt man die *Unsicherheit* des Mitarbeiters mit 60% noch mit der Inneren Emigration in Zusammenhang; die Ursachen einer *mangelnden Selbstachtung, Depressivität und Ängstlichkeit* werden jedoch nur noch von 43%, 37% bzw. 26% mit dem Nachlassen der Leistungsbereitschaft erklärt. Wenngleich die genannten Persönlichkeitsmerkmale auch nicht als Auslöser fungieren, so können sie doch eine vorhandene Prädisposition für die Innere Kündigung verstärken[111].

Einen Aufschluß über weitere Ursachen im privaten und persönlichen Bereich des Mitarbeiters geben die Aussagen der Personalverantwortlichen, die unter dem Punkt "andere Gründe" subsumiert wurden. Gleich zwei Unternehmungen nennen die "Unter- oder Überforderung"* des Mitarbeiters als Anlaß für eine Innere Kündigung. Auch Motive wie "Neid"* oder "Beziehungsprobleme"* werden erwähnt. Die Feststellung einer Unternehmung, die Innere Kündigung resultiere aus einer "Resignation, da der Versuch einer Änderung der Situation (intern + extern) keinen Erfolg brachte"*, macht deutlich, in welcher Sackgasse sich Mitarbeiter befinden können. Allerdings wurden hier möglicherweise die Kausalitäten verwechselt, denn - so kann angenommen werden - ein resignierender Mitarbeiter *hat* offensichtlich bereits innerlich gekündigt.

Andere Unternehmungen nennen einen "Wandel von Werten"*, die "Anspruchs- /Freizeitgesellschaft"* oder das "Empfinden von Ohnmacht in starren Strukturen"* als weitere Gründe. Sicherlich können die genannten Ursachen für das Phänomen der Inneren Kündigung verantwortlich gemacht werden. Sie sind jedoch eher den gesellschaftlichen oder den durch die Gesamtunternehmung bedingten Ursachen einer nachlassenden Leistungsbereitschaft zuzuordnen.

---

[111] Vgl. Hilb, M. (1992a), S. 16

4.2.2 Private und persönliche Ursachen nach Branchen

Rang		Insgesamt	Industrie	Handel	Dienstleistung
		%	%	%	%
1	...Reflexionsbereitschaft	74	77	58	76
2	...Durchsetzungsvermögen	70	80	33	68
3	...Karriereerwartungen	67	62	83	72
4	...Immobilität	63	62	33	80
5	...Unsicherheit	60	62	33	68
6	...Lebens-/Karriereplanung	51	54	25	76
7	...mangelnde Selbstachtung	43	41	50	40
8	...Depressivität	37	41	55	20
9	...Ängstlichkeit	26	41	55	20
	Durchschnitt	55	57	42	58

Tab. 13: Ursachen im privaten und persönlichen Bereich im Branchenvergleich

• Industrie

Vergleicht man die durch Vertreter der Industrie ermittelte Rangfolge mit der Gesamttabelle, so stellt man fest, daß es - bis auf leichte Differenzen hinsichtlich der Höhe der Ergebnisse - weder bezüglich der Reihenfolge noch hinsichtlich der konkreten Zahlenwerte bei den einzelnen Ursachen für Innere Emigration starke Unterschiede gibt. Die einzig nennenswerte Abweichung trifft das *geringe Durchsetzungsvermögen des Mitarbeiters*. Industrieunternehmungen bewerten die dadurch bedingte Gefahr mit 80% um 10% höher als die Gesamtheit der Befragten.

• Handel

Gerade umgekehrt stellt sich die Situation für den Handel dar. Lediglich der *Ängstlichkeit des Mitarbeiters* wird die gleiche Bedeutung zugemessen wie von der Gesamtheit der Befragten. Ansonsten wartet der Handel mit einer vollkommen veränderten Rangfolge auf. Hier sind auch *Depressivität* und *mangelnde Selbstachtung* zwei ganz wichtige Ursachen, die den Prozeß der Inneren Kündigung nach Ansicht der Befragten entscheidend verstärken. Besonders deutlich werden die Unterschiede bei einer näheren Betrachtung der ermittelten Zahlen. Der Handel gibt für die Ursachen fast durchgängig Werte an, die von den Ergebnissen der Gesamtheit entweder besonders stark nach oben (wie bei den Ursachen der *übertriebenen Karriereerwartungen* mit 16% oder der *Depressivität* des Mitarbeiters mit 18%) oder - wesentlich häufiger - nach unten abweichen. Spitzenwerte werden hier vor allem deutlich, wenn man sich die Diskrepanzen bei der Einschätzung des

Durchsetzungsvermögens, der *Immobilität* oder der *Unsicherheit* des Mitarbeiters betrachtet. Hier liegen die Differenzen zur Meinung der Gesamtheit bei 37%, 30% bzw. 27%.

• Dienstleistung
Untersucht man die Angaben über die wichtigsten Ursachen im Dienstleistungssektor, so fällt auf, daß mit der *Immobilität* des Mitarbeiters und dessen *Versäumnis, eine Lebens- und Karriereplanung durchgeführt zu haben,* zwei Gründe ganz obenan stehen, denen von der Gesamtheit der Befragten eine eher geringere Bedeutung beigemessen wird.

• Branchen im Vergleich
Aufgrund der starken Abweichungen hinsichtlich der Reihenfolge innerhalb von Handel und Dienstleistung läßt sich bis auf eine tendenzielle Übereinstimmung zwischen den Ergebnissen der Industriebetriebe mit denen aus dem Bereich Dienstleistung keine Gemeinsamkeit oder gar Deckungsgleichheit bei der Einschätzung der Bedeutung der einzelnen Ursachen im Bereich des Individuums erkennen.

Wie gravierend die Unterschiede zwischen der höchsten und der geringsten Einschätzung der einzelnen Ursachen sind, belegt die durchschnittliche maximale Abweichung, d.h. das arithmetische Mittel aus der Summe der Differenzen zwischen der jeweils höchsten und niedrigsten Nennung sämtlicher Einzelursachen: Sie beträgt 32%.

Die geringste Abweichung beträgt 10%, die höchste 51%. Sie wird für das *Versäumnis, keine individuelle Lebens- und Karriereplanung durchzuführen,* ermittelt. Nur 25% der Handels-, aber 76% der Dienstleistungsbetriebe sehen dies als Gefahr an.

4.2.3 Private und persönliche Ursachen nach Unternehmungsgrößen

Rang		Insgesamt %	Kleine Untern. %	Mittlere Untern. %	Große Untern. %
1	...Reflexionsbereitschaft	**74**	**78**	75	70
2	...Durchsetzungsvermögen	70	69	**79**	62
3	...Karriereerwartungen	67	59	71	**73**
4	...Immobilität	63	69	61	60
5	...Unsicherheit	60	55	59	63
6	...Lebens-/Karriereplanung	51	56	50	47
7	...mangelnde Selbstachtung	43	52	29	40
8	...Depressivität	37	44	27	40
9	...Ängstlichkeit	26	25	19	37
	Durchschnitt	55			

Tab. 14: Ursachen im privaten und persönlichen Bereich im Unternehmungsgrößenvergleich

• **Kleine Unternehmungen**

In der Rangfolge der innerhalb der kleinen Betriebe ermittelten Ursachen ergeben sich nur unwesentliche Differenzen. Die den einzelnen Motiven zuerkannte Priorität weicht kaum von der Einschätzung der insgesamt Befragten ab. Es fällt lediglich auf, daß den *übertriebenen Anforderungen und Karriereerwartungen* des Mitarbeiters von den kleinen Unternehmungen mit 59% eine geringere Relevanz zugesprochen wird als von der Gesamtheit der Befragten mit 67%. Umgekehrt verhält es sich beim Persönlichkeitsfaktor der *mangelnden Selbstachtung*. Mit einer Zustimmung von nur 43% wird dieser Faktor von der Gesamtheit als Ursache eher abgelehnt, mit 52% von den kleinen Unternehmungen jedoch viel ernster genommen.

• **Mittlere Unternehmungen**

Für diese Größenklasse ergibt sich die gleiche Rangfolge wie durch die Gesamteinschätzung; lediglich die Prozentwerte der einzelnen privaten und persönlichen Ursachen differieren. So werden die Persönlichkeitsfaktoren durchweg geringer bewertet. Am stärksten macht sich dies bei der *mangelnden Selbstachtung* bemerkbar. Lediglich 29% der mittleren Unternehmungen betrachten diese als ursächlich für eine Innere Kündigung, wohingegen die Gesamtheit mit 43% die Meinung vertritt, daß hier ein kausaler Zusammenhang besteht. Ähnlich verhält es sich bei der Beurteilung von *Depressivität* und *Ängstlichkeit* des

Mitarbeiters. Nur 27% bzw. 19% der mittleren Unternehmungen sehen darin eine Verbindung zur Inneren Emigration, im Gegensatz zu 37% bzw. 26% von allen befragten Betrieben.

• Große Unternehmungen

Lediglich die Rangordnung der einzelnen Motive weicht bei der Bewertung durch die großen Betriebe etwas von der Klassifizierung durch die Gesamtheit ab, im Gegensatz zu den fast deckungsgleichen Prozentanteilen. Eine größere Diskrepanz läßt sich nur beim Persönlichkeitsfaktor *Ängstlichkeit* feststellen. Die Großunternehmungen schreiben diesem Argument mit 37% eine höhere Relevanz zu als die insgesamt Befragten mit nur 26%. Das umgekehrte Verhältnis zeigt sich bei der Einschätzung des *geringen Durchsetzungs-vermögens*. Während das Gesamturteil mit einer Nennung von 70% recht hoch ausfällt, ist dieser Grund für nur 62% der Großunternehmungen von Belang.

• Unternehmungsgrößen im Vergleich

Ein Vergleich zwischen den einzelnen Unternehmungsgrößen zeigt besondere Abweichungen bei den Ursachen der *übertriebenen Anforderungen und Karriere-erwartungen* und der *Ängstlichkeit* des Mitarbeiters. Während bei den mittleren und größeren Unternehmungen eine *übertriebene Anforderung und Karriereerwartung* des Mitarbeiters mit 71% bzw. 73% auf den ersten Rängen steht, messen die kleinen Unternehmungen diesem Grund mit 59% nur eine nachgeordnete Bedeutung bei. Der Persönlichkeitsfaktor *Ängstlichkeit* genießt vor allem bei Großunternehmungen mit einer Quote von 37% als Ursache Anerkennung (im Gegensatz zu einem Anteil von 25% bzw. 19% bei kleinen und mittleren Unternehmungen).

4.3 Ursachen im Arbeitsumfeld

Will man Innere Kündigung vermeiden, muß das gesamte Arbeitsumfeld stimmen. Dies ist - formelhaft - die Kernaussage eines Beitrags zur Problematik der Inneren Kündigung von F. Ruf und W. Bauer.[112] Dazu zählen eine angenehme Betriebsatmosphäre, ein mitarbeiter-orientierter Führungsstil, kollegiale Mitarbeiter und ein motivierter Chef.

Zu einer präziseren Analyse der Ursachen, die für eine Innere Emigration der Mitarbeiter dem Arbeitsumfeld zuzuordnen sind, wird nachfolgend zwischen zwei ursächlichen Teilbereichen unterschieden. Zum einen erfolgt eine explizite Betrachtung der Rolle der *Führung* und speziell des *Führungsstils des Vorgesetzten*, der sich direkt auf das dyadische Verhältnis Mitarbeiter-Vorgesetzter auswirkt und sowohl in der Literatur als auch aufgrund der Ergebnisse der vorliegenden Untersuchung als der zentrale Ansatzpunkt für die Innere Kündigung gilt. Zum anderen werden Gründe behandelt, die im Bereich der *Arbeitsgruppe* anzusiedeln sind.

4.3.1 Führung und Führungsstil des Vorgesetzten

Es käme wohl geradezu einerAuseinandersetzung mit der überlieferten Geschichte der Menschheit gleich, wollte man einen lückenlosen Überblick über die Spannweite des *Führungsbegriffs* geben.[113] Kurz gefaßt kann der für die hier interessierende Themenstellung sicher zentral wichtige Begriff der Führung zunächst als *Prozeß* verstanden werden und bedeutet dann die "Willensbildung und Willensdurchsetzung mit und gegenüber anderen (weisungsgebundenen) Personen zur Erreichung eines oder mehrerer Ziele (...) - unter Übernahme der hiermit verbundenen Verantwortung"[114]. Als *Institution* umfaßt er die durch (Aufbau-)Organisation geschaffenen Einrichtungen der Führung im Sinne einer Führungsorganisation.[115] Im Hinblick auf das Phänomen der Inneren Kündigung erscheint insbesondere der *Verhaltensaspekt* von Führung interessant. Danach ist Führung "...die Beeinflussung der Einstellungen und des Verhaltens von Einzelpersonen sowie der Interaktionen in und zwischen Gruppen, mit dem Zweck, bestimmte Ziele zu erreichen."[116]

---

[112] Vgl. Ruf, F./Bauer, W. (1992), S. 35
[113] Vgl. Bleicher, K./Meyer, E. (1976), S. 29; Vgl. zu einer Übersicht über die gängigen Definitionen des Führungsbegriffs speziell Neuberger, O. (1990), S. 1ff.; Staehle, W. (1989), S. 303ff.; Steinle, C. (1978), S. 23ff.
[114] Hahn, D. (1994), S. 37
[115] Vgl. Seidel, E./Redel, W. (1987), S. 2f.
[116] Staehle, W. (1989), S. 303

4.3.1.1 Mängel im Führungsstil des Vorgesetzten als zentrale Ursache

Ähnlich vielfältig ist die Diskussion um relevante *Führungsstile* und -formen.[117] Weit über 50 Jahre intensiver Forschungsarbeit sind mittlerweile dem Problemkreis der Führung, einem effizienten Führungsverhalten und den Persönlichkeitsstudien erfolgreicher Führungskräfte gewidmet worden, so daß die Literatur zwangsläufig eine mannigfaltige Auswahl an Führungsstilklassifikationen anbietet. Das Spektrum reicht vom "autoritären", "kooperativen", "demokratischen" bis hin zum "Laissez-faire"-Führungsstil, um hier nur einige anzuführen.[118] Der historische Rückblick belegt jedoch eindeutig, daß die Industriegesellschaft zwar auf materiell-zivilisatorischem Gebiet großartige Leistungen hervorgebracht hat, bis heute allerdings keinen adäquaten Führungsstil, der allgemein als Basis für die Beziehungen zwischen Vorgesetzten und Mitarbeitern akzeptiert, geschweige denn internalisiert worden ist.[119]

Die große Chance der Führung, zum Handeln zu *motivieren* und die inneren Antriebskräfte der Mitarbeiter zu kanalisieren[120], wird in der Praxis offenbar noch immer vertan, ja in ihr Gegenteil verkehrt: Führungsstil und -formen demotivieren und blockieren die Antriebskräfte der Geführten noch zu häufig.

So darf es denn auch nicht verwundern, wenn die Zahl der Mitarbeiter, die aufgrund von Fehlern in der Führung innerlich gekündigt haben, auf bis zu 50% geschätzt wird.[121]

Noch immer wird dem zuwenig Beachtung geschenkt, was Peters und Waterman in ihrem Buch "Auf der Suche nach Spitzenleistungen" in verschiedenen Geboten formulierten: "Achte den einzelnen", "Laß die Menschen Erfolg haben", "Laß sie sich hervortun", "Behandle Menschen als Erwachsene"[122]. Obwohl das Wissen um den starken Einfluß des Führungsstils auf die Arbeitsleistung des Mitarbeiters vorhanden ist, werden selbst Grundregeln in der Praxis noch immer viel zu häufig mißachtet. Wenn z.B. die Meinung eines Vorgesetzten ausschließlich mit Macht durchgesetzt wird und/oder er sich durch dirigistische Führungsanweisungen auszeichnet, dann stellt sich die Arbeitssituation für den Beschäftigten zunehmend als unkontrollierbar dar. Damit lassen sich die Folgen einer Inneren Kündigung prognostizieren.[123] Die Konsequenzen wirken leistungsmindernd, da sie den Mitarbeiter in seinem Entfaltungsspielraum einengen und dadurch eine Streßsituation

---

[117] Vgl. zu den Unterschieden zwischen dem (generellen) Führungsstil und den (eher situativen) Führungsformen: Bleicher, K./Meyer, E. (1976), S. 136; Withauer, K.F. (1989), S. 122f.
[118] Vgl. Steinle, C. (1992), S. 966 und Rosner, L., (1991), S. 91
[119] Vgl. Raidt, F. (1988), S. 7
[120] Vgl. Böckmann, W. (1987), S. 25
[121] Volk, H. (1992a), S. 75
[122] Peters, T.J./Waterman, P.H. (1990), S. 318
[123] Vgl. Löhnert, W. (1990), S. 247ff.

herbeigeführt wird. Dies mit vielfältig destruktiven Wirkungen, bis hin zu physiologischen Fehlreaktionen[124].

Obwohl die Palette möglicher Führungsfehler sehr groß ist, so werden in der Literatur immer wieder sechs Fehlerkomponenten im Führungsverhalten des Vorgesetzten aufgegriffen, die den lautlosen Abschied der Mitarbeiter von der Leistung bewirken. Im folgenden sollen diese in Abbildung 24 dargestellten typischen Fehlerquellen näher erläutert werden[125]:

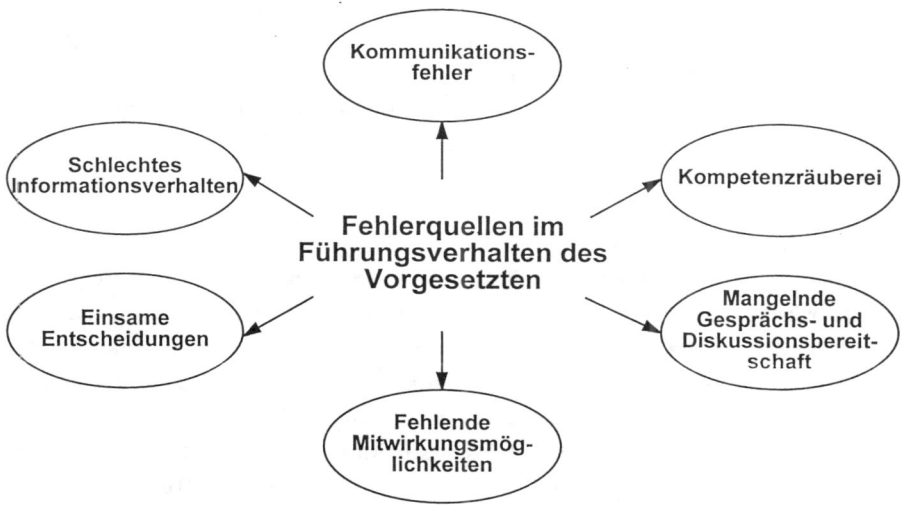

Abb. 24: Fehlerquellen im Führungsverhalten des Vorgesetzten
Quelle: ähnlich Volk, H. (1988), S. 124ff.

• *Schlechtes Informationsverhalten*
Wenn die Mitarbeiter einer Unternehmung nicht wissen, welche Strategien geplant und welche Aktionen vorgesehen sind, dann fehlt ihnen die grundlegende Voraussetzung, sich mit dem, was zukünftig geschehen soll, zu identifizieren und nach Kräften daran mitzuarbeiten. Offene, sachliche und uneingeschränkte Information ist damit nicht nur das wesentlichste Instrument zur Kompetenzbildung und Leistungsförderung in der Hand des Vorgesetzten, sie ist gleichzeitig auch die wirkungsvollste Maßnahme der Vertrauensbildung

---

[124] Vgl. Göschel, G./Wolff, G. (1991), S. 64
[125] Vgl. Volk, H. (1988), S. 124ff.

in einer Unternehmung[126]. Oft werden jedoch Informationen vom Vorgesetzten gezielt als Machtmittel eingesetzt. Da Wissen Macht bedeutet, kann der Vorgesetzte - z.B. aus Prestigegründen - die Strategie verfolgen, besonders zurückhaltend mit der Weitergabe von Informationen an seine Mitarbeiter zu sein, um der einzige zu bleiben, der darüber verfügt.[127] Ein solcher *Machtabstand*, verstanden als emotionale Distanz zwischen Vorgesetztem und Mitarbeiter[128], ist gewiß von zentraler Bedeutung für die Verursachung von Innerer Kündigung. Wie soll auch ein Mitarbeiter sich mit der Unternehmung identifizieren und sich erfolgreich für deren Ziele einsetzen, wenn ihm die notwendigen Informationen über Zielbildung und -erreichung vorenthalten werden? Ein derartiges Informations- und Machtverhalten führt zwangsläufig dazu, daß Informationen durch Gerüchte ersetzt werden. Die Vertrauensbasis zum Vorgesetzten erleidet unausweichlich Schaden und der Mitarbeiter empfindet es als entwürdigend, aus indirekten Quellen Informationen einholen zu müssen, die ihm als Bringpflicht des Vorgesetzten von Rechts wegen zustehen.[129]

• *Einsame Entscheidungen*

Zweifellos ist Entscheidungsfreudigkeit ein wesentlicher Baustein der Vorgesetzten-qualifikation. Diese positiv zu wertende Eigenschaft kann sich aber sehr schnell in ihr Gegenteil umkehren, wenn daraus bewußt oder unbewußt ein Herrschaftsanspruch wird und Entscheidungen nur noch zu Aktionen einsamer Machtausübung werden. Oft denaturiert das Anhören der Mitarbeiter dann zu einer reinen Formalität[130]: Der Vorgesetzte hat sich bereits seine Meinung gebildet, will aber, daß sich sein Mitarbeiter als gleichberechtigter Partner fühlt und gibt deshalb vor, großen Wert auf dessen Beratung zu legen. Unschwer zu erraten ist, wie deprimierend es für den Mitarbeiter sein muß, festzustellen, daß seine Vorschläge keinen wirklichen Einfluß auf die Entscheidung hatten. Verwunderlich ist dann die Reaktion der Vorgesetzten, die immer wieder beklagen, daß die Funken der eigenen Begeisterung und Tatkraft nicht auf die Mitarbeiter überspringen. Ohne die Bestimmungs- und Hinderungs-gründe einer Entscheidung zu kennen, ist heute jedoch kaum noch jemand bereit, sich am Arbeitsplatz zu engagieren, wie es die Kosten- und Wettbewerbssituation allerdings dringend erfordert.

---

[126] Vgl. Krystek, U./Zumbrock, St. (1993), S.13ff.
[127] Vgl. Fiedler, H. (1981), S. 315; Vgl. generell zur Bedeutung von Macht in Unternehmungen: Krüger, W. (1974)
[128] Vgl. o.V. (1994b), S. K 1
[129] Vgl. Höhn, R. (1983), S. 27; vgl. speziell zu dem Aspekt vertrauensvoller Information, Zander, E. (1982), S. 35ff
[130] Vgl. Höhn, R. (1983), S. 21

• Fehlende Mitwirkungsmöglichkeiten

Die Ansprüche des einzelnen an die berufliche Tätigkeit sind in den letzten Jahren immens gestiegen. Zunehmend wollen Mitarbeiter sich selbst als Individuum in die Arbeit einbringen. Sie *wollen* sich engagieren und suchen nach Möglichkeiten, Akzente zu setzen und Entwicklungen zu beeinflußen. Um nun Schäden, die bis hin zur Existenzbedrohung des Betriebes gehen können, abzuwenden, müssen die Unternehmungen dieser Grundströmung Rechnung tragen. Die Realität in den Betrieben ist jedoch vom Gegenteil geprägt. Unternehmungen im allgemeinen und speziell die Vorgesetzten übersehen noch zu häufig die Notwendigkeit, den Mitarbeitern mehr Raum zur Entfaltung zu gewähren. Die Einbeziehung der Mitarbeiter in den vielschichtigen Prozeß der betrieblichen Meinungs- und Willensbildung ist noch zu häufig eine Seltenheit. Vorherrschend sind immer noch bis ins einzelne gehende Richtlinien, die keinerlei Gestaltungsspielraum zulassen[131]. Je mehr aber den Mitarbeitern Möglichkeiten angeboten werden, Aufgabeninhalte und Ziele selber zu erarbeiten oder zumindest in die Festlegung von Aufgaben und Zielen ihre Fachkenntnisse, Erfahrungen und Vorstellungen einfließen zu lassen, desto wahrscheinlicher wird es, daß die Unternehmungen deren Bereitschaft, sich zu engagieren und Initiative zu entwickeln, Kreativität und Risikobereitschaft zu zeigen, für sich gewinnen.

• Mangelnde Gesprächs- und Diskussionsbereitschaft

"Hier wird nicht diskutiert, hier wird gearbeitet!" Dieser Satz bildet für viele Vorgesetzte offenbar noch immer die bestimmende Verhaltensrichtlinie für den Umgang mit ihren Mitarbeitern. Diskussionen und Gespräche mit Mitarbeitern werden mit dem Hinweis abgewehrt, daß es sich dabei um reine Zeitverschwendung handele. Ein weiterer Grund, weshalb Vorgesetzte einem intensiven verbalen Austausch mit ihren Mitarbeitern aus dem Wege gehen, liegt darin, daß viele den Abbau einer als notwendig erachteten Distanz befürchten. Gespräche und Diskussionen schaffen für viele Vorgesetzte eine Nähe zu den Mitarbeitern, die sie als Beeinträchtigung ihrer Autorität begreifen und sie deshalb meiden. Läßt sich nun ein Gespräch oder eine Diskussion nicht umgehen, so wird dies nicht selten in rigider und herablassender oder herabsetzender Weise geführt. Mitarbeiter meiden dann, nachhaltig enttäuscht, zukünftig Gespräche und Diskussionen - mit den zu erahnenden Folgen für die Gefahr einer Inneren Kündigung. Die Mehrheit der Führungskräfte hat anscheinend (noch) nicht gelernt, Konflikte offen und sachlich auszutragen[132]. Stattdessen wird jeder Diskussionsbeitrag als ein Angriff auf die eigene Person mißverstanden. Wo im

---

[131] Vgl. Höhn (1982), S. 1
[132] Vgl. grundsätzlich zu Konflikten: Jeschke, B. (1993); Wagner, D. (1988); Oechsler, W. (1979); Rüttinger, B. (1977); Krüger, W. (1972)

Sinne der Zielerreichung eine von Verständnis getragene Haltung vonnöten wäre, herrschen noch immer Abwehrreaktionen vor.

• *Kompetenzräuberei*

Danach befragt, läßt heute wohl kaum ein Vorgesetzter Zweifel an seiner festen Überzeugung aufkommen, daß Verantwortung delegiert wird und ein Mitarbeiter selbständig handeln und entscheiden können muß. Im Alltag der Führung aber greifen viele Vorgesetzte nicht nur ihren direkt unterstellten Mitarbeitern in deren Aufgabenfeld hinein, sondern erteilen - am Mitarbeiter vorbei - dessen Mitarbeitern Anweisungen oder übergehen gemeinsam getroffene Absprachen und ersetzen diese durch eigene Direktiven. Sie wirken damit in stark demotivierender Weise auf die Kompetenzen ihrer nachgeordneten Führungskräfte ein, betreiben Kompetenzräuberei.

• *Kommunikationsfehler*

Verständigungsprobleme zählen mit zu den häufigsten Fehlerquellen im Umgang zwischen Vorgesetzten und Mitarbeitern, die zugleich zu Ursachen für Innere Kündigung werden können. Da viele Vorgesetzte es nicht gelernt haben, Mitarbeiter so anzusprechen, daß ihre Verständigungsbereitschaft mobilisiert wird und nicht ihr Abwehrverhalten, endet die überwiegende Mehrzahl von Auseinandersetzungen in destruktiven Streitereien, was insbesondere bei Kritikgesprächen deutlich wird. So zeigen sich Kommunikationsfehler häufig in Mitarbeiterbeurteilungen, die oft verletzenden Tadel statt konstruktiver Kritik enthalten; für vollbrachte Leistungen fehlt andererseits oft jegliche Anerkennung[133]. Dem Mitarbeiter werden keinerlei motivierende Alternativen aufgezeigt; über vieles läßt man ihn im Unklaren.

Aber auch Gesprächs- und Diskussionsrunden, Konferenzen und Sitzungen, in denen es um die Lösung von Problemen oder um die Erarbeitung von strategischen und operativen Alternativen und Konzepten geht, denaturieren bei genauerem Hinsehen häufig zu Abwehrschlachten und Formen von Grabenkrieg, bei denen man nicht aufeinander zugeht, sondern sich jeder gegen jeden verteidigt, nötigenfalls in unfairer Weise. Diese zumeist durch Kommunikationsfehler deutlich werdende Hilflosigkeit in den zwischenmenschlichen Beziehungen, die das Zusammenarbeiten zäh und unerfreulich, wenig effizient und unkreativ macht, legt sich nicht selten wie ein lähmender Schleier über das gesamte betriebliche Geschehen.

---

[133] Vgl. Höhn, R. (1982), S. 1 und Höhn, R. (1983), S. 30

Die beschriebenen sechs klassischen Fehlerkomponenten lassen sich zwar einzeln auflisten, sie wirken aber nicht isoliert, sondern greifen im betrieblichen Alltagsgeschehen ineinander. Darin liegt zugleich auch ihre Brisanz. So herrscht - mit den Augen der Mitarbeiter betrachtet - an keiner "Front" Ruhe. Wie und wo immer es zu einem Kontakt mit dem Vorgesetzten kommt, endet er demotivierend.[134]

Schließlich ist zu beachten, daß der Führungsstil in hohem Maße an die Persönlichkeit des Führenden gebunden ist und Faktoren wie Einfühlungsvermögen und Verhaltensflexibilität quasi das Fundament bilden. Heutzutage tritt neben die fachliche Kompetenz immer mehr die Forderung nach sozialer Kompetenz als Basisqualifikation für Fach- und Führungskräfte. So ist es denn gerade auch die fehlende *soziale Kompetenz*, die neben mangelnder Glaubwürdigkeit als deutliches Defizit in der Qualifikation von Führungskräften auf dem personalwirtschaftlichem Kongreß "Analytik 94" in Hamburg ausgemacht wurde, auf dem über 600 Teilnehmer über Schlüssel-Qualifikationen guter Manager diskutierten.[135]

Fachkompetenz statt sozialer Kompetenz wird auch in einer internen Siemens-Studie u.a. neben verlorengegangenem Teamgeist und einem "Management by Rundschreiben" als deutlicher Mangel im Verhalten von Führungskräften herausgestellt.[136]

In eine ähnliche Richtung gehen Ergebnisse einer *Kienbaum-Studie*, die bei 30% der Führungskräfte (Unternehmungslenker) Zeichen einer leichten *Neurose* feststellten, die sich sogar in einer gravierend schlechteren Umsatzrendite niederschlagen. Jürgen Hesse und Hans Christian Schrader, die in ihrem jüngst erschienenen Buch "Die Neurosen der Chefs"[137] auf diese Studie Bezug nehmen, kommen zu folgendem Schluß: "Die Qualität des Betriebsklimas und der Arbeitsergebnisse sind in jedem Unternehmen zu einem entscheidenden Teil vom Verhalten der Vorgesetzten gegenüber ihren Mitarbeitern abhängig. Mangelnde Motivation und damit schlechtere Arbeitsproduktivität, *bis hin zu innerer Kündigung* (Hervorhebung durch die Verfasser) und Krankfeiern sind häufig Konsequenzen des Fehlverhaltens von Vorgesetzten"[138]. Der durch neurotische Störungen bei Vorgesetzten verursachte gesamtwirtschaftliche Schaden wird sogar auf Hunderte von Milliarden DM geschätzt und die durch sie verursachte Verminderung der Leistungskapazität soll angeblich bis zu 30% betragen.[139]

---

134 Vgl. Volk, H. (1989a), S. 325
135 Vgl. o.V (1994c), S. 13
136 Vgl. Hillebrand, W./Lüber, T. (1994), S. 122
137 Vgl. Hesse, J./Schrader, H.C. (1994), S. 10
138 Hesse, J./Schrader, H.C. (1994), S. 16f.
139 Vgl. Kowalewsky, W. (1990), S. 28

Als ein besonders eindrucksvolles Dokument für destruktive Wirkungen psychisch bedingter Fehlhaltungen von Führungskräften könnte der von mehreren Presseorganen auszugsweise veröffentlichte anonyme Brief von Führungskräften an den Aufsichtsratsvorsitzenden ihrer Gesellschaft gelten, in dem es heißt: "...dieses Unternehmen (wird) von einem Mann mit psychopathischen Zügen geführt. Alle kreativ und selbständig arbeitenden Führungskräfte werden entweder von ihren Positionen entfernt, *begeben sich in die innere Emigration* (Hervorherbung durch die Verfasser) oder kündigen."[140]

Der Virus der Inneren Kündigung, von dem die Unternehmungen heimgesucht werden, entpuppt sich bei genauerem Hinsehen nicht mehr in erster Linie als hausgemachtes, einzelbetriebliches Alarmsignal, sondern eher als Symptomkomplex. Er weist auf eine generelle Krise der betrieblichen Menschenführung und damit auf den nicht mehr länger hinauszuzögernden, endgültigen Abschied von gewohnten, aber überholten Führungs-vorstellungen und -leitbildern hin. Die Devise für die Zukunft heißt "soziales Handeln", also von Achtung vor dem anderen und einem ausgeprägten Wir-Bewußtsein getragenes Handeln.[141]

"Die Zukunft verlangt den Manager nach dem Vorbild des guten Orchesterdirigenten, der den Takt vorgibt (Ziele setzt), auf die Abstimmung der einzelnen Instrumente achtet (koordiniert), sich den Mitgliedern des Orchesters und nicht dem Publikum zuwendet (gemeinsam mit den Mitarbeitern Probleme löst und sie nicht damit zuschüttet), zu Beginn des Musikstücks anwesend ist und bis zum Ausklingen des letzten Tons dableibt (gemeinsam mit seinen Mitarbeitern kämpft), durch Gestik und Mimik dafür sorgt, das jeder Musiker seinen Einsatz findet (motiviert) und insgesamt dafür sorgt, daß das Publikum eine gekonnte Interpretation des Musikstücks erfährt (Ergebnisse vorweist)"[142] .

• **Befragungsergebnisse insgesamt**

Die Ergebnisse der vorliegenden Untersuchung bestätigen auf eindrucksvolle Weise die zuvor getroffenen, generellen Aussagen. **Durchschnittlich 81% der insgesamt befragten Personalverantwortlichen halten Fehler im Führungsverhalten des Vorgesetzten für die wichtigste Ursache der Inneren Kündigung.** Welches Fehlverhalten dabei besonders als Auslöser für Innere Kündigung verantwortlich gemacht wird, stellt Abb. 25 dar.

---

[140] Blüthmann, H. (1994), S. 30
[141] Vgl. Volk, H. (1988), S. 127
[142] Losch, U. (1987), S. 50

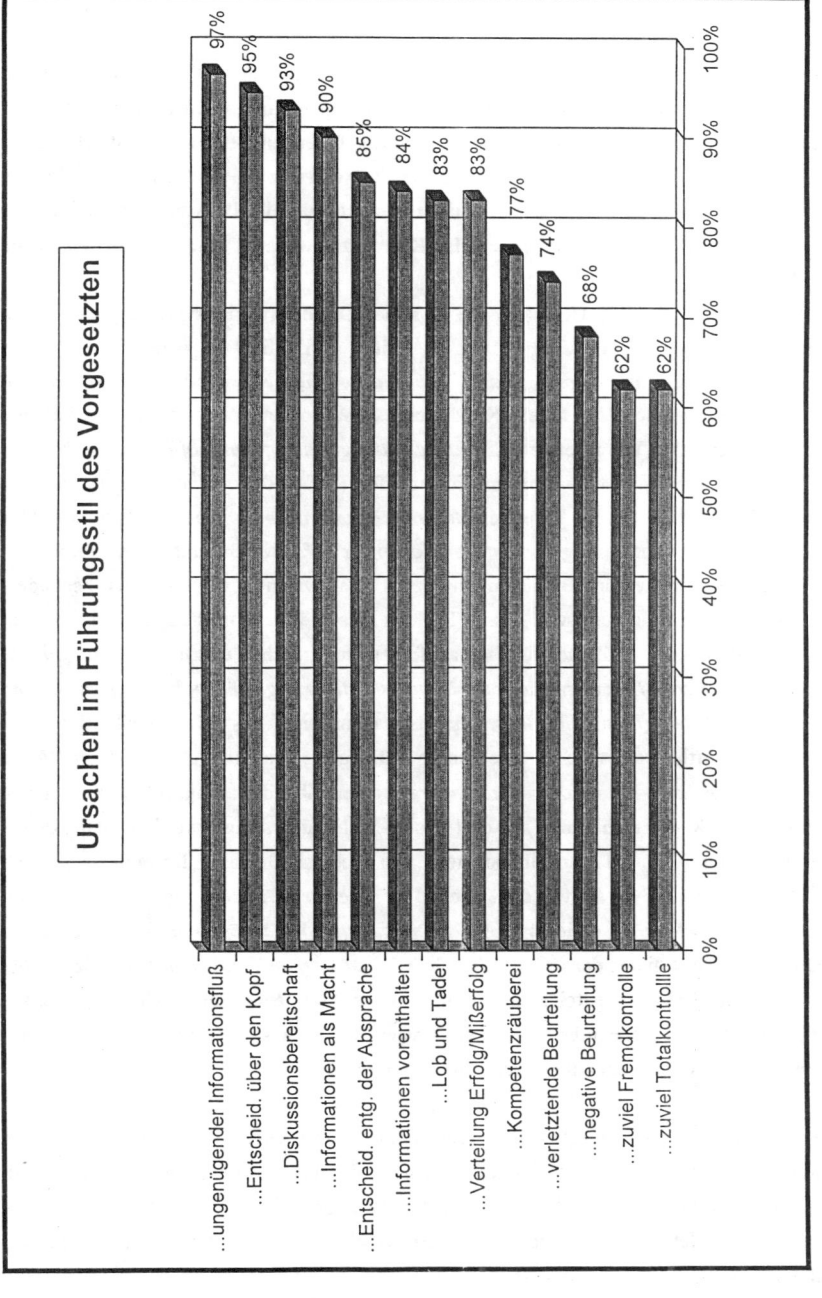

Ursachen im Führungsstil des Vorgesetzten

Ursache	%
...ungenügender Informationsfluß	97%
...Entscheid. über den Kopf	95%
...Diskussionsbereitschaft	93%
...Informationen als Macht	90%
...Entscheid. entg. der Absprache	85%
...Informationen vorenthalten	84%
...Lob und Tadel	83%
...Verteilung Erfolg/Mißerfolg	83%
...Kompetenzräuberei	77%
...verletztende Beurteilung	74%
...negative Beurteilung	68%
...zuviel Fremdkontrolle	62%
...zuviel Totalkontrollle	62%

Abb. 25: Ursachen im Führungsstil des Vorgesetzten

Die Ergebnisse sind jeweils erstaunlich hoch: Von mehr als 2/3 der aufgeführten Problemfelder im Einflußbereich des Vorgesetzten sind mindestens 75% der Unternehmungen der Ansicht, daß diese einen ernstzunehmenden Beitrag zur Entstehung der Inneren Kündigung leisten. Nicht eine einzige Ursache wird von der Mehrheit der Befragten als unbedeutend abgelehnt. Selbst den Ursachen, die aufgrund der Beurteilung am Ende der Rangliste stehen, wird noch eine erhebliche Relevanz zuerkannt (die Nennungen liegen durchgehend über 60%).

Deutlich an der Spitze liegen Ursachen, die im schlechten Informationsverhalten und in den einsamen Entscheidungen der Vorgesetzten begründet sind: Mit 97% sahen fast sämtliche Befragungsteilnehmer im *ungenügenden Informationsfluß zwischen Mitarbeiter und Vorgesetztem* eine Ursache für Innere Kündigung. Genauso deutlich war die Einschätzung des Fehlverhaltens von Vorgesetzten, die *Entscheidungen über den Kopf des Mitarbeiters* (95%) oder *entgegen der Absprache* mit ihm treffen (85%). *Mangelnde Gesprächs- und Diskussionsbereitschaft* war für 93%, der *Mißbrauch von Informationen als Machtmittel* für 90% und *gezielte Vorenthaltung von Informationen* für 84% der Befragten ein Grund, den Einfluß des Vorgesetzten im Bemühen um den Einsatzwillen der Mitarbeiter besonders hervorzuheben. Wie bedeutungsvoll dessen Rolle in diesem Zusammenhang ist, wird bei der Betrachtung der konkreten Zahlen für die nachfolgenden Ursachen deutlich: Wenn *Lob und Tadel ungerecht verteilt* werden und die *Führungskraft Erfolge für sich beansprucht und dem Mitarbeiter lediglich Mißerfolge zuweist,* dann sind das für jeweils 83% der Personalverantwortlichen Ursachen, die Innere Kündigung wesentlich begünstigen. Auch wenn der Mißstand der *Kompetenzräuberei* innerhalb der Rangfolge nur einen nachgeordneten Rang einnimmt, so darf doch nicht übersehen werden, daß dieses Fehlverhalten von 77% und somit immer noch von mehr als 3/4 aller Befragten verurteilt wird. Dies gilt mit 74% bzw. 68% auch für die *verletzende, degradierende und diffamierende Beurteilung* sowie für die sich *im Negativen erschöpfende Kritik* durch die Führungskraft. Selbst die beiden letzten Ursachen der *zu starken Total- und Fremdkontrolle,* die je 62% der Befragungsteilnehmer als Auslöser für eine chronisch nachlassende Leistungsbereitschaft einstufen, zeigen, wieviel insgesamt im Bereich des Vorgesetztenverhaltens noch aufgearbeitet werden muß.

Die von einigen Unternehmungen unter dem Punkt "andere Gründe" genannten Ursachen erweitern die bereits zahlreichen Fehlerkomponenten, die dem Vorgesetzen anzulasten sind. Genannt werden "Profilierungsdenken"*, "mangelnde berufliche/soziale Kompetenz des Vorgesetzten"*, "fehlende Feed-back- und Entwicklungsgespräche"* sowie "schlechtes Verhältnis zu Kollegen bzw. Vorgesetzten"*.

4.3.1.2 Ursachen im Führungsstil des Vorgesetzten nach Branchen

Rang		Insgesamt %	Industrie %	Handel %	Dienstleistung %
1	...ungenügender Informationsfluß	97	100	92	92
2	...Entscheidungen über den Kopf	95	92	100	96
3	...Diskussionsbereitschaft	93	92	92	96
4	...Informationen als Macht	90	88	92	92
5	...Entscheidungen entg. der Absprache	85	82	100	80
6	...Informationen vorenthalten	84	82	92	79
7	...Lob und Tadel	83	83	83	84
8	...Verteilung Erfolg/Mißerfolg	83	82	83	84
9	...Kompetenzräuberei	77	79	83	72
10	...verletztende Beurteilung	74	79	75	68
11	...negative Beurteilung	68	63	83	79
12	...zuviel Fremdkontrolle	62	56	67	75
13	...zuviel Totalkontrolle	62	60	75	64
	Durchschnitt	81	80	86	82

Tab. 15: Ursachen im Führungsstil des Vorgesetzten im Branchenvergleich

• Industrie

Vergleicht man die Einschätzung der Ursachen im Führungsstil des Vorgesetzten mit der Gesamtbewertung so zeigen sich große Übereinstimmungen sowohl bei der Rangfolge als auch bei den Ergebnissen der einzelnen Ursachen. Bezeichnend für diese fast vollständige Kongruenz ist die Tatsache, daß die höchste Abweichung zwischen der Industrie und der Gesamtheit gerade einmal 6% für die Ursache der *zu häufigen Fremdkontrolle* beträgt.

• Handel

Auch im Bereich Handel halten sich die Unterschiede zur Meinung der Gesamtheit innerhalb der Rangfolge in relativ engen Grenzen. Lediglich die als stärkste Bedrohung empfundene Ursache, *Entscheidungen entgegen der Absprache mit dem Mitarbeiter*, weicht stärker ab. Sie wird, gemeinsam mit dem Fehlverhalten, *Entscheidungen über den Kopf des Mitarbeiters* hinweg zu fällen, mit der eindeutigen Quote von 100% von jedem der an der Untersuchung beteiligten Handelsbetriebe als Ursache für das Entstehen der Inneren Kündigung angesehen. Eine starke Diskrepanz ergibt sich sonst nur noch für die sich *im Negativen erschöpfende Beurteilung*. Sie wird im Handel als viel stärkere Bedrohung empfunden (83%) als von der Gesamtheit der befragten Unternehmungen (68%). Auffällig sind allerdings die durchgehend hohen Abstände aufgrund der unterschiedlichen Ergebnisse für die einzelnen Ursachen. Für 10 der 13 Ursachen wurden im Bereich Handel höhere Werte ermittelt als für die Gesamtheit. Dabei wurden in der Einschätzung der *negativen Beurteilung* mit +15% und der zu starken *Totalkontrolle* mit +13% die höchsten Differenzen erzielt.

• **Dienstleistung**

Verglichen mit der Reihenfolge der für die gesamten Unternehmungen, zeigt sich auch hier eine augenfällige Übereinstimmung. Parallel zum industriellen Bereich bezieht sich dies sowohl auf die Rangfolge als auch auf die einzelnen Ergebnisse. Einzige Ausreißer stellen die Ursachen der *negativen Beurteilung* und die *zu große Fremdkontrolle* dar, die von den Dienstleistungsbetrieben im Vergleich zu der Gesamtheit der Befragten um 11% bzw. 13% stärker als Gefahr für die Innere Kündigung angesehen werden.

• **Branchen im Vergleich**

Die Ergebnisse der einzelnen Branchen machen übereinstimmend eines deutlich: Innerhalb des Ursachenbereiches des Vorgesetzten werden nicht nur die mit Abstand höchsten Werte aller fünf Ursachenblöcke erzielt; vielmehr ist dieser Ursachenherd auch der, bei dem die größte Übereinstimmung zwischen den Ergebnissen der einzelnen Branchen besteht. Dies belegt allein schon der Durchschnitt aller maximalen Abweichungen der einzelnen Ursachen. Er beträgt hier nur 10% und ist damit weitaus am niedrigsten. Zum Vergleich: Die durchschnittlichen Abweichungen zwischen den Branchen liegen bei den vier anderen Ursachenblöcken zwischen 17% für die gesellschaftlichen bzw. durch die Arbeitsgruppe bedingten Ursachen und 32% für private und persönliche Ursachen.

Selbst die höchste Differenz mit 20% bei den *gegen die Absprache getroffenen Entscheidungen* und der sich *im Negativen erschöpfenden Beurteilung* fällt - im Vergleich zu den viel größeren Diskrepanzen bei den anderen Ursachenblöcken - gering aus. Daß überhaupt größere Abweichungen zu verzeichnen sind, liegt vor allem an den durchgängig hohen Werten für den Handelsbereich.

4.3.1.3 Ursachen im Führungsstil des Vorgesetzten nach Unternehmungsgrößen

Rang		Insgesamt %	Kleine Untern. %	Mittlere Untern. %	Große Untern. %
1	...ungenügender Informationsfluß	97	97	93	100
2	...Entscheidungen über den Kopf	95	100	93	90
3	...Diskussionsbereitschaft	93	94	93	93
4	...Informationen als Macht	90	84	96	87
5	...Entscheidungen entg. der Absprache	85	90	75	87
6	...Informationen vorenthalten	84	87	78	83
7	...Lob und Tadel	83	88	89	73
8	...Verteilung Erfolg/Mißerfolg	83	81	89	80
9	...Kompetenzräuberei	77	72	89	70
10	...verletztende Beurteilung	74	72	71	80
11	...negative Beurteilung	68	75	67	63
12	...zuviel Fremdkontrolle	62	56	70	60
13	...zuviel Totalkontrolle	62	59	68	60
	Durchschnitt	81	81	82	79

Tab. 16: Ursachen im Führungsstil des Vorgesetzten im Unternehmungsgrößenvergleich

• **Kleine Unternehmungen**

Vergleicht man die Bewertung der Ursachen im Bereich des Vorgesetzten durch die kleinen Unternehmungen mit den Gesamtnennungen, so sind kaum nennenswerte Abweichungen zu erkennen. Durchschnittlich 81% der kleinen Unternehmungen machen die dem Bereich des Führungsstils des Vorgesetzten zugeordneten Ursachen für den Leistungsabfall innerlich gekündigter Mitarbeiter verantwortlich. Auch im Hinblick auf Rangfolge und Einzelergebnisse weicht die Bewertung der kleinen Unternehmungen von der Gesamteinschätzung kaum ab.

• **Mittlere Unternehmungen**

Bei den Untersuchungsergebnissen für mittlere Unternehmungen fällt im Vergleich zur Gesamtheit auf, daß *Informationen, die als Machtmittel eingesetzt werden*, mit einer Zustimmung von 96% als stärkster Auslöser angesehen werden. Des weiteren ergeben sich Differenzen bei *Entscheidungen, die entgegen der Absprache mit dem Mitarbeiter getroffen werden*. Die mittleren Betriebe erachten diese Ursache zu durchschnittlich 75% als relevant, während diesem Entscheidungsverhalten insgesamt mit einer Quote von 85% eine wesentlich stärkere Bedeutung beigemessen wird.

• Große Unternehmungen

Betrachtet man die von Vertretern der Großunternehmungen in ihren Antworten gesetzten Prioritäten, so ergeben sich - bezogen auf die Rangfolge der Gesamtheit - kaum Unterschiede. Lediglich dem Motiv, *Lob und Tadel ungerecht zu verteilen,* wird von den Großbetrieben mit einer Nennung von 73% im Verhältnis zur Gesamteinschätzung von 83% eine geringere Bedeutung zugesprochen.

• Unternehmungsgrößen im Vergleich

Grundsätzlich stimmen kleine, mittlere und auch Großunternehmungen darin überein, daß der Führungsstil des Vorgesetzten die Haupttriebfeder für eine Flucht in die Innere Kündigung darstellt. Das gleiche Einvernehmen ergibt sich bei der Einschätzung, welches Fehlverhalten des Vorgesetzten konkret zu einer dauerhaft rückläufigen Eigeninitiative führt. Die aufgrund der Gesamtnennungen im ersten Drittel aufgeführten Gründe des *ungenügenden Informationsflusses* zwischen Mitarbeiter und Vorgesetztem, der *Entscheidungen, die über den Kopf des Mitarbeiters hinweg getroffen werden* und der *mangelnden Bereitschaft des Vorgesetzten zur offenen und sachlichen Diskussion* finden sich gleichsam, wenn auch in einer etwas anderen Reihenfolge, bei den einzelnen Unternehmungsgrößen als stärkste Auslöser wieder.

Es ergeben sich lediglich einige Abweichungen bei untergeordneten Motiven. So wird z.B. die Verhaltensweise, *Lob und Tadel ungerecht zu verteilen,* von den Großunternehmungen mit 73% im Verhältnis zu kleinen und mittleren Unternehmungen mit Nennungen von 88% bzw. 89% als eher geringfügig eingeschätzt.

Des weiteren ergeben sich Meinungsverschiedenheiten im Hinblick auf die *Kompetenzräuberei des Vorgesetzten.* Mit einer Bewertung von 72% bzw. 70% liegen die Klein- und Großunternehmungen weit hinter der Meinung mittelgroßer Firmen, von denen 89% in diesem Verhalten einen durchaus fruchtbaren Nährboden für die Innere Kündigung sehen und dieses Motiv innerhalb ihrer Rangfolge deshalb auch weiter vorne einordnen als kleine oder große Betriebe.

4.3.2 Ursachen innerhalb der Arbeitsgruppe

4.3.2.1 Grundsätzliches zu Ursachen für Innere Kündigung in der Arbeitsgruppe und Mobbing als Spezialfall

Der überwiegende Teil der Mitarbeiter ist stärker in die Gruppe und in die Betriebsabteilung als in den Betrieb selbst integriert[143]. Deshalb stellt auch das Verhalten der Mitarbeiter untereinander einen erheblichen Gefahrenherd dar, der das Entstehen von Innerer Kündigung begünstigen kann. Wo immer Menschen zusammenarbeiten, gibt es Sympathie wie Antipathie, Anziehung wie Abstoßung. Die Persönlichkeit der einzelnen, ihre Vorlieben, Abneigungen, ihre Wünsche und Befürchtungen, ihre Ansprüche und Zielsetzungen formen die zwischenmenschlichen Beziehungen und erzeugen zwangsläufig emotionale Spannungen innerhalb der Gruppe.[144]

Auslöser für Gruppenkonflikte sind oft in unkollegialem Verhalten begründet. Mitarbeiter werden geschnitten, nicht akzeptiert und bekommen immer die schlechteste Arbeit zugeteilt. Bei privaten Aktivitäten werden sie nicht berücksichtigt, Informationen werden ihnen bewußt nicht oder nur falsch weitergegeben oder ihnen wird Unterstützung und Hilfe versagt.[145] Viele Mitarbeiter praktizieren dabei das sog. "Management by Torero"[146] : Sie lassen ein Problem drohend und unheilschwer auf sich zukommen und entziehen sich ihm im letzten Augenblick mit einem gekonnten "Hüftschwung", so daß es den Hintermann und Kollegen mit voller Wucht und ohne Vorbereitung trifft.

Neben einer mangelnden fachlichen oder sozialen Anerkennung tragen auch ein starker Konkurrenzkampf oder Leistungsdruck dazu bei, daß die Mitarbeiter sich vom Arbeitsgeschehen distanzieren[147]. Eine Analyse von Gruppen- und Abteilungsbeziehungen ist somit besonders wichtig, wenn die Anzahl innerlich Gekündigter im Steigen begriffen ist. Es liegt im Aufgabenbereich des Vorgesetzten, auf der Ebene des Arbeitsteams einzugreifen, um die Gruppenkohäsion und -lokomotion zurückzugewinnen und dadurch ein ausgeprägtes Wir-Gefühl der Arbeitsgruppe zu erhalten. Denn nur wenn die Mitglieder einer Gruppe voneinander als "Wir" sprechen, kann von einer hohen Zufriedenheit und einer strikteren Einhaltung der für die Gruppe wichtigen Normen ausgegangen werden.[148]

---

[143] Vgl. Allenspach, H. (1992), S.48
[144] Vgl. Berkel, K. (1991), S. 283
[145] Vgl. Machwürth, H.P. (1992), S. 75
[146] Vgl. Raidt, F. (1989), S. 71
[147] Vgl. Fröhlich, W. (1992)
[148] Vgl. Rosenstiel v., L. (1991a), S.279ff.

• Spezialfall "Mobbing"

Zu den wohl schwerwiegendsten und folgenreichsten Ursachen Innerer Kündigung auf
Abteilungs-/Teamebene muß das sogenannte *Mobbing*[149] als eine destruktive Form der
Konfliktaustragung am Arbeitsplatz gezählt werden, die den Charakter von Psychoterror
hat[150]. "Unter Mobbing am Arbeitsplatz versteht man eine konfliktbelastete Kommunikation
unter Kollegen oder zwischen Vorgesetzten und Untergebenen, bei der die angegriffene
Person unterlegen ist und von einer oder mehreren anderen Personen systematisch und
während längerer Zeit mit dem Ziel und/oder dem Effekt des Ausstosses direkt oder indirekt
angegriffen wird"[151].

Mobbing stellt sich dabei als ein Eskalationsprozeß nicht gelöster Konflikte dar, bei dem die
Chance einer friedlichen Lösung vertan wurde und der stufenweise bis hin zum Ausschluß
des (der) Betroffenen aus der Arbeitswelt führen kann.[152] Abbildung 26 stellt ein mögliches
Verlaufsmodell über vier Phasen von Psychoterror dar, der als Mobbing-Prozeß bezeichnet
werden kann.

---

[149] Vgl. grundsätzlich zum Phänomen des Mobbing Hesse, J./Schrader, H.C. (1993); Thomas, R.F. (1993); Diergarten, E. (1994); Zuschlag, B. (1994); Walter, H. (1993)
[150] Vgl. Leymann, A. (1993), S. 9
[151] Von der Gesellschaft gegen psychosozialen Streß und Mobbing e.V. entwickelte Definition, Ergebnis der Mitgliederversammlung vom 6.6.1993.
[152] Vgl. Leymann, A. (1993), S. 65ff.

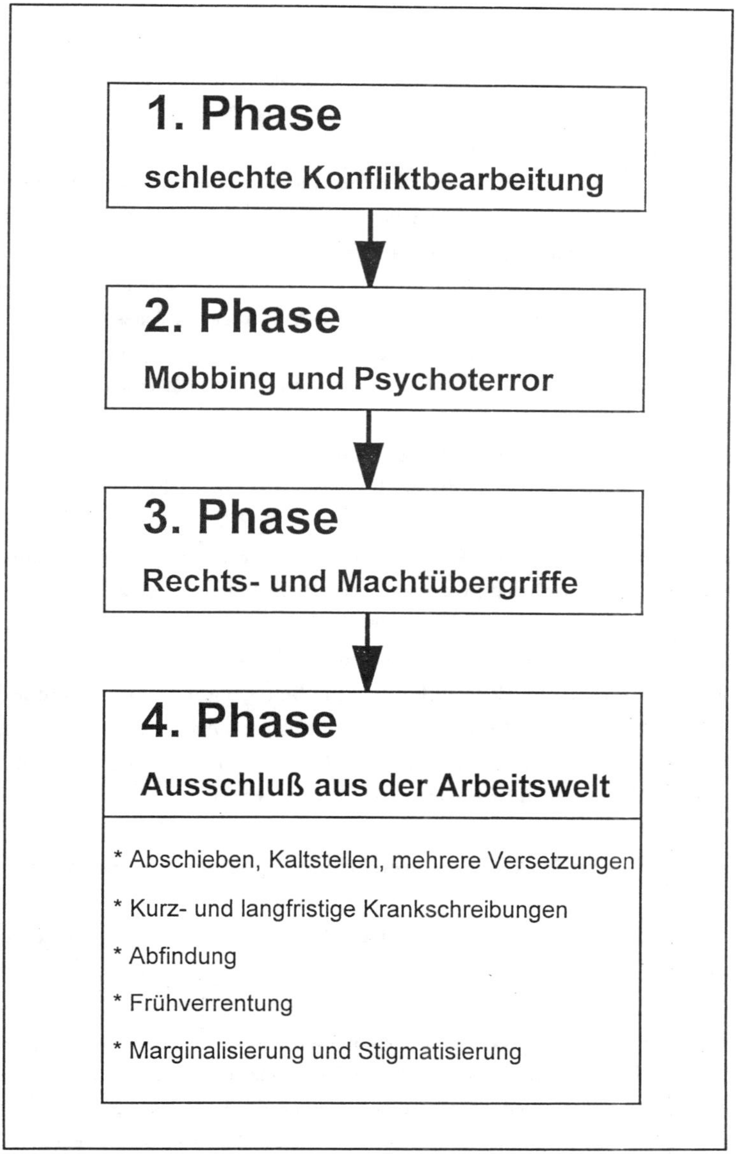

1. Phase

schlechte Konfliktbearbeitung

2. Phase

Mobbing und Psychoterror

3. Phase

Rechts- und Machtübergriffe

4. Phase

Ausschluß aus der Arbeitswelt

* Abschieben, Kaltstellen, mehrere Versetzungen

* Kurz- und langfristige Krankschreibungen

* Abfindung

* Frühverrentung

* Marginalisierung und Stigmatisierung

Abb. 26: Verlaufsmodell über die vier Phasen des Psychoterrors
Quelle: Leymann, A. (1993), S. 59

Dieser Prozeß beginnt (Phase 1) mit einer schlechten Konflikthandhabung, bei der von keiner Seite der Versuch unternommen wird, die Situation wieder unter Kontrolle zu bringen. Daraus entwickelt sich ein Eskalationsprozess (Phase 2), der immer vielschichtiger wird und eine erhebliche Menge unbewußter, sich einer bewußten Steuerung und Beherrschung zunehmend entziehender Energien freisetzt. Von unethischen Übergriffen, auf welche sich die Mobbing-Aktionen einpendeln, kann der Eskalationsprozeß bis zu gewalttätigen Handlungen und Angriffen auf die Gesundheit der Zielperson reichen. Oft ist es dann (Phase 3) für ein Eingreifen von Führungskräften oder Personalstellen zu spät und es kann von diesen Außenstehenden nicht mehr beurteilt werden, welches Ursachen und Wirkungen des fortgeschrittenen Eskalationsprozesses waren. Als Reaktion verbleibt dann häufig nur noch ein Rechts- und Machtübergriff in Form eines "Entfernen der scheinbar störenden Person" aus der Abteilung oder dem Arbeitsteam. In extremen Fällen (Phase 4) wird das Mobbing-Opfer durch den häufig jahrelangen Kampf so geschwächt und isoliert, daß am Ende der (faktische) Ausschluß der/des Betroffenen aus der Arbeitswelt steht.

Bezogen auf die hier interessierenden Ursachen von Innerer Kündigung sind bereits schon die frühen Phasen des Mobbing-Prozesses von Bedeutung. In dem zunehmenden Bewußtsein, daß der sich verstärkende Konflikt nicht friedlich beigelegt werden kann, dürften sich resignative Stimmungen und Angst einstellen, die weitgehend die Merkmale Innerer Kündigung tragen. In den nachfolgenden Befragungsergebnissen wurde das Stichwort "Mobbing" als mögliche Ursache im Bereich der Arbeitsgruppe nicht extra erwähnt. Es ist aber zu vermuten, daß sich diese Form einer destruktiven Konfliktausprägung durch alle dort genannten Ursachenfelder zieht.

• Befragungsergebnisse zu den Ursachen innerhalb der Arbeitsgruppe insgesamt

Die im Abschnitt 4.3.1.1 erörterten Fehler im Führungsverhalten des Vorgesetzten wirken sich nicht nur direkt auf den Mitarbeiter aus, sondern auch indirekt auf die ihm anvertraute Arbeitsgruppe. Für Führungskräfte wird es immer wichtiger, Gruppenkonflikte nicht nur zu erkennen, sondern sie auch aktiv anzugehen, zu steuern und zu bewältigen. Dies gewinnt insbesondere deshalb Bedeutung, da nicht oder schlecht ausgetragene Konflikte Langzeitwirkung haben[153]. Gerade die nähere Betrachtung der Befragungsergebnisse zeigt, wie nachhaltig die soziale Kompetenz des Vorgesetzten auch die Atmosphäre innerhalb der Arbeitsgruppe beeinflußt (vgl. Abb. 27):

---

[153] Vgl. Krystek, U. (1992) und Berkel, K. (1991), S. 284

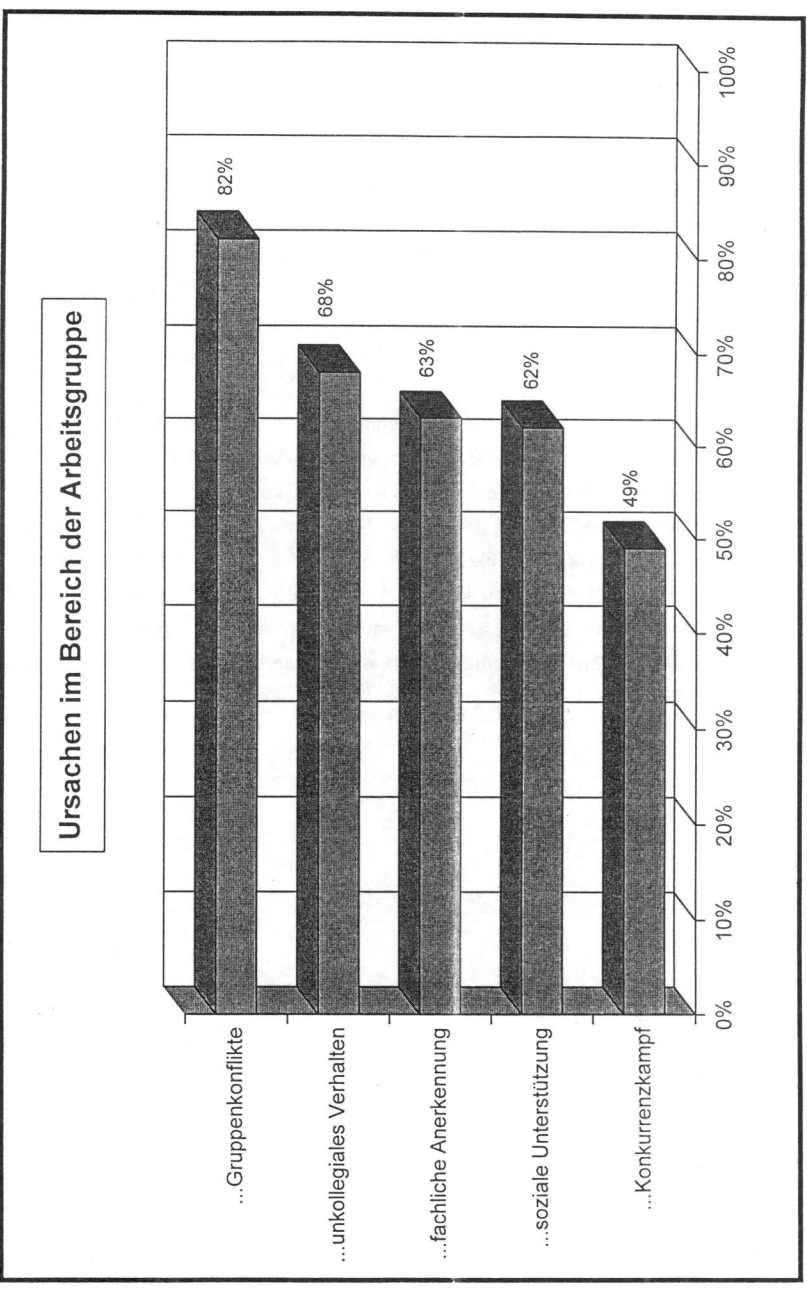

Abb. 27: Ursachen im Bereich der Arbeitsgruppe

Der von den Befragten mit Abstand am stärksten genannte Grund für Innere Kündigung liegt für diesen Bereich in der *Unfähigkeit des Gruppenführers, schwelende Gruppenkonflikte zu erkennen und zu lösen*; 82% der Befragten stimmten dieser Aussage zu. Erst mit großem Abstand folgen die nächsten drei Verhaltensdefizite, deren Werte eng zusammen liegen. Dabei wird das *unkollegiale Verhalten der Gruppenmitglieder* mit 68% noch etwas häufiger genannt als die *fehlende fachliche Anerkennung in der Gruppe* mit 63% oder die *mangelnde soziale Unterstützung*, von der 62% der Befragten sagen, daß die Gefahr der Inneren Kündigung durch sie verstärkt wird. Am Schluß rangiert mit deutlichem Abstand der *starke Konkurrenzkampf innerhalb der Gruppe* mit einer Nennung von 49%.

Durch diese fünf Ursachen wurden sämtliche Probleme, die innerhalb der Arbeitsgruppe entstehen können, abgedeckt. Eine Bestätigung ergab sich dadurch, daß unter der Rubrik "andere Gründe" von den Befragten nur noch zwei Bemerkungen gemacht wurden: Die Ursache eines "mangelhaften Teamverständnisses"* kann durchaus der bereits genannten Unfähigkeit des Gruppenführers, Konflikte zu erkennen und zu lösen, zugerechnet werden. Die Äußerung über den "Gruppendruck einer wenig motivierten Gruppe"* beschreibt dagegen vermutlich weniger eine Ursache als vielmehr bereits die Symptomatik einer Arbeitsgruppe, in der die Innere Kündigung schon als Standard der Gruppenmotivation Einzug gehalten hat.

4.3.2.2 Ursachen innerhalb der Arbeitsgruppe nach Branchen

Rang		Insgesamt %	Industrie %	Handel %	Dienstleistung %
1	...Gruppenkonflikte	82	77	83	92
2	...unkollegiales Verhalten	68	67	75	64
3	...fachliche Anerkennung	63	50	83	79
4	...soziale Unterstützung	62	62	58	71
5	...Konkurrenzkampf	49	44	58	50
	Durchschnitt	65	60	72	71

Tab. 17: Ursachen im Bereich der Arbeitsgruppe im Branchenvergleich

• Industrie

Die für den industriellen Bereich ermittelte Rangfolge der häufigsten Ursachen auf der Arbeitsteamebene ist mit der für alle Unternehmungen ermittelten Skala fast deckungsgleich. Die einzige Differenz entsteht durch die unterschiedliche Gewichtung einer *fehlenden fachlichen Anerkennung durch die Gruppe.* Für die Industrie messen dieser Ursache nur 50% der Antwortenden eine besondere Bedeutung zu, im Gegensatz zu 63% im Rahmen der Gesamtheit. Darüber hinaus fällt bei einem Blick auf die einzelnen Ergebnisse auf, daß innerhalb dieser Branche die Ursachen im Bereich der Arbeitsgruppe durchgehend geringer eingeschätzt werden als von der Gesamtheit aller an der Untersuchung beteiligten Unternehmungen.

• Handel

Für den Handel ergibt sich eine Besonderheit: Die ermittelten Werte liegen - bis auf den *Mangel an sozialer Unterstützung* - deutlich über den Werten der Gesamtheit.
Besonders der *fehlenden fachlichen Anerkennung* wird große Aufmerksamkeit geschenkt. 83% der Befragten und damit 20% mehr als der Durchschnitt der Gesamtheit behaupten, daß dieses Fehlverhalten ein Entstehen von Innerer Kündigung begünstigt. Da dies allerdings die einzige Abweichung darstellt, hat es für die Rangliste lediglich zur Folge, daß die anderen Gründe in ihrer Bedeutung um einen Platz zurückfallen.

• Dienstleistung

Ähnlich wie im Handelssektor, fällt auch hier eine Ursache etwas aus dem Rahmen: *Unkollegiales Verhalten der Gruppenmitglieder* spielt im Dienstleistungssektor eine vergleichsweise geringere Rolle. Angesichts der Tatsache, daß alle anderen Ursachen im Vergleich zur Gesamtheit wesentlich höhere Werte erzielen, verändert das dementsprechend die Rangfolge der bedeutendsten Ursachen im Bereich der Arbeitsgruppe. Die stärkste zahlenmäßige Abweichung findet sich auch hier für die *fehlende fachliche Anerkennung*. Mit 79% Zustimmung fällt diese Quote um 16% höher aus als bei der Gesamtheit aller Befragten.

• **Branchen im Vergleich**

Vergleicht man die für die einzelnen Branchen ermittelten Rangfolgen der Ursachen Innerer Kündigung auf der Arbeitsteamebene untereinander, so fallen zwar zunächst die bereits oben beschriebenen Abweichungen hinsichtlich bestimmter Einzelursachen auf. Davon abgesehen läßt sich aber eine übereinstimmende Tendenz zwischen den drei Branchen feststellen.

Anders stellt sich die Situation dar, wenn man die Ergebnisse der einzelnen Ursachen vergleicht. Hier werden Abweichungen zwischen der höchsten und der niedrigsten Nennung für jede einzelne Ursache von durchschnittlich 17% sichtbar. Die größte Differenz entstand bei den Urteilen über die *fehlende fachliche Anerkennung durch die Gruppe* als Auslöser für eine Innere Kündigung mit 33% (Industrie: 50% - Handel: 83%).

4.3.2.3 Ursachen innerhalb der Arbeitsgruppe nach Unternehmungsgrößen

Rang		Insgesamt %	Kleine Untern. %	Mittlere Untern. %	Große Untern. %
1	...Gruppenkonflikte	82	81	89	77
2	...unkollegiales Verhalten	68	74	75	57
3	...fachliche Anerkennung	63	63	67	57
4	...soziale Unterstützung	62	56	70	60
5	...Konkurrenzkampf	49	44	63	70
	Durchschnitt	65	64	73	64

Tab. 18: Ursachen im Bereich der Arbeitsgruppe im Unternehmungsgrößenvergleich

• Kleine Unternehmungen

Vergleicht man die Beurteilung arbeitsteamabhängiger Ursachen der kleinen Unternehmungen mit den Gesamtangaben, so sind keine wesentlichen Unterschiede festzustellen. Die Rangordnung ist absolut identisch mit derjenigen, die sich aufgrund der Gesamtbewertung ergibt; lediglich die Prozentwerte weichen leicht ab.

• Mittlere Unternehmungen

Im Gegensatz zu den kleinen Firmen sehen die mittleren Unternehmungen zu durchschnittlich 73% die Ursachen im Bereich der Arbeitsgruppe als Auslöser für eine Innere Kündigung an. Sie liegen damit weit über dem Gesamtdurchschnitt (65%). Diese Diskrepanz schlägt sich weniger in der Hierarchie der genannten Gründe als vielmehr in der Bewertung der einzelnen Motive nieder. So fällt auf, daß sogar der auf dem letzten Rang stehende, *starke Konkurrenzkampf innerhalb der Gruppe* mit einem Anteil von 63% eine im Vergleich zur Gesamtheit 14% höhere Zustimmung erhält.

• Große Unternehmungen

Betrachtet man die in diesem Bereich ermittelten Untersuchungsergebnisse, so ergibt sich ein erheblich anderes Bild. Zwar schätzen die Großunternehmungen die aufgeführten Ursachen zu durchschnittlich 64% als Grund für die Innere Kündigung ein und liegen damit im Gesamtdurchschnitt von 65%; die Beurteilung der einzelnen Gründe weicht jedoch erheblich von der Gesamtmeinung ab. Lediglich die *Unfähigkeit des Gruppenführers, schwelende*

Gruppenkonflikte zu erkennen und langfristig und endgültig zu lösen, ist auch nach Meinung der Großunternehmungen die Hauptursache für Innere Kündigung im Bereich der Arbeitsgruppe. Auf Rang 2 liegt nach der Auffassung von 70% der antwortenden Großunternehmungen der *starke Konkurrenzkampf innerhalb der Gruppe,* während diese Ursache in der Gesamteinschätzung mit einem Anteil von nur 49% ganz am Schluß rangiert. Als dritthäufigste Ursache im Bereich der Arbeitsgruppe sehen 60% der Großunternehmungen den *Mangel an sozialer Unterstützung.* Am Ende der Skala steht mit einem gleich hohen Anteil von 57% das *unkollegiale Verhalten der Gruppenmitglieder* und die *fehlende fachliche Anerkennung durch die Gruppe.* Im Gegensatz dazu vertreten die insgesamt befragten Unternehmungen den Standpunkt, daß *unkollegiales Verhalten* das zweithäufigste Motiv für eine Innere Kündigung aus dem Bereich der Arbeitsgruppe ist.

• **Unternehmungsgrößen im Vergleich**

Eine Gegenüberstellung der Untersuchungsergebnisse der einzelnen Unternehmungsklassen ergibt folgendes Bild: Einheitlich wird die *Unfähigkeit des Gruppenführers, schwelende Gruppenkonflikte auszuräumen,* als stärkster Auslöser genannt. Abweichungen sind lediglich in der Höhe der Prozentwerte festzustellen. Während 89% der mittleren Unternehmungen diese Ursache favorisieren, schließen sich die kleinen Unternehmungen mit einer Quote von 81% dieser Meinung an. Großunternehmungen stufen dagegen mit nur 77% dieses Motiv wesentlich geringer als Hauptursache für eine Innere Kündigung im Bereich der Arbeitsgruppe ein.

Größere Differenzen ergeben sich bei der Bewertung des *unkollegialen Verhaltens der Gruppenmitglieder.* Während die kleinen und mittleren Unternehmungen mit 74% bzw. 75% dieser Ursache eine relativ hohe Bedeutung beimessen, teilen nur 57% der Großunternehmungen diese Meinung. Ähnliche Unterschiede fallen bei dem Argument des *starken Konkurrenzkampfs* innerhalb der Gruppe ins Auge. 70% der Großunternehmungen bescheinigen dieser Ursache einen Zusammenhang zur Inneren Kündigung und plazieren sie auf Rang 2, die mittleren und kleinen Unternehmungen dagegen verweisen diese Haltung mit einem Anteil von 63% bzw. 44% auf den letzten Platz. Insgesamt fällt besonders auf, daß die mittleren Betriebe die einzelnen Ursachen durchschnittlich um 9% höher bewerten als die Klein- und Großunternehmungen.

4.4 Ursachen im Bereich der Gesamtunternehmung

In der betrieblichen Praxis läßt sich häufig auch eine emotionale Distanz der Mitarbeiter zur Arbeit erkennen, die weniger aus persönlich zurechenbaren Führungsfehlern sowie Problemen innerhalb des unmittelbaren Arbeitsumfeldes resultieren, sondern vielmehr der juristischen Person und dem sozialen Gebilde[154] Unternehmung zugeschrieben werden muß. Die Hauptursachen der Inneren Kündigung auf der Unternehmungsebene lassen sich zunächst grob in die drei aus Abb. 28 ersichtlichen Bereiche einteilen:

Abb. 28: Hauptursachen der Inneren Kündigung auf der Unternehmungsebene
Quelle: Hilb, M. (1992a), S. 13

Sie sind nicht trennscharf abgrenzbar, überlappend und von großer gegenseitiger Abhängigkeit. Ein weiterer, vierter Bereich ist schließlich zu nennen, der ebenfalls zur Ursache Innerer Kündigung auf der Ebene der Gesamtunternehmung werden kann, im Gegensatz zu den o.g. Ursachen jedoch Ausnahmecharakter hat: Unternehmungskrisen als überlebenskritische Prozesse.

---

[154] Vgl. Raidt, F. (1989), S. 76

4.4.1 Mißtrauenskultur und überkommenes Menschenbild

Unternehmungen eine *Kultur des Mißtrauens* zuzuschreiben, erscheint zunächst sehr befremdlich. Dennoch gibt es Anlaß zu der Vermutung, daß noch bei sehr vielen Firmen - bewußt oder gänzlich unbewußt - ein tief verwurzeltes Mißtrauen gegenüber Mitarbeitern, aber auch gegenüber Marktpartnern und Öffentlichkeit, wesentliche Elemente von Unternehmungskultur prägt, zumeist sichtbar durch eine Überbetonung von Ordnung und Sicherheit.[155]

Grund dafür ist oft ein *überkommenes Menschenbild*, das - etwa wie in der Theorie X von McGregor[156] - von der pessimistischen Vorstellung des "rational economic man" ausgeht. Der Beitrag von Mitarbeitern hängt danach praktisch ausschließlich von ökonomischen Reizen ab, ansonsten verhalten sie sich passiv und müssen deshalb von der Organisation entsprechend manipuliert, (extrinsisch) motiviert und streng *fremdkontrolliert* werden[157]. In Abbildung 29 sind die grundlegenden Annahmen, sich daraus ableitende Empfehlungen sowie resultierende Erwartungen von den unterschiedlichen Mitarbeiterbildern dreier Managementmodelle einander gegenübergestellt, wobei das auf Mißtrauen aufbauende Menschenbild typisch ist für die traditionellen Managementmodelle, die noch heute die Realität beherrschen dürften.

Anders als das von teilweise hochgradig illusionären Vorstellungen über den Menschen beseelte Human Relations-Modell ist es das ebenfalls in Abbildung 29 skizzierte *Human Resource-Modell*[158], das mit seinem Menschenbild zukunftsweisend erscheint und insoweit kaum Nährboden für das Entstehen von Innerer Kündigung liefern dürfte. Es steht ganz im Gegensatz zu traditionellen Managementmodellen, die in Zeiten sich wandelnder Wertvorstellungen mit ihren Annahmen, Empfehlungen und Erwartungen Innere Kündigung geradezu provozieren müssen.

---

[155] Vgl. Bleicher, K. (1989), S. 196
[156] Vgl. hierzu: McGregor, D. (1960)
[157] Vgl. Krystek, U./Zumbrock, St. (1993), S. 26
[158] Vgl. Staehle, W. (1988), S. 376ff.

Traditionelles Modell	Human Relations-Modell	Human Resources-Modell
Annahmen:		
1. Die meisten Menschen empfinden Abscheu vor der Arbeit.	Menschen wollen sich als bedeutend und nützlich empfinden.	Menschen wollen zu sinnvollen Zielen beitragen, bei deren Formulierung sie mitgewirkt haben.
2. Lohn ist wichtiger als die Arbeit selbst.	Menschen benötigen Zuneigung und Anerkennung. Dies ist im Rahmen der Arbeitsmotivation wichtiger als Geld.	Die meisten Menschen können viel kreativere und verantwortungsvollere Aufgaben übernehmen, als es die gegenwärtige Arbeit verlangt.
3. Nur wenige können oder wollen Aufgaben übernehmen, die Kreativität, Selbstbestimmung und Selbstkonttrolle erfodern.		
Empfehlung:		
1. Der Manager hat seine Untergebenen eng zu überwachen und zu kontrollieren.	Der Manager sollte jedem Arbeiter ein Gefühl der Nützlichkeit und Wichtigkeit geben.	Der Manager sollte verborgene Anlagen und Qualitäten der Mitarbeiter nutzen.
2. Er soll Aufgaben in einfache, repetive, einfach zu lernende Schritte aufteilen.	Er soll seine Mitarbeiter gut informieren, auf ihre Einwände hören.	Er soll eine Atmosphäre schaffen, in der Mitarbeiter sich voll entfalten können.
3. Er soll detaillierte Arbeitsanweisungen entwickeln und durchsetzen.	Er soll den Mitarbeitern Gelegenheit zur Selbstkontrolle bieten.	Er soll Mitbestimmung praktizieren und dabei die Fähigkeit zur Selbstbestimmung und Selbstkontrolle entwikkeln.
Erwartungen:		
1. Menschen ertragen die Arbeit, wenn der Lohn stimmt und der Vorgesetzte fair ist.	Informationen und Mitsprache befriedigen die Bedürfnisse nach Anerkennung und Wertschätzung.	Mitbestimmung, Selbstbestimmung und Selbstkontrolle führen zur Produktivitätssteigerung.
2. Wenn die Aufgaben einfach genug sind und die Arbeiter eng kontrolliert werden, erreichen sie das Soll.	Die Befriedigung führt zur Zufriedenheit und baut Widerstände gegen die formale Autorität ab.	Als Nebenprodukt kann auch die Zufriedenheit steigen, da die Mitarbeiter all ihre Fähigkeiten nutzen können.

Abb. 29: Das Bild des Mitarbeiters in drei Managementmodellen
Quelle: Krystek, U. / Zumbrock, S. (1993), S. 28

Symptome ausgeprägter Mißtrauenskulturen sind hauptsächlich in der Architektur der Organisation im Sinne einer *Mißtrauensorganisation*[159], in ausgeprägt *autoritärem Führungsstil* sowie in *fremdkontrollzentrierten Managementinstrumenten* zu erkennen. Unter ihnen hat sich nach den Ergebnissen einer Umfrage speziell das Controlling zur Speerspitze einer Mißtrauensorganisation[160] und -kultur entwickelt.

Gerade die Führungs-/Führungsunterstützungsfunktion des Controlling kann durch ein in der Praxis noch tief verwurzeltes Mißverständnis (Controlling=Kontrolle) seinen konstruktiven Beitrag zur Überlebenssicherung der Unternehmung ins Gegenteil verkehren und zu einer bedrückenden Last für "Controlling-Opfer" mit naheliegenden Folgen der inneren Emigration werden. Es sind dies insbesondere die in der sog. "Wormser Studie" dargestellten Wirkungen eines falsch verstandenen Controlling[161] :

- Fremdkontroll-Zentrierung des Controlling
- Inkongruenz zwischen Informationsmacht und Verantwortung des Controllers
- Mißtrauensfördernde organisatorische Eingliederung des Controllers
- Mißtrauensfördernde Verhaltensweisen des Controllers.

Symptome mißtrauender Kulturen äußern sich aber nicht nur im Verhältnis zwischen Unternehmung und Mitarbeiter, sondern strahlen unter Umständen auch auf das Außenverhältnis aus. Das äußert sich dann etwa in einer rigiden Öffentlichkeitspolitik, die aus einer mißtrauenden Grundhaltung heraus insgesamt informationsfeindlich wirkt, Daten und Fakten über die Unternehmung nur im zwingend vorgeschriebenen Rahmen veröffentlicht und teilweise ihren Mitarbeitern sogar das Berichten über "ihre" Firmen mit vielfältigsten Hinweisen auf angebliche Betriebsgeheimnisse untersagt.

Gewiß ist die Betroffenheit der Mitarbeiter durch die Symptome mißtrauensbasierter Firmenkultur unterschiedlich und ihr Leidensdruck unter einem autoritären Führungsstil am größten, wie er in seinen Wirkungen auf das Phänomen Innere Kündigung implizit bereits auch im vorangegangenen Abschnitt beschrieben wurde. Allerdings nicht weniger destruktiv sind langfristig *Mißtrauensorganisationen* als eine Art *Dauerstressoren* in der Lage, Innere Kündigung zu begünstigen. Abbildung 30 stellt Eigenschaften solcher Organisationen dar und profiliert sie durch eine Konfrontation mit Elementen einer Vertrauensorganisation als - auch zur Begrenzung von Innerer Kündigung - wünschenswerter Alternative.

---

[159] Vgl. Bleicher, K. (1985), S. 2ff.
[160] Vgl. Krystek, U. (1991), S. 18ff.; Krystek, U. (1990b), S. 332ff.; Krystek, U./Zumbrock, St. (1993), S. 72ff.
[161] Vgl. Krystek, U. (1991), S. 18ff; Krystek, U./Zumbrock, St. (1993), S. 85ff.

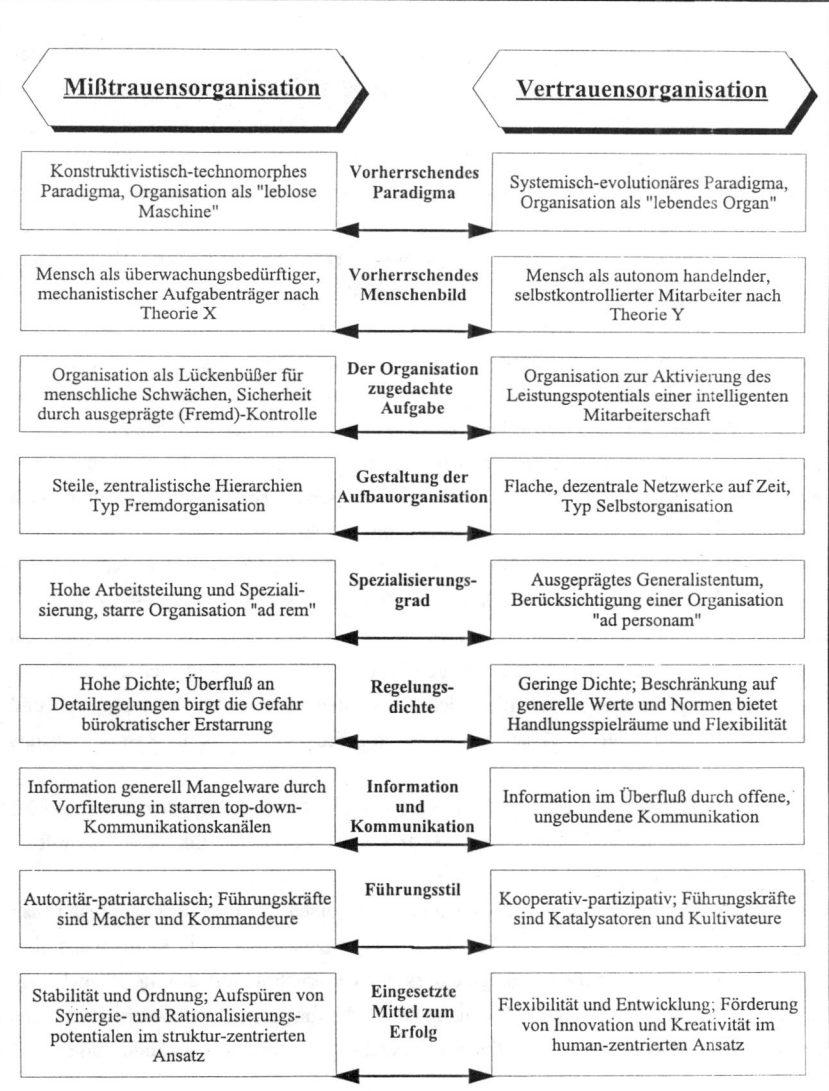

Mißtrauens- versus Vertrauensorganisation

Mißtrauensorganisation		Vertrauensorganisation
Konstruktivistisch-technomorphes Paradigma, Organisation als "leblose Maschine"	**Vorherrschendes Paradigma**	Systemisch-evolutionäres Paradigma, Organisation als "lebendes Organ"
Mensch als überwachungsbedürftiger, mechanistischer Aufgabenträger nach Theorie X	**Vorherrschendes Menschenbild**	Mensch als autonom handelnder, selbstkontrollierter Mitarbeiter nach Theorie Y
Organisation als Lückenbüßer für menschliche Schwächen, Sicherheit durch ausgeprägte (Fremd)-Kontrolle	**Der Organisation zugedachte Aufgabe**	Organisation zur Aktivierung des Leistungspotentials einer intelligenten Mitarbeiterschaft
Steile, zentralistische Hierarchien Typ Fremdorganisation	**Gestaltung der Aufbauorganisation**	Flache, dezentrale Netzwerke auf Zeit, Typ Selbstorganisation
Hohe Arbeitsteilung und Spezialisierung, starre Organisation "ad rem"	**Spezialisierungsgrad**	Ausgeprägtes Generalistentum, Berücksichtigung einer Organisation "ad personam"
Hohe Dichte; Überfluß an Detailregelungen birgt die Gefahr bürokratischer Erstarrung	**Regelungsdichte**	Geringe Dichte; Beschränkung auf generelle Werte und Normen bietet Handlungsspielräume und Flexibilität
Information generell Mangelware durch Vorfilterung in starren top-down-Kommunikationskanälen	**Information und Kommunikation**	Information im Überfluß durch offene, ungebundene Kommunikation
Autoritär-patriarchalisch; Führungskräfte sind Macher und Kommandeure	**Führungsstil**	Kooperativ-partizipativ; Führungskräfte sind Katalysatoren und Kultivateure
Stabilität und Ordnung; Aufspüren von Synergie- und Rationalisierungspotentialen im struktur-zentrierten Ansatz	**Eingesetzte Mittel zum Erfolg**	Flexibilität und Entwicklung; Förderung von Innovation und Kreativität im human-zentrierten Ansatz

Abb. 30: Mißtrauens- versus Vertrauensorganisation
Quelle: Krystek, U. / Zumbrock, S. (1993), S. 32

4.4.2 Mangelnde Sinnstiftung und Visionslosigkeit

Man kann sicher davon ausgehen, daß es einen arbeitenden Menschen, der den Großteil seiner Zeit in einer Leistungsorganisation verbringt, langfristig kaum befriedigen wird, selbst gegen gute Bezahlung und mit angenehmen Kollegen einer Tätigkeit nachzugehen, die ihm sinnlos erscheint. Der Einzelne wird vielmehr auch und gerade im Arbeitsprozeß nach Sinn und Wertorientierung suchen.[162] Die Forschung unterschiedlicher Disziplinen ist einhellig der Auffassung, daß sich die menschliche Natur generell durch das Bestreben auszeichnet, Unerklärliches verstehen zu wollen und *Sinn zu finden*. Der Sinn der Arbeit geht jedoch in den großen Industrienationen mit ihrer immer detaillierteren Arbeitsteilung zunehmend verloren. Für den einzelnen wird es z.B. oft immer schwerer, hinter den häufig undurchsichtigen Strategien und Taktiken der Unternehmungsführung Sinn zu erkennen. Gerade in Großbetrieben ereignet sich für viele Mitarbeiter manches Unerklärliche, das sie den Sinn ihres Wirkens in Frage stellen läßt.[163] Ein solcher Zweifel an dem Sinn der eigenen Tätigkeit kann über die Zeit zu einer großen Belastung werden und die Einsicht in eine vermeintliche oder gar tatsächliche Sinnlosigkeit des eigenen Tuns kann sehr wohl dazu führen, resignierend den Weg in die Innere Emigration zu gehen.

Die Motivation der Mitarbeiter geht also vor allem vom Sinn und nur bedingt vom Zweck seiner Tätigkeit aus. Sinnlose Zweckerfüllung kann folglich nicht auf Motivation rechnen.[164] Erst wenn es gelingt, mit Hilfe einer *Unternehmungs- und Managementphilosophie* ein Profil zu finden, das eine Sinnfindung für den Mitarbeiter ermöglicht, dürften sich die vielfältigen Widersprüchlichkeiten, die sich aus den zahllosen Trennungen und Fragmentierungen des modernen Arbeitsprozesses ergeben und zu einem Reduktionismus führen, aufheben lassen.[165]

Zu einer solchen Profilierung von Unternehmungs- und Managementphilosophien gehört ganz zentral eine tragende Idee, eine *Vision als Leitstern* für die zukünftige Unternehmungsentwicklung.[166]

"Wenn das Leben keine Vision hat, nach der man strebt, nach der man sich sehnt, die man verwirklichen möchte, dann gibt es auch kein Motiv sich anzustrengen"[167]. Selbst wenn aber Unternehmungsvisionen vorhanden sind, glückt es der Unternehmungsführung oft nicht, sie den Mitarbeitern auch zu vermitteln. Es mangelt an Aktionen und Symbolen, durch die Führungspersonen artikulieren und definieren, welche zukünftigen Zustände angestrebt

162 Vgl. Rosenstiel v., L./Nerdinger, F./Spieß, E./Stengel, M. (1989), S. 137
163 Vgl. Tschirky, H./Suter, A. (1990), S. 228
164 Vgl. Böckmann (1987), S. 71
165 Vgl. Bleicher, K. (1994b), S. 80f.
166 Vgl. Bleicher, K. (1994b), S. 101
167 Fromm, E. (1975), S. 412

werden. Sinnbilder, Metaphern und Modelle, die die Aufmerksamkeit auf neue Brennpunkte konzentrieren, fehlen noch zu häufig.

In der Realität leiden vielmehr selbst Ansätze einer Unternehmungsphilosophie eher unter[168] :

- einer fehlenden Transparenz der Unternehmungszusammenhänge,
- einer mangelnden Befriedigung der Informationsbedürfnisse der Belegschaft,
- einer ständig wechselnden Geschäftspolitik,
- der Formulierung von unklaren, nicht versteh- und nachvollziehbaren Unternehmungszielen,
- häufigen, oft unerwarteten und überraschenden Umorganisationen.

Eine fühlbare Distanz der Unternehmungsleitung zur Belegschaft verstärkt zusätzlich die Identifikationskrise. Die Hauptaufgabe einer visionsorientierten Führung[169], Visionen als grundlegende unternehmungspolitische Leitlinien in den Köpfen der Mitarbeiter zu verankern, muß so scheitern.

Neben der sinnvollen Implementierung einer Unternehmungsvision liegt ein weiterer Schwachpunkt bereits in deren Konzeptionierung. Hierbei wird vergessen, wie wichtig es ist darauf zu achten, daß Visionen einen klaren Realitätsbezug haben. Wenngleich Visionen die rationale Ebene der unmittelbaren Erfüllbarkeit auch verlassen, Ideale und Hoffnungen mit ins Spiel bringen, vor allem aber kreatives und teilweise nur intuitiv verstehbares Neuland beschreiten: das angestrebte Ideal muß dennoch in greifbarer Nähe liegen. Haben die Mitarbeiter keine erstrebenswerte Zielvorstellung vor Augen, dann wollen sie allenfalls den "status quo" erhalten. Ihr Engagement geht ihnen somit verloren.[170] Antoine de Saint-Exupéry veranschaulicht dies in seinem berühmt gewordenen Zitat: "Wenn Du ein Schiff bauen willst, so trommele nicht die Männer zusammen, um Holz zu beschaffen, Werkzeuge vorzubereiten und Aufgaben zu vergeben, sondern lehre die Männer die Sehnsucht nach dem endlosen Meer"[171] .

Ungeheure Dynamik, Diskontinuität und Komplexität der Umwelt kennzeichnen die heutige Zeit. Strategische Pläne, heute erst entwickelt, verlieren oft morgen schon ihre Aktualität.

---

[168] Vgl. Raidt, F. (1988), S. 11
[169] Vgl. Hahn, D. (1992)
[170] Vgl. Scholz, C. (1991), S. 243f.
[171] Scholz, C. (1991), S. 254

Fehlt nun in solchen Prozessen - als Orientierungshilfe - eine partizipativ entwickelte, ganzheitliche Unternehmungsvision, nützen auch anspruchsvollste Planungskonzepte wenig - im Gegenteil: Strategische Planungen ohne strategische Vision sind sinnlos. Gerade in Zeiten des Umbruchs brauchen Unternehmungen Visionen als überlebenswichtigen Polarstern, der die zukünftige Marschrichtung anzeigt[172].

Zugleich wird hier auch deutlich, wie eng visionäres Management mit Unternehmungskultur verbunden ist. Unternehmungskultur ist das implizite Bewußtsein der Unternehmung; sie gibt letztlich auch Auskunft über den eigentlichen Sinn und Zweck der Organisation. Hat eine Unternehmung eine klar ausgeprägte Unternehmungskultur, so können darin bereits erste Ansatzpunkte zu einer Vision liegen.[173]

---

[172] Vgl. Hilb, M. (1992a), S.12 und Scholz, Ch. (1991), S. 241
[173] Vgl. Scholz, Ch. (1991), S. 244

4.4.3 Starre Organisation

"Nicht die Menschen sind verrückt, sondern die Organisationsstrukturen, in denen sie arbeiten"[174]. Betrachtet man die vielerorts erstarrten Organisations- und Führungsstrukturen, so wird plausibel, warum in den individualistischen Kulturen unserer westlichen Industrienationen eine Verlagerung erfolgte: Weg von intrinsischer Motivation (Beruf als Berufung), hin zu einer Berufsrolle, die zunehmend zum extrinsischen Instrument für die Verwirklichung von Freizeitinteressen wird.[175]

Da sich die Realitäten und Wertorientierungen in Technologie, Markt und Gesellschaft in unserer Zeit meist rascher ändern als die überwiegend starren und wenig flexiblen organisatorischen Strukturen, ist ein beachtliches Konfliktpotential stets angelegt. Gewandelten Werten stehen erstarrte Strukturen gegenüber.[176] In dem Bestreben, Technik und Organisation vor allem in Großbetrieben zu perfektionieren, alle Prozesse zu planen und nichts mehr dem Zufall zu überlassen, wurde menschliche Motivation, Kreativität und Eigenständigkeit zunehmend als Störfaktor betrachtet, der durch entsprechende Sanktionen unter Kontrolle gebracht werden mußte. Nachdem dies gelungen schien und sich der Mensch - durch Praxisschocks ernüchtert - "endlich" an die Organisation angepaßt hatte, wurden ihm mangelnde Motivation und Kompetenz vorgeworfen.[177] Die generelle These, daß eine Vielzahl innerer Emigranten von der Unternehmung hausgemacht sind, scheint sich auch hier zu bestätigen.

Die Gestaltung von Organisationsmodellen und -strukturen wird noch immer dominiert von einer unternehmungskulturell geprägten zweckrationalen Grundhaltung, wie sie in dem sog. Bürokratiemodell von Weber zum Ausdruck kommt und ihre geistige Heimat in der "Wissenschaftlichen Betriebsführung" von F.W. Taylor hat[178]. Gerade die dem Taylorismus zugrunde liegende Trennung von manueller und geistiger Arbeit bestimmt noch heute weitgehend das Bild industrieller Arbeit. Folge davon sind verkümmerte oder nicht aktivierte Problemlösungspotentiale, die nun zunehmend selbst Probleme bereiten.[179] Die insbesondere in Großunternehmungen durch Arbeitsteilung und Spezialisierung bedingte Notwendigkeit zur Koordination und Integration hat uns mitunter geradezu groteske

174 Held, M. (1988), S. 210
175 Vgl. Bleicher, K. (1989), S. 82
176 Vgl. Faller, M. (1991), S. 100
177 Vgl. Wiendieck, G./Wiswede, G. (1990), S. 44
178 Krystek, U. (1993), S. 27
179 Vgl. Löhnert, W. (1990), S. 49ff.

bürokratische Auswüchse beschert, unter denen in erster Linie die Mitarbeiter zu leiden haben.

Der "organization man", Produkt bürokratischer Großorganisationen, der sich - karriere-politisch orientiert - durch den organisatorischen Dschungel großer Unternehmungen laviert, ist zum einen zwar individualistisch orientiert, zum anderen aber genauso auf Risikovermeidung programmiert, so daß von ihm insgesamt kaum noch wegweisende innovative Anstöße zu erwarten sind. Möglicherweise hat er im Hinblick auf seine individuelle Karriere sogar den größten Erfolg, wenn er weniger zur Sache der Unternehmung selbst beiträgt, als vielmehr die bürokratische Form perfektioniert. Die systembedingte Tendenz zu bürokratischen Übersteigerungen, die unserer individualistisch orientierten Unternehmungskultur eigen zu sein scheint, bewirkt somit eine Verstärkung des *Entfremdungseffektes*.[180]

Charakteristisch für diese veralteten bürokratischen Strukturen sind eine extensive Zahl von Regeln und Vorschriften, tief gestaffelte Organisationshierarchien, Informationsflüsse über den Dienstweg und ein ausgeprägter Bereichsegoismus[181]. Diese "jegliche Initiative tötende Wasserkopfstruktur"[182] gestaltet die Durchsetzung des unternehmerischen Willens von der Führungsspitze bis zur untersten, durchführenden Stelle. "Schriftliche formal gebundene Kommunikation, ein strikt vertikaler Aufbau mit zentralisierten Entscheidungen an der Spitze schafft(e) klare Strukturen der Über- und Unterordnung und eine standardisierte Prozeßgestaltung mittels hoch-arbeitsteilig differenzierter Aufgabenzuweisung"[183]. Der Nährboden für die Innere Kündigung erscheint in solchen Strukturen ganz und gar systembedingt.

Erst langsam beginnt man in letzter Zeit mit dem Abbau starrer, bürokratischer P(=B)alastorganisationen, in denen (extrem formuliert) jeder an jeden rapportiert und Tausende von Stabsspezialisten ruhen, denen die Arbeit weder Sinn, Spielraum noch Spaß vermittelt[184]. Allmählich erst wird akzeptiert, daß Organisationen lebendige soziale Systeme sind, und daß diesen eine ausschließlich auf funktionale Aspekte reduzierte Betrachtung nicht gerecht wird[185]. Eine wachsende Vernetzung aller Bereiche verlangt zudem nach einer innovativen Steuerbarkeit der Unternehmungen.

Hierbei wird ein Dilemma berührt, daß prinzipiell für jede Organisation gilt und an dieser Stelle in abgewandelter Fassung dargestellt werden soll: Die Unternehmung ist bei der

---

180 Vgl. Bleicher, K. (1989), S. 78
181 Vgl. Bleicher, K. S. 386
182 Peters, T. (1993), S. 198
183 Bleicher, K. (1991), S. 220
184 Vgl. Hilb, M. (1992a), S. 12
185 Vgl. Comelli, G. (1991), S. 456

Organisationsentwicklung zwei gegensätzlichen Gefahren ausgesetzt: Einerseits der Verknöcherung durch zuviel Disziplin und Ehrfurcht und andererseits der Auflösung oder Niederlage gegenüber Bedrohungen von außen, weil zunehmender Individualismus und wachsende persönliche Unabhängigkeit jede Zusammenarbeit unmöglich machen. Die Suche nach einer tragfähigen Balance zwischen diesen Polen ist für die Unternehmung nicht nur von philosophischer, sondern von immenser ökonomischer Bedeutung.[186] Hierbei ist besonders wichtig, daß die Anpassung einer Organisation an eine sich ständig verändernde Umwelt in Form eines geplanten Wandels vollzogen wird und nicht als Ergebnis von mehr oder weniger zufälligen Entscheidungsprozessen bzw. als erzwungene Reaktion auf Druck von innen oder außen.[187]

[186] Vgl. Wiendieck, G./Wiswede, G. (1990), S. 42
[187] Vgl. Comelli, G. (1991), S. 457

4.4.4 Unternehmungskrisen
als Ursache Innerer Kündigung

Unternehmungskrisen sind ungeplante und ungewollte, zeitlich begrenzte und bedingt beeinflußbare Prozesse, deren Ausgang ambivalent ist und Vernichtung oder Restitution bedeuten kann. Sie bedrohen den Fortbestand der betroffenen Unternehmung durch eine gravierende Beeinträchtigung überlebensrelevanter Ziele.[188]

Unternehmungskrisen als Ausnahmesituationen[189] für Vorgesetzte und Mitarbeiter können ebenfalls einen "fruchtbaren" Nährboden für die Entstehung der Inneren Kündigung darstellen.

Gerade in Situationen akuter Krisen vertreten viele Unternehmungen die Auffassung, daß eine der ersten Maßnahmen zur Krisenbewältigung die Aufhebung jeglicher Art kooperativer Führung und die Rückkehr zur autoritären Führung sein müsse[190]. Dies beweisen auch Umfragen im Management, die zu dem Schluß kommen, daß gerade angesichts konjunktureller Abschwünge in einzelnen Führungsebenen wieder eine "härtere Gangart" praktiziert wird, autoritärer Führungsstil gegenüber der tendenziell eher mitarbeiterorientierten Führung vergangener Jahre also wieder im Aufwind ist.[191] Ein solcher Wechsel im Führungsverhalten muß aber die Mitarbeiter frustrieren, da man ihnen gerade in überlebenskritischen Situationen implizit die Fähigkeit abspricht, selbständige Beiträge zur Bewältigung der akuten Krisensituation zu leisten[192]. Ausgerechnet dann, wenn die Mitarbeiter ihre Fähigkeiten unter Beweis stellen könnten, werden sie zu bloßen Befehlsempfängern degradiert. Anstatt sie zu erhöhtem Einsatz unter Nutzung aller ihrer geistigen Kräfte und Fähigkeiten durch sinnvermittelnde und vertrauensbildende kooperative Führungsformen zu motivieren, werden die Zügel wieder angezogen[193]. Es wird dabei offensichtlich die ebenso weitverbreitete wie irrige Auffassung vertreten, sich in Krisenzeiten den Luxus eines kooperativen Führungsstils nicht länger leisten zu können.

Dieser führungspolitische Wettersturz kann gravierende Folgen haben. Es führt sehr häufig dazu, daß es bei Mitarbeitern zu einer Blockade des Initiativpotentials und zu ausgesprochener Demotivation kommt[194]. Sind die Mitarbeiter in solchen Situationen nicht

---

[188] Vgl. Krystek, U. (1987), S. 6f.
[189] Vgl. Krystek, U. (1989), S. 31ff.
[190] Vgl. Höhn, R. (1974), S. 111
[191] Vgl. Deininger, Unternehmensberatung, in: Berger, G. (1994), S. 8
[192] Vgl. Krystek, U. (1989), S. 32
[193] Vgl. Höhn, R. (1983), S. 59ff.
[194] Vgl. Höhn, R. (1988), S. 64

in der Lage, eine äußere Kündigung zu vollziehen, bleibt ihnen angesichts solch entmutigender Arbeitsaussichten nur die *Innere Kündigung als Überlebensstrategie.* Der Unternehmung fehlt dann das schöpferische Handeln ihrer Mitarbeiter, das die Grundlage für die Entwicklung und Umsetzung innovativer Ideen und einem dadurch erst möglichen Neubeginn darstellt. Viel zu sehr würden bisher die konstruktiven Wirkungen von Unternehmungskrisen als Chancen zur Metamorphose verkannt, die allerdings motivierte Mitarbeiter voraussetzen.[195]

Immer wieder kann in der Praxis der Krisenbewältigung beobachtet werden, daß sich drei Reaktionsweisen der Mitarbeiter und Führungskräfte auf die akute Krise profilieren:

- Verstärktes Engagement bis zur Selbstaufgabe,
- Fremdkündigung,
- Innere Kündigung.

Unter den drei Reaktionsstrategien scheint die der Inneren Kündigung die häufigste zu sein. Nicht zuletzt aus Angst um den Arbeitsplatz werden alle Aktivitäten reduziert, um so das Fehlerpotential zu verringern und unauffällig die Krisenphase zu überstehen. Diese Strategie erscheint nur zu verständlich, denn gerade akute Krisenphasen werden häufig viel zu sehr zu einer Suche nach Schuldigen mißbraucht.

---

[195] Vgl. Krystek, U. (1994), S. 24ff.

4.4.5 Befragungsergebnisse insgesamt

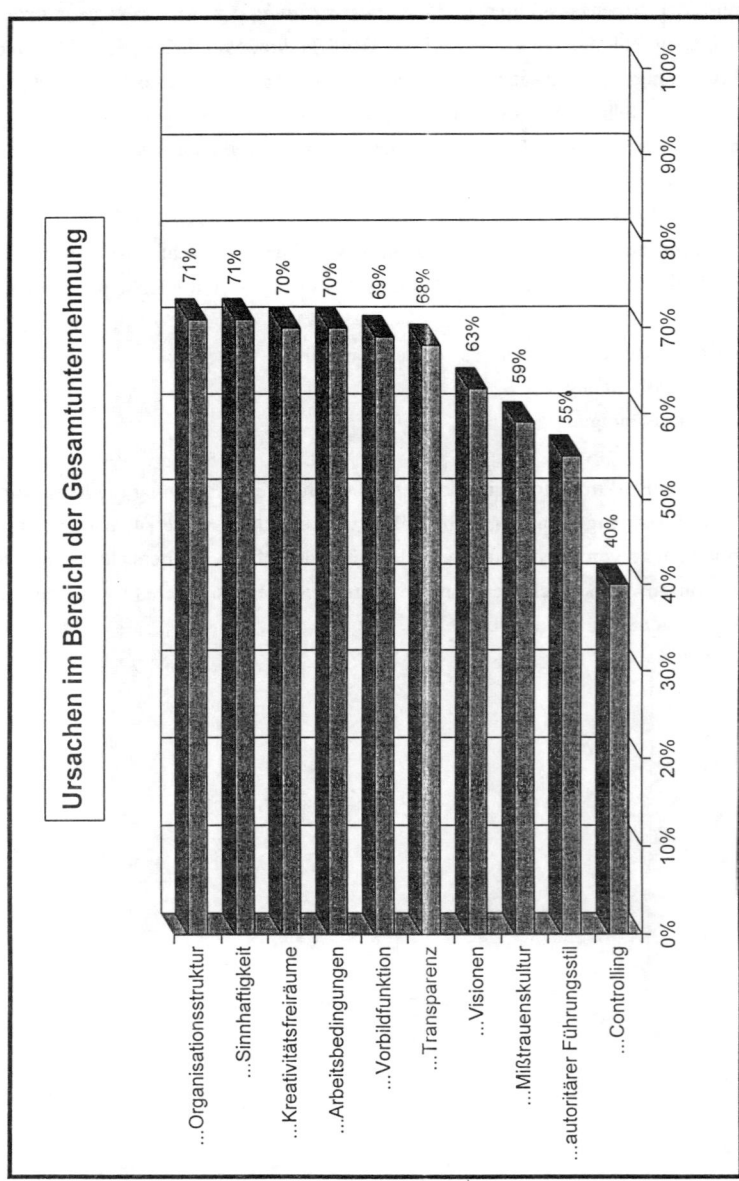

Ursachen im Bereich der Gesamtunternehmung

...Organisationsstruktur	71%
...Sinnhaftigkeit	71%
...Kreativitätsfreiräume	70%
...Arbeitsbedingungen	70%
...Vorbildfunktion	69%
...Transparenz	68%
...Visionen	63%
...Mißtrauenskultur	59%
...autoritärer Führungsstil	55%
...Controlling	40%

Abb. 31: Ursachen im Bereich der Gesamtunternehmung

Die auf Grundlage der Ergebnisse dieser Untersuchung für den Ursachenbereich "Gesamtunternehmung" erstellte Rangfolge innerhalb von Abb. 31 zeigt, welche Defizite im Bereich der Gesamtunternehmung von den Befragten für eine Innere Kündigung verantwortlich gemacht werden.

Die ersten 6 der insgesamt 10 Problemfelder erreichten als die stärksten Auslöser für die Innere Kündigung aus dem Bereich der Gesamtunternehmung eine durchgehend hohe Zustimmung von mehr als 2/3 aller Befragten. Dazu zählen die *Unfähigkeit der Unternehmungspolitik, dem Mitarbeiter die Sinnhaftigkeit seines Handelns zu vermitteln, starre und bürokratische Organisations- und Führungsstrukturen* (von diesen Ursachen behaupten je 71 % der Befragten, daß sie die Innere Kündigung fördern), das *mangelnde Angebot an Freiräumen zur Kreativitätsentfaltung, die unbefriedigende Gestaltung und Abstimmung einzelner Arbeitsbedingungen* (je 70%), *die fehlende Vorbildfunktion des Topmanagements* (69%) *und die fehlende Transparenz der Unternehmungszusammenhänge* (68%). Danach folgt mit einem geringeren Anteil an Nennungen die *Unfähigkeit der Unternehmungsleitung, Visionen zu entwickeln und zu vermitteln* (63%), eine *von Mißtrauen gekennzeichnete Unternehmungskultur* (59%) und die *Rückkehr zum autoritären Führungsstil in wirtschaftlichen Krisenzeiten* (55%). Ebenso wie im Bereich der Arbeitsgruppe gibt es auch innerhalb der Gesamtunternehmung eine Ursache, die interessanterweise mit deutlichem Abstand von weniger als der Hälfte der Befragten als Auslöser für die Innere Kündigung eingeschätzt wird: *Ein falsch verstandenes, weil falsch angewandtes Controlling* (40%). Angesichts der Ergebnisse der "Wormser Studie"[196] ist dabei speziell die Frage zu stellen, ob hier nicht mangelndes Problembewußtsein als Hintergrund angenommen werden muß.

Die darüber hinaus genannten Gründe, die auf der Unternehmungsebene zur Inneren Kündigung führen, verstärken noch einige der bereits genannten Ursachen: Ein Befragungsteilnehmer kritisierte z.B. die "kurzfristigen Strategien"* und zielte damit implizit ebenso auf fehlende Visionen ab wie ein Personalverantwortlicher, der die Unfähigkeit beklagte, die "durch die Unternehmungsleitung getroffenen Entscheidungen dem Mitarbeiter positiv zu vermitteln"*. Im Zusammenhang mit einer klareren Sinnvermittlung reklamierte einer der Befragten das Fehlen "konkret meßbarer Leistungskriterien und -erfolge"*. Seiner Meinung nach könnte dem Mitarbeiter unter dem Motto "'Ihr' Beitrag zum Unternehmenserfolg"* sein Anteil an der Gesamtleistung besser vermittelt werden .

---

196 Vgl. Krystek, U./Zumbrock, St. (1993), S. 85ff.

4.4.5.1 Ursachen im Bereich der Gesamtunternehmung nach Branchen

Rang		Insgesamt	Industrie	Handel	Dienstleistung
		%	%	%	%
1	...Sinnhaftigkeit	71	71	50	83
2	...Organisationsstruktur	71	67	50	**84**
3	...Kreativitätsfreiräume	70	65	67	83
4	...Arbeitsbedingungen	70	62	**83**	80
5	...Vorbildfunktion	69	**71**	75	63
6	...Transparenz	68	**71**	42	71
7	...Visionen	63	63	64	61
8	...Mißtrauenskultur	59	58	50	65
9	...autoritärer Führungsstil	55	56	50	56
10	...Controlling	40	31	33	57
	Durchschnitt	64	62	56	70

Tab. 19: Ursachen im Bereich der Gesamtunternehmung im Branchenvergleich

• **Industrie**

Für den industriellen Bereich zeigen sich auf den ersten Blick deutlich andere Ergebnisse bei der Einschätzung unternehmungsinduzierter Ursachen als bei der Gesamtheit der Antworten. Dies resultiert allerdings aus der stärkeren Beurteilung der Ursachen einer *fehlenden Vorbildfunktion des Topmanagements* und der *mangelnden Transparenz der Unternehmungszusammenhänge*. Ein Blick auf die konkreten Zahlen relativiert zusätzlich diesen ersten Eindruck, denn auch im industriellen Sektor liegen die ersten vier Werte so dicht zusammen, daß schon kleine Veränderungen starke Auswirkungen auf die Reihenfolge der wichtigsten Gründe haben können. Genau dies trifft auch hier zu: Lediglich dem Auslöser der *unbefriedigenden Arbeitsbedingungen* kommt in der Industrie im Vergleich zur Summe aller Befragten eine geringere Bedeutung zu; die Abweichung zwischen beiden Tabellen beträgt für diesen Wert nur 8%. Damit wird aber zugleich auch deutlich, daß sich die Differenzen zwischen Industrie und Gesamtheit in Grenzen halten und die Ergebnisse nahe beieinanderliegen.

• **Handel**

Viel gravierender sind die Unterschiede, wenn man die insgesamt ermittelten Ergebnisse mit denen des Handels vergleicht. Das betrifft zum einen die Rangfolge: Lediglich bei der Einschätzung eines *falsch verstandenen Controllings* sowie bei dem *mangelnden Angebot an Freiräumen zur Kreativitätsentfaltung* finden sich Übereinstimmungen. Ansonsten entspricht die Tabelle für den Handel eher einem spiegelverkehrten Abbild der Gesamttabelle. *Starre Organisationsstrukturen* und die *Unfähigkeit zur Sinnvermittlung* haben für den Handel bei weitem nicht die große Bedeutung, die sie für die Gesamtheit aufweisen. Vielmehr liegen die Schwerpunkte in den *unbefriedigenden Arbeitsbedingungen* und der *fehlenden Vorbildfunktion des Topmanagements*. Diesen beiden Gründen wird mit +13% bzw. +6% im Vergleich zur Gesamtheit beim Handel eine wesentlich stärkere Bedeutung als Ursache Innerer Emigration zugewiesen. Ansonsten zeichnet sich der Handel vor allem durch teilweise erhebliche Abweichungen aus, die bei den Ursachen der *starren Organisationsstrukturen* und der *Unfähigkeit zur Sinnvermittlung* mit jeweils -21% und im Bereich der *fehlenden Transparenz* mit -26% die höchsten Werte erreichen.

• Dienstleistung

Die Dienstleistungsbranche weist eine tendenziell gleiche Rangfolge der Ursachen auf und zeigt keine nennenswerten Unterschiede gegenüber den Gesamtnennungen. Sehr auffällig sind dagegen die fast durchgängig höheren Ergebnisse der einzelnen Gründe. Spitzenwerte werden dabei für die Ursachen des *falsch verstandenen Controlling* (+17%), der *starren Organisationsstrukturen* (+13%) und der *mangelnden Kreativitätsfreiräume* (+13%) ermittelt.

• Branchen im Vergleich

Bis auf Ausreißer innerhalb des industriellen Sektors läßt sich zunächst zwischen Industrie und Dienstleistung eine grundsätzliche Übereinstimmung in der Bewertung der Unternehmungsursachen erkennen, von der die für den Handel ermittelten Aussagen deutlich abweichen. Wie wenig allerdings an Gemeinsamkeit wirklich vorhanden ist, zeigt sich erst bei dem Vergleich der höchsten und niedrigsten Resultate der einzelnen Ursachen: Bis auf zwei Werte liegen alle Abstände deutlich über 10%. Die höchsten Differenzen werden erwartungsgemäß für die Ursachen ermittelt, die bereits innerhalb der einzelnen Branchen aus dem Rahmen gefallen sind: *Starre Organisationsstrukturen* (34%), *Unfähigkeit zur Sinnvermittlung* (33%), *fehlende Transparenz* (29%) und *falsch angewandtes Controlling* (26%). Dabei fällt auf, daß die Dienstleistungsbranche diese Ursachen als durchweg am wichtigsten erachtet.

4.4.5.2 Ursachen im Bereich der Gesamtunternehmung nach Unternehmungsgrößen

Rang		Insgesamt	Kleine Untern.	Mittlere Untern.	Große Untern.
		%	%	%	%
1	...Sinnhaftigkeit	71	63	85	67
2	...Organisationsstruktur	71	69	75	67
3	...Kreativitätsfreiräume	70	74	70	63
4	...Arbeitsbedingungen	70	75	64	67
5	...Vorbildfunktion	69	81	70	60
6	...Transparenz	68	69	81	57
7	...Visionen	63	72	69	52
8	...Mißtrauenskultur	59	63	62	50
9	...autoritärer Führungsstil	55	59	57	50
10	...Controlling	40	50	38	28
	Durchschnitt	64	67	67	56

Tab. 20: **Ursachen im Bereich der Gesamtunternehmung im Unternehmungsgrößenvergleich**

• **Kleine Unternehmungen**

Bei der Beurteilung der Ursachen im Bereich der Gesamtunternehmung durch die kleinen Unternehmungen wurden deutlich andere Schwerpunkte gesetzt als von der Gesamtheit. Das Hauptübel für eine Innere Kündigung liegt nach Meinung von 81% der kleinen Unternehmungen in einer *fehlenden Vorbildfunktion des Topmanagements.* Im Gegensatz dazu sprechen die insgesamt Befragten mit 69% diesem Grund eine deutlich geringere Bedeutung zu. Unterschiede zeigen sich auch bei der Bewertung der *Unfähigkeit der Unternehmungspolitik, dem Mitarbeiter die Sinnhaftigkeit seines Handelns zu vermitteln.* Während sämtliche Befragten mit einer Zustimmung von 71% diese Ursache an die Spitze stellen, ordnen die kleinen Betriebe dieses Manko mit 63% eher im unteren Bereich ein.

• **Mittlere Unternehmungen**

Differenzen zwischen den Ergebnissen der mittleren Unternehmungen und der Gesamt-bewertung fallen auf, wenn es um die *Unfähigkeit zur Sinnvermittlung* geht. Sowohl von den insgesamt Befragten als auch von den mittleren Unternehmungen wurde diese Ursache als hochrangig angesehen. Die konkreten Prozentwerte weichen jedoch voneinander ab. Von den mittleren Firmen erachteten 85% diese Ursache als ausschlaggebend für eine Innere Kündigung - im Gegensatz zu 71% aller Befragten. Des weiteren wurde der *fehlenden*

Transparenz der Unternehmungszusammenhänge mit 81% ein weitaus größeres Gewicht zugesprochen als durch die Gesamtheit (68%).

• Große Unternehmungen

Im Gegensatz zu den kleinen und mittleren Unternehmungen lagen die Großunternehmungen bei der durchschnittlichen Bewertung der einzelnen Ursachen mit 56% weit unter dem Gesamtdurchschnitt (64%). Dieses Ergebnis spiegelt sich in generell niedrigeren Ergebnissen für die einzelnen Argumente wider. Betrachtet man die darauf beruhende Rangordnung, so lassen sich im Vergleich zur Gesamtdarstellung keine nennenswerten Unterschiede feststellen. Die konkreten Zahlen weichen allerdings um durchschnittlich 8% voneinander ab. Der größte Abstand ergibt sich bei der Ursache des *falsch verstandenen, weil falsch angewandten Controlling*. Während 40% aller Befragten eine Korrelation zur Inneren Kündigung bejahen, glauben nur 28% der Großunternehmungen, daß dies ein Grund ist, der zur nachhaltig nachlassenden Einsatzbereitschaft am Arbeitsplatz führt.

• Unternehmungsgrößen im Vergleich

Stellt man die Untersuchungsergebnisse gegenüber, dann zeigen sich bei einigen Ursachen grundlegende Unterschiede. So wird der *Unfähigkeit der Unternehmungspolitik, dem Mitarbeiter die Sinnhaftigkeit seines Handelns zu vermitteln*, eine ganz unterschiedliche Bedeutung beigemessen. Von den mittelgroßen Firmen bewerten 85% dieses Motiv als kausal für eine Innere Kündigung, im Gegensatz zu 67% bei großen Betrieben und 63% bei kleinen Unternehmungen. Ein analoges Verhalten läßt sich bei der *fehlenden Transparenz der Unternehmungszusammenhänge* feststellen. Auch hier stufen die mittleren Unternehmungen diese Ursache mit einer Nennung von 81% für eine Innere Kündigung deutlich wichtiger ein als die kleinen und großen Betriebe mit 69% bzw. 57%.

Im Gegensatz dazu dominieren die kleinen Unternehmungen mit ihren Angaben bei dem Motiv der *fehlenden Vorbildfunktion des Topmanagements*. Während Groß- und Mittelunternehmungen diese Ursache mit 60% bzw. 70% in Zusammenhang mit der Inneren Kündigung bringen, sind 81% der kleinen Betriebe davon überzeugt, daß dieser Mißstand das Phänomen der Inneren Kündigung verstärkt. Vergleichbare Ergebnisse erscheinen bei der *Unfähigkeit der Unternehmungsführung, Visionen zu entwickeln und zu vermitteln*. Auch dieser Ursache messen die kleinen Unternehmungen mit 72% eine deutlich höhere Bedeutung bei als mittlere und vor allem als große Betriebe (69% bzw. 52%).

Von allen Befragten wurde die Ursache des *falsch verstandenen, weil falsch angewandten Controlling* am Schluß der Rangordnung plaziert. Die Prozentanteile weichen hier jedoch erheblich voneinander ab.

4.5 Gesellschaftliche Ursachen

4.5.1 Grundsätzliches zu gesellschaftlichen Ursachen

"Die Arbeitsmoral zwischen Sinnkrise und Leistungsverweigerung".[197] Hinter diesem Titel eines Arbeitsberichtes der Universität Köln steht eine uralte, in letzter Zeit wieder verstärkt aufkommende Frage: "Leben wir, um zu arbeiten oder arbeiten wir, um zu leben?". Sicher lassen sich die komplexen Lebens- und Arbeitseinstellungen der arbeitenden Bevölkerung nur selten in derartig formelhaften Fragen verdeutlichen; dennoch sind im Spektrum der Vorstellungen von Arbeitsmoral signifikante Verschiebungen beobachtbar. Waren früher materialistische Wertesysteme vorrangig, in denen die Sorge um den Lebensunterhalt dominierte, so konzentrieren sich die heutigen, postmaterialistischen Wertesysteme auf die Art der Arbeit und immer mehr auf den Freizeitbereich. Die Arbeitseinstellungen schwanken zwischen "Last" und "Lust", oder zwischen "Freude" und "Frustration". Attribute wie "sein Bestes geben" oder "sich ganz einsetzen" scheinen nach empirischen Befunden den Rückzug angetreten zu haben.[198]

Die Arbeitswelt allein füllt den Menschen offenbar nicht mehr aus oder er will sich von ihr nicht gänzlich ausfüllen lassen. Sie wird vom einzelnen, von Gruppen und von bestimmten Ideologien sogar als Bedrohung und Belastung empfunden. Immer wieder wird auch behauptet, daß sich unsere Gesellschaft zunehmend zu einer auf Genuß ausgerichteten Anspruchsgesellschaft wandelt, die teilweise über ihre Verhältnisse lebt, über eine sehr beschränkte Streßtoleranz verfügt und der die Balance zwischen Geben und Nehmen, zwischen Pflichten und Rechten verlorenzugehen droht. Die sogenannten "Hedomaten" bedrohen zunehmend auch die Überlebensfähigkeit unserer Unternehmungen.[199]

Ergebnisse unterschiedlichster Untersuchungen zum Arbeitsethos geben einen detaillierteren Einblick in den tatsächlich stattgefundenen *Wertewandel*.
Eine Repräsentativbefragung von 1000 Berufstätigen durch das BAT-Freizeitforschungsinstitut im Jahr 1989 kam zu folgendem Ergebnis[200]: "Etwas selber tun, was Spaß macht" hat sich als wichtigstes Lebensziel erwiesen, wobei die Ziele "das Leben genießen", "Ideen durchsetzen", "sich selbst zu verwirklichen" oder "viel Geld zu verdienen" in der Wichtigkeitsrangfolge dichtauf folgen. Die BAT-Untersuchung zeigt weiter, daß materialistische Werte wie Einkommen und Vermögen zwar nach wie vor wichtige

---

197 Haupt, R. (1988)
198 Vgl. Haupt, R.(1988), S. 1ff.
199 Vgl. Hilb, M. (1992a), S. 10ff.
200 Vgl. Macharzina, K. (1990), S. 10

Voraussetzungen für ein zufriedenes Leben darstellen; daneben sind jedoch gleichrangig postmaterialistische Werte, die man auch als sinnstiftende Ziele bezeichnen könnte, getreten.[201]

Ähnliche Ergebnisse zeigt eine von L.v. Rosenstiel und M. Stengel[202] durchgeführte empirische Studie: Der Anteil derer, die das "Leben als Aufgabe" (im Sinne von: für die Arbeit zu leben) wahrnehmen, geht kontinuierlich zurück, während der Anteil derer, die "leben, um zu genießen", steigt.

Wie sich der Stellenwert der Arbeit über Jahre hinweg verändert hat, zeigt die nachfolgende Zeitreihenanalyse:

Antworten in %		1956	1960	1964	1973	1977	1980	1982	1985
Leben als Aufgabe	Bevölkerung insgesamt	59	60	59	48	48	51	43	43
	unter 30 Jahren	52	53	54	33	35	31	33	26
Leben genießen	Bevölkerung insgesamt	28	29	29	35	38	29	36	37
	unter 30 Jahren	33	37	37	49	50	43	45	55

Abb. 32: Sichtweise von "Leben als Aufgabe" im Zeitverlauf
Quelle: nach Noelle-Neumann, E.; Strümpel, B. (1984),
in: Stengel, M., Wertewandel, in: v. Rosenstiel/Regnet/Domsch (1991) S. 564

Es ist auffallend, daß gerade bei den unter 30jährigen die Tendenz besonders ausgeprägt ist, das Leben zu genießen und weniger, das Leben als Aufgabe zu betrachten. Der Wertewandel scheint sich damit also hauptsächlich in den Köpfen des Führungs*nachwuchses* zu vollziehen. Dies belegen auch weitere empirische Befunde. So wurde festgestellt, daß vor allem beim Führungsnachwuchs in der beruflichen Arbeit nur noch ein Mittel zur Erreichung eines bestimmten Lebensstandards gesehen wird und die traditionellen beruflichen Kennwerte wie Pflicht, Fleiß, Opferbereitschaft etc. in geringerem Maße ausgeprägt sind als bei der Gruppe der Führungskräfte.[203]

---

[201] Klages spricht hier von einem Wandel von "Pflicht- und Akzeptanzwerten" hin zu "Selbstentfaltungswerten". Vgl. Klages, H. (1987), S. 1
[202] Vgl. Rosenstiel v., L./Stengel, M. (1987), S. 52
[203] Vgl. Hanselmann, S. (1992), S. 197

Job commitment wird beim einzelnen Mitarbeiter zwar befürwortet, jedoch mit dem Zusatz: "Leistung - ja, aber nicht Leistung als Ergebnis, sondern Leistung als Erlebnis"[204].

Dieser Wertewandel erreichte - wie auch in Abbildung 32 deutlich wird - seine höchste Dynamik zwischen der Mitte der 60er und der Mitte der 70er Jahre und wurde in dieser Zeit vor allem von der Gruppe der jungen Akademiker getragen. In der zweiten Hälfte der 70er und in den 80er Jahren kam es nicht zu einem Rückschlag im Sinne einer Gegenbewegung, sondern zu einer Stabilisierung der Wertorientierungen auf verändertem Niveau. Die Älteren zeichnen sich demnach durch eine ausgesprochene "Opferethik" aus, d.h. sie halten ihren Beruf für das Wichtigste in ihrem Leben und opfern ihm viel; gerade Familie und Freizeitinteressen müssen hintanstehen. Dies ist bei den Nachwuchskräften keineswegs der Fall. Sie halten den Beruf zwar auch für wichtig und haben Freude am Einfluß, an Gestaltungsmöglichkeiten und an der Chance, zu hohem Einkommen zu gelangen. All dies darf aber ihrer Meinung nach nicht das gesamte Leben ausfüllen. Sie neigen zur sogenannten *Gleichgewichtsethik*, d.h. der berufliche und private Lebensbereich sollen jeweils zu ihrem Recht kommen: Karriere ja, aber nicht um jeden Preis.[205]

Die skizzierten Ergebnisse unterschiedlicher Untersuchungen bestätigen eindrucksvoll den eingetretenen Wertewandel. An dieser Stelle soll allerdings auch darauf hingewiesen werden, daß die Meinungen bezüglich des Wandels in der Einstellung zur Arbeit durchaus kontrovers sind. So werden die Ursachen der Zerrüttung im Verhältnis vieler Menschen zur Arbeit einerseits bei den Menschen vermutet, die sich von der Arbeit abwenden und andererseits aber auch bei der Arbeit, die es an Menschlichkeit und Sinnbezug fehlen läßt[206]. Eine präzise Antwort auf die Frage: "Haben sich die Menschen oder hat sich die Arbeit verändert"[207]? läßt sich somit nur schwer geben. Es kann wohl eher davon ausgegangen werden, daß eine wechselseitige Beeinflussung gegeben ist.

---

[204] Haupt, R. (1988), S. 8
[205] Vgl. Rosenstiel v., L. (1993), S. 87ff.
[206] Vgl. Noelle-Neumann, E./Strümpel, B. (1984), S. 7
[207] Fürstenberg, F. (1987), S. 17

Die nachfolgene Abbildung 33 zeigt weitere gesellschaftliche Entwicklungslinien und kulturelle Brüche, die auf der gesellschaftlichen Ebene - wenn auch in unterschiedlicher Stärke - geeignet erscheinen, die Innere Kündigung zu beeinflussen. Als für die Arbeitsmotivation und Arbeitskultur bedeutsame Tendenzen lassen sich danach nennen:

Trend zur Freizeitgesellschaft:

Freizeit nimmt - bezogen auf die Lebensarbeitszeit, die Jahresarbeitszeit und die Wochenarbeitszeit - zu.

Trend zur Multioptionengesellschaft:

Die Wahlmöglichkeiten werden in allen Lebensbereichen und auf allen Seinsebenen erhöht.

Trend zur Miniobligationsgesellschaft:

Die kulturellen Leitbilder und normativen Selbstverständlichkeiten schmelzen weg.

Trend zur Technisierung und Verwissenschaftlichung:

Das abendländische "Projekt der Moderne" (Steigerung der Optionen durch die Wirtschaft und Steigerung der Teilhabe an den vorhandenen Optionen durch die Politik) entwickelt durch den Zusammenbruch der Kommandowirtschaft imperiale Kraft.

Trend zur riskanten Tempogesellschaft:

Alles muß schneller gehen, die Entwicklung zur Tempogesellschaft scheint unaufhaltsam - und Risiko wird gefordert.

Trend zur Multirisikengesellschaft:

Jede Option schließt ein Risiko mit ein. Risikovermeidungsstrategien spielen ebenfalls eine große Rolle.

Abb. 33: Gesellschaftliche Entwicklungslinien und kulturelle Brüche, die auf gesellschaftlicher Ebene die Innere Kündigung beeinflussen
Quelle: Gross, P. (1992a), S. 91f.

Auch *fehlende Visionen in der Gesellschaft* - analog zur Unternehmungsebene - müssen als ursächlich für die Innere Kündigung genannt werden. So haben unverarbeitete weltpolitische Ereignisse eine verunsichernde Wirkung auf die Gesellschaft. Eine zunehmende Staats- und Parteienverdrossenheit macht deutlich, daß auch der Staat viel von seiner unterstützenden Orientierungsfunktion eingebüßt hat, so daß zu Recht von einer Entfremdung vom Staat gesprochen werden kann.[208] Dies kommt besonders bei einer Analyse der Bewältigung der speziellen, mit der deutschen Wiedervereinigung verbundenen Probleme, auf die im Abschnitt 4.5.2 "Spezielle gesellschaftliche Ursachen: 'Innere Wiedervereinigung Deutschlands'" ausführlich eingegangen wird, zum Ausdruck.

Ein Blick in die Literatur zeigt schließlich, daß immer stärker auch gesellschaftliche Ursachen erwähnt werden, wenn es um das Phänomen der Inneren Emigration geht. Vorwiegend ist die Rede von einem Wertewandel, dessen Schwerpunkte zusammenfassend wie folgt formuliert werden[209]:

- Alle Lebensbereiche werden zunehmend säkularisiert.
- Die eigene Selbstentfaltung und der eigene Lebensgenuß werden betont.
- Frauen kämpfen um ihre Gleichstellung und Emanzipation.
- Die Menschen sind weniger bereit, sich unterzuordnen.
- Die berufliche Arbeit wird weniger als Pflicht gesehen.
- Die Freizeit wird höher bewertet.

---

[208] Krystek, U. (1992)
[209] Vgl. Stengl, M. (1991), S. 559

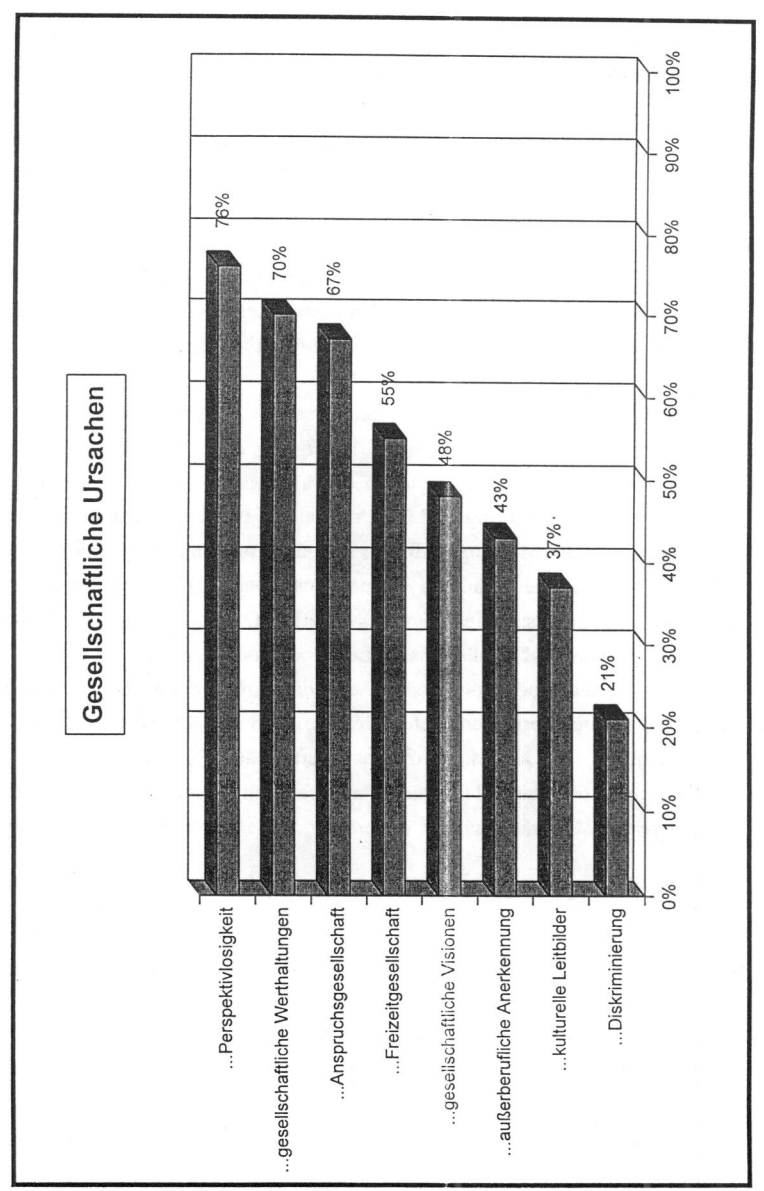

Gesellschaftliche Ursachen

...Perspektivlosigkeit — 76%
...gesellschaftliche Werthaltungen — 70%
...Anspruchsgesellschaft — 67%
...Freizeitgesellschaft — 55%
...gesellschaftliche Visionen — 48%
...außerberufliche Anerkennung — 43%
...kulturelle Leitbilder — 37%
...Diskriminierung — 21%

Abb. 34: Gesellschaftliche Ursachen

Auf der Grundlage dieser Überlegungen wird nachfolgend dargestellt, welche Akzente die antwortenden Unternehmungen dieser Umfrage im Hinblick auf die gesellschaftlichen Ursachen Innerer Kündigung setzen. Wie sich dabei die Gewichtung der Argumente innerhalb dieses Ursachenblockes gestaltet, zeigt Abb. 34.

Es wird deutlich, daß von den Befragten als mögliche Ursachen insbesondere die *zunehmende Perspektiv- und Orientierunglosigkeit* (76%), der *Wandel gesellschaftlicher Werthaltungen* (70%) und der *Trend zur Anspruchsgesellschaft* (67%) als stärkste gesellschaftliche Auslöser genannt werden.

Vergleicht man diese Angaben mit den in der Literatur beschriebenen und oben genannten Aspekten, so zeigt sich, daß vor allem ein die Arbeitsmoral beeinflussender Wandel der Wertorientierungen beklagt und für Innere Kündigung verantwortlich gemacht wird.

Als weitere Ursachen werden der *Trend zur Freizeitgesellschaft* (55%), ein *Mangel an gesellschaftlichen Visionen* (48%) und ein *Ansteigen der Möglichkeiten, in außerberuflichen Bereichen Anerkennung zu finden* (43%), genannt. Einen interessanten Gedanken bringt in diesem Zusammenhang H. Lübbe mit seinem Beitrag "Wertewandel und Arbeitsmoral" ins Spiel. Er ist der Meinung, daß eine sinkende Berufsmoral nicht auf jeden Fall aus einem Wertewandel resultiert, sondern vielmehr mit einer rückläufigen Arbeitszeit korreliert: "Je weniger Lebensarbeitszeit der Beruf uns abverlangt, um so geringer wird auch im Verhältnis zu allem, was außerhalb seiner Lebensarbeitszeit zu tun zunehmend Gelegenheit findet, seine Lebensbedeutsamkeit. Nicht die Arbeitsmoral ist gesunken; vielmehr haben sich die Chancen erweitert, neben der Berufsarbeit selbstverwirklichungs-dienlich tätig zu werden"[210]. Eine ähnliche Auffassung vertritt auch eine an der Umfrage teilnehmende Unternehmung, die unter dem Punkt "andere Gründe" angibt, die steigende "Möglichkeit, sich *individuell* Anerkennung zu erwerben"*, sei ebenso ein Nährboden für Innere Emigration.

Schließlich werden von den Befragten ein *Mangel an kulturellen Leitbildern* (37%) und die *Diskriminierung gesellschaftlicher Gruppen aufgrund ihres Geschlechts, ihres Alters, ihrer Nationalität oder ihrer Religion* (21%) als Ursachen für eine Innere Kündigung genannt. Gleich mehrfach wurde von den Befragten die "Arbeitsmarktsituation"* erwähnt, die eine berufliche Veränderung in schlechten konjunkturellen Zeiten fast unmöglich macht und damit fast zwangsläufig in die Innere Kündigung führt. Eine weitere Unternehmung wies auf die "schulische und häusliche Erziehung"* hin und knüpft damit implizit an den Wertewandel

---

210 Lübbe, H. (1984), S. 11

an. Bezeichnend war auch die Äußerung eines Befragten, der dem Anspruchsdenken der Gesellschaft die Schuld für eine Innere Kündigung gab: "Zwang zur Anerkennung in der Gesellschaft durch lange Karriere/Verdienst; sofern die eigenen beruflichen Möglichkeiten 'ausgereizt' sind, führt dies zur Frustrierung"*.

4.5.1.1 Gesellschaftliche Ursachen nach Branchen

Rang		Insgesamt	Industrie	Handel	Dienstleistung
		%	%	%	%
1	...Perspektivlosigkeit	76	75	67	76
2	...gesellschaftliche Werthaltungen	70	61	83	88
3	...Anspruchsgesellschaft	67	65	55	76
4	...Freizeitgesellschaft	55	50	58	64
5	...gesellschaftliche Visionen	48	54	42	46
6	...außerberufliche Anerkennung	43	46	33	44
7	...kulturelle Leitbilder	37	33	50	44
8	...Diskriminierung	21	15	9	40
	Durchschnitt	52	50	50	60

Tab. 21: Gesellschaftliche Ursachen im Branchenvergleich

• Industrie

Die für die Industrie ermittelte Rangfolge der wichtigsten gesellschaftlichen Ursachen ist fast deckungsgleich mit den Angaben für die Gesamtheit. Lediglich im mittleren Teil ist die Rangfolge der Plätze vertauscht. Bei einem Vergleich der einzelnen Prozentzahlen finden sich keine besonderen Abweichungen.

• Handel

Auch hier zeigt sich eine große Übereinstimmung mit der Rangfolge für die gesamten Unternehmungen. Einzig die stärkere Betonung der *kulturellen Leitbilder* fällt etwas aus dem Rahmen (Platz 5 anstatt 7).

Die Bedeutung der einzelnen Ursachen wurde dagegen im Handel entweder wesentlich stärker oder schwächer eingeschätzt als bei der Gesamtheit. Hohe Abweichungen nach oben wurden beim *Wandel gesellschaftlicher Werthaltungen* und dem *Mangel an kulturellen Leitbildern* mit Differenzen von jeweils +13% erzielt. Die stärksten Ausschläge nach unten wurden für den *Trend zur Anspruchsgesellschaft* und die *Diskriminierung gesellschaftlicher Gruppen* ermittelt, deren Werte um je 12% unter den Angaben aller Befragten lagen.

• Dienstleistung

Ähnlich wie die Industrie weist auch der Dienstleistungssektor eine fast vollständige Deckungsgleichheit mit dem Gesamtbild hinsichtlich der Rangfolge der einzelnen Maßnahmen auf. Die für die Dienstleistungsbranche ermittelten Prozentzahlen liegen allerdings beträchtlich über den für alle Unternehmungen ermittelten Angaben. Dies gilt besonders für die Bewertung des *Wandels gesellschaftlicher Werthaltungen* und der *Diskriminierung gesellschaftlicher Gruppen*, die von den Dienstleistungsunternehmungen um 18% bzw. 19% stärker für das Entstehen der Inneren Kündigung verantwortlich gemacht werden als von der Gesamtheit.

• **Branchen im Vergleich**

Aufgrund der vorangegangenen Untersuchung der einzelnen Branchen ist es nicht verwunderlich, daß sich - im Gegensatz zu anderen Ursachenblöcken - im Vergleich der Bereiche untereinander hinsichtlich der Rangfolge keine großen Differenzen ergeben. Lediglich die zahlenmäßige Betrachtung zeigt die unterschiedliche Bedeutung, die den einzelnen Ursachen dieses Blocks zugeschrieben wird. Signifikante Abweichungen von über 20% lassen sich aber nur für zwei Ursachen ausmachen: Den *Trend zur Anspruchsgesellschaft* und die *Diskriminierung gesellschaftlicher Gruppen*. Dienstleistung und Industrie sehen den *Trend zur Anspruchsgesellschaft* mit 76% bzw. 65% als Ursache Innerer Emigration, der Handel dagegen schließt sich nur mit 55% dieser Meinung an. Ähnlich verhält es sich bei der Bewertung der *Diskriminierung gesellschaftlicher Gruppen*. Während für den Handel hier nur ein Wert von 9% ermittelt wurde, gaben 40% der Befragten im Dienstleistungsbereich an, dieser Ursache für die Innere Kündigung eine besondere Bedeutung zuzuschreiben. Das ergibt einen Abstand von 31%. Der Mittelwert aller maximalen Abweichungen beträgt 17%.

4.5.1.2 Gesellschaftliche Ursachen nach Unternehmungsgrößen

Rang		Insgesamt %	Kleine Untern. %	Mittlere Untern. %	Große Untern. %
1	...Perspektivlosigkeit	76	78	68	70
2	...gesellschaftliche Werthaltungen	70	77	63	67
3	...Anspruchsgesellschaft	67	63	70	70
4	...Freizeitgesellschaft	55	56	46	60
5	...gesellschaftliche Visionen	48	56	44	53
6	...außerberufliche Anerkennung	43	38	61	33
7	...kulturelle Leitbilder	37	41	37	38
8	...Diskriminierung	21	22	37	10
	Durchschnitt	52	54	53	50

Tab. 22: Gesellschaftliche Ursachen im Unternehmungsgrößenvergleich

• Kleine Unternehmungen

Die Einschätzung der kleinen Unternehmungen weicht nur geringfügig von der Gesamteinschätzung ab, so daß sich in der Rangordnung keine nennenswerten Unterschiede ergeben. Lediglich der Prozentanteil differiert bei einigen Argumenten. So steht der *Wandel gesellschaftlicher Werthaltungen* zwar jeweils auf Platz 2, kleine Unternehmungen liegen jedoch mit einer Nennung von 77% über dem Durchschnitt von 70%. Eine ähnliche Auffälligkeit zeigt sich beim *Mangel an gesellschaftlichen Visionen*. Während die kleinen Unternehmungen diesen Grund mit 56% als ursächlich für eine Innere Kündigung erachten, sind nur 48% der insgesamt Befragten dieser Meinung.

• Mittlere Unternehmungen

Die für mittelgroße Betriebe ermittelten Ergebnisse weichen zum Teil erheblich von der Gesamteinschätzung ab. Bemerkenswert ist, daß hier das *Ansteigen der Möglichkeiten, in außerberuflichen Bereichen Anerkennung zu finden*, mit einer 61%igen Zustimmung vorne liegt, während aufgrund der Einschätzung aller Befragten diesem Argument mit einem Anteil von 43% eine eher nachgeordnete Rolle zuerkannt wird. Ein ähnliches Verhalten zeigt sich bei der *Diskriminierung gesellschaftlicher Gruppen*. Obwohl diese Ursache jeweils auf dem letzten Platz rangiert, genießt sie bei den mittleren Unternehmungen mit Nennungen von 37% eine deutlich höhere Akzeptanz als durch die Gesamteinschätzung mit 21%. Ein umgekehrtes Verhältnis zeichnet sich bei der *zunehmenden Perspektiv- und*

Orientierunglosigkeit, dem *Wandel gesellschaftlicher Werthaltungen* oder dem *Trend zur Freizeitgesellschaft* ab. Hier liegen die Angaben der mittleren Unternehmungen zwischen 7% und 9% unter den Nennungen der insgesamt Antwortenden.

•

• Große Unternehmungen
Im Bereich der Großunternehmungen weicht die Rangfolge der diesem Block zugeordneten Motive etwas von der Gesamttabelle ab; die Prozentwerte der einzelnen Ursachen gleichen sich jedoch sehr. Signifikante Abweichungen ergeben sich lediglich bei zwei Gründen. Das *Ansteigen der Möglichkeiten, in außerberuflichen Bereichen Anerkennung zu finden*, wird von nur 33% der Großunternehmungen als Auslöser für eine Innere Kündigung angesehen, während die insgesamt Befragten dieser Ursache mit 43% einen deutlich höheren Einfluß zusprechen. Der *Diskriminierung gesellschaftlicher Gruppen* wird zwar sowohl von der Gesamtheit als auch von den Großunternehmungen der letzte Platz zugewiesen: Unterschiede ergeben sich jedoch bei den konkreten Ergebnissen: Von den Großunternehmungen sehen darin gerade 10% einen Grund, der zur Inneren Emigration führt, während immerhin 21% aller Befragten diese Auffassung teilen.

• Unternehmungsgrößen im Vergleich
Auffallende Divergenzen zeigen sich zunächst bei der unterschiedlichen Einschätzung des *Wandels gesellschaftlicher Werthaltungen*. Während 77% der kleinen Unternehmungen der Meinung sind, daß diese Ursache eine Wirkung auf die Innere Kündigung hat, teilen nur 67% der großen und 63% der mittleren Betriebe diese Auffassung. Ähnlich verhält es sich beim *Trend zur Freizeitgesellschaft*. Klein- und Großunternehmungen dominieren hier mit einer Zustimmung von 56% bzw. 60% im Gegensatz zu 46% bei den mittleren Betrieben. Besonders große Unterschiede zeigen sich hinsichtlich der *ansteigenden Möglichkeiten, in außerberuflichen Bereichen Anerkennung zu finden*. Die mittleren Unternehmungen messen dieser Ursache mit 61% die stärkste Bedeutung zu. Ganz anders sehen dies die Klein- und Großbetriebe. Mit einer Zustimmung von lediglich 38% bzw. 33% wird dieser Ursache von Ihnen kaum eine Bedeutung für die Innere Kündigung beigemessen. In der Rangfolge der beiden Größenklassen steht die *außerberufliche Anerkennung* folglich auch ganz am Ende der Skala.

Einig sind sich die Befragten bei der Bewertung der *Diskriminierung gesellschaftlicher Gruppen aufgrund ihres Geschlechts, ihres Alters, ihrer Nationalität oder ihrer Religion*. Diese Ursache wird von allen Unternehmungsgrößen auf dem letzten Rang plaziert. Besonders ausgeprägt ist das Ergebnis der Großunternehmungen. Nur 10% bringen eine

Innere Kündigung mit diesem Motiv in Zusammenhang, während 22% bzw. 37% der kleinen und mittleren Betriebe einen Bezug zur Inneren Kündigung sehen.

4.5.2 Spezielle gesellschaftliche Ursache: "Innere Wiedervereinigung Deutschlands"

Eine besondere, bisher offenbar falsch eingeschätzte, spezifisch deutsche Ursache auf der Ebene der Gesellschaft ergibt sich aus der "Inneren Wiedervereinigung Deutschlands". Die daraus resultierende Problematik zeigt sich besonders am Beispiel von *Führungsnachwuchskräften*. Seit 1990 kommt der Führungsnachwuchs in Deutschland nicht mehr nur aus den alten Bundesländern. Die Wiedervereinigung erschloß ein Potential akademisch gebildeter Mitarbeiter, die jedoch gänzlich anderes sozialisiert wurden als ihre Kommilitonen bzw. Kommilitoninnen aus den alten Bundesländern.[211] Aufgewachsen unter anderen gesellschaftlichen Bedingungen und möglicherweise auch mit anderen Lebenszielen war für viele von ihnen die Wende ein tiefgreifender Schock. Indem man sich in den alten Bundesländern damit begnügte, die eigene Lebensweise den Menschen in den neuen Bundesländern förmlich überzustülpen, wurde von den Einwohnern der ehemaligen DDR eine fast totale Anpassung erwartet.

Wie stark die dadurch geförderte Skepsis und das Mißtrauen in die gegenseitige Wertschätzung eingeflossen ist, zeigt folgende Einschätzung: Die Ostdeutschen sehen ihre westlichen Mitbewerber als individualistische, karriereorientierte Personen, die mit Hilfe eines gekonnten *Impression-Management* ihren Weg nach oben machen und dabei wenig Rücksicht auf andere nehmen. Dieses Verhalten sei Ausdruck des westlichen, von Konkurrenz bestimmten Systems, das man selber als Absolvent einer ostdeutschen Hochschule ablehnt.[212]

Eine Befragung von L. v. Rosenstiel[213] unter ostdeutschen Studenten führte zu ähnlichen Ergebnissen. Auch sie besagt, daß die Kluft zwischen Ost und West offenbar groß ist. Stehen bei den Ostdeutschen, wenn es um den Beruf geht, das Suchen nach Geborgenheit, sozialer Wärme und nach einem guten Betriebsklima im Vordergrund, so ist der Westen geprägt vom Prinzip der Härte, der Kälte, der Konkurrenz. Daß diese Vorstellung vom westlichen Berufsethos die ostdeutschen Mitarbeiter in die Resignation treibt, erscheint vorsehbar.

Vorurteile gegenüber ostdeutschen Arbeitnehmern, wie umgekehrt auch gegenüber westdeutschen Kollegen, sind ein Stück Realität im Prozeß der Inneren Wiedervereinigung.

---

[211] Vgl. Rosenstiel v., L. (1992), S. 343
[212] Vgl. Rosenstiel v., L. (1993), S. 89f.
[213] Vgl. Rosenstiel v., L. (1992), S. 344f.

So wurde z.B. Wendeskeptikern und Marktwirtschaftskritikern nachgesagt, sie würden sich bei der Arbeit "hängen lassen". Um zu überprüfen, inwieweit die zahlreichen Vorurteile vieler Westmanager gebenüber ostdeutschen Mitarbeitern stimmen, führte M. Frese eine empirische Untersuchung über die Eigeninitiative ostdeutscher Arbeitskräfte durch. Dazu wurden gleichzeitig ost- und westdeutsche Arbeitnehmer befragt. Die nachfolgende Abbildung zeigt das Ergebnis:

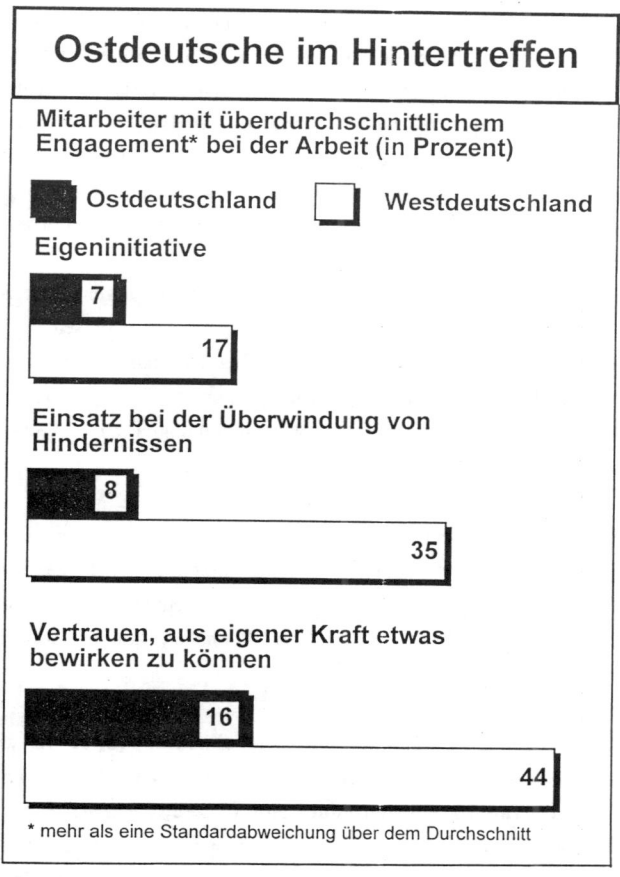

Abb. 35: Arbeitsengagement von Mitarbeitern in Ost- und Westdeutschland im Vergleich
Quelle: Frese, M., in: Böhmer, R. (1993), S. 46

Wenngleich viele Vorurteile nicht stimmen (es wurde z.B. widerlegt, daß jüngere Arbeitnehmer aktiver seien als ältere), so hat sich doch eines bewahrheitet: Die neuen Bundesbürger entfalten im Durchschnitt noch deutlich weniger Initiative als die alten. Mehr zu tun als vorgegeben wurde den Ostdeutschen systematisch abgewöhnt; Eigeninitiative und Leistungsdenken waren im damaligen Regime kaum gefragt.[214]

In den neuen Bundesländern zeigten nur 7% der Befragten Eigeninitiative, in den alten Bundesländern dagegen 17%. Betrachtet man die weiteren Ergebnisse, so erkennt man eine Fortsetzung dieses Trends durch alle Schichten hindurch. Die "Dienst-nach-Vorschrift-Mentalität" prägte über Jahrzehnte hinweg die ostdeutschen Arbeitseinstellungen. Sozialismus und Planwirtschaft haben deutliche Spuren hinterlassen. Während sich der Wertewandel im Westen über 40 Jahre kontinuierlich entwickeln konnte, bedeutete er dagegen für die Menschen im Osten eine Revolution.[215] Eine jahrzehntelang unterdrückte Eigeninitiative innerhalb des betrieblichen Arbeitsprozesses konnte deshalb nicht von heute auf morgen wieder zu neuem Leben erweckt werden. Innere Kündigung mußte quasi die vorprogrammierte Reaktionsstrategie werden.

"Die Personalleiter können nicht damit rechnen, besonders unter Männern, Jüngeren, Optimisten oder vorbehaltlosen Wendebefürwortern zupackendere Wesen zu finden"[216].

Es gehört zu den neuen und gewiß nicht einfachen Aufgaben der Vorgesetzten, die Eigeninitiative speziell der ostdeutschen Arbeitnehmer zu fördern. Dabei erscheint es besonders wichtig, die kulturell bedingten Wertvorstellungen zu akzeptieren, um ihre Handlungs- und Verhaltensdispositionen besser zu verstehen.

Viele Gründe schienen also zunächst dafür zu sprechen, daß die Rate der innerlich Gekündigten in den neuen Bundesländern wesentlich höher einzuschätzen wäre als in den alten Bundesländern. Die Frage, wie sehr die Folgen der deutschen Wiedervereinigung das Phänomen der Inneren Kündigung noch verstärkt haben könnte, war deshalb auch Gegenstand der vorliegenden Studie.

Um so mehr mußte daher überraschen, daß 74 Teilnehmer (85% der antwortenden Unternehmungen) die Frage, ob sie den Anteil der innerlich gekündigten Mitarbeiter in den neuen Bundesländern deutlich höher einschätzen, verneinten. Nur 13 Befragte (15%) bejahten diese Frage. Ihrer Meinung nach haben im Durchschnitt 39% aller Beschäftigten in den neuen Bundesländern innerlich gekündigt, somit also 15% mehr als in den alten Bundesländern (24%). Interessant ist in diesem Zusammenhang, daß es sich bei

---

214 Vgl. Böhmer, R. (1993), S. 47
215 Vgl. Wolff, G. (1991), S. 72
216 Wolff, G. (1991), S. 47

dieser Gruppe keineswegs um Befragte handelte, die sich bei der Beurteilung des Problems für ganz Deutschland durch extreme Angaben auszeichneten. Vielmehr schätzten sie die Innere Kündigung in Deutschland mit durchschnittlich 24% genauso hoch ein wie die Grundgesamtheit. Als größte Abweichung wurden von einem Teilnehmer Werte von 30% innerlich Gekündigter in den alten und 60% in den neuen Bundesländern angegeben.

5. Wirkungen Innerer Kündigung

Obwohl sich das generelle Interesse an dem Themenkomplex der Inneren Kündigung naturgemäß auf die von ihr ausgehenden *Wirkungen* konzentriert, bestehen gerade hier besondere Schwierigkeiten der Darstellung. Dies liegt hauptsächlich an der *mangelnden Quantifizierbarkeit* der destruktiven Effekte, beginnend mit der Ebene der Betroffenen bis hin zu gesamtwirtschaftlichen Wirkungen Innerer Kündigung. Zwar existieren Statistiken über die Entwicklung einzelner Indikatoren, die auf Innere Emigration hindeuten, wie z.B. über Fehlzeiten, doch ist nicht zu ermitteln, welcher Anteil davon der Inneren Kündigung zuzuordnen ist. Wenn etwa von der Bundesanstalt für Arbeitsschutz ermittelt wird, daß der deutschen Volkswirtschaft jährlich knapp 89 Milliarden DM durch 628 Millionen Krankheitstage verloren gehen[217] oder wenn der durch neurotische Störungen bei Vorgesetzten geschätzte volkswirtschaftliche Schaden auf Hunderte von Milliarden DM geschätzt wird, wie in Abschnitt 4.3.1.1 bereits beschrieben wurde, so wären quantifizierende Rückschlüsse auf darin enthaltenen Wirkungen Innerer Kündigung reine Spekulation. Zudem erstrecken sich die schädigenden Effekte Innerer Emigration auch und gerade auf durch mangelndes Engagement *nicht genutzte Chancen*, die sich einer wertenden Beurteilung gänzlich entziehen.

So muß die Darstellung der Wirkungen Innerer Kündigung auf eine rein verbale Beschreibung beschränkt bleiben. Dabei wird aber zugleich deutlich, daß dieser Virus sämtliche Lebensbereiche "infiziert". Eine wirksame Bekämpfung des Problems setzt deshalb voraus, daß die einzelnen Wirkungen immer als Indikatoren eines komplexen "Frühwarnsystems" verstanden und dementsprechend intensiv neu beobachtet werden.

5.1 Wirkungen beim Mitarbeiter

Noch immer wird Innere Kündigung von vielen - meist Außenstehenden - mit dem Erreichen geradezu paradiesischer Zustände verglichen. Minimale Arbeitsleistung bei voller Vergütung, das bedeutet -überspitzt formuliert - acht Stunden Rekreation am Arbeitsplatz, um danach mit vollem Engagement für außerbetriebliche Aktivitäten zur Verfügung zu stehen.

---

[217] Vgl. o.V. (1994d), S. 24

Eine solche Einschätzung enspricht allerdings nicht der Realität. "Die Innere Kündigung hat...weniger unmittelbar problemlösende Funktion für den inneren Emigranten als vielmehr emotionsregulierenden Charakter und involviert somit die Fortdauer der aversiv erlebten Arbeitssituation."[218] Der Mitarbeiter empfindet nur für kurze Zeit das Gefühl, daß sein Einsatz und der damit erzielte Erfolg wieder in Einklang miteinander stehen und er es der Unternehmung "heimgezahlt" hat. Viel länger und dauerhafter wirken Konsequenzen wie die Tatsache, daß seine Fähigkeiten und Kenntnisse ungenutzt bleiben und verkümmern, die Arbeit darunter leidet und es ihn immer mehr Kraft und Überwindung kostet, gegen seine Überzeugungen einzutreten und dies auch noch gegenüber Kollegen vertreten zu müssen. Das weitere Arbeitsleben steht wie ein Alptraum vor ihm[219].

Unterschätzt wird auch die deprimierende Wirkung, die eine unzufriedene Arbeitssituation auf außerbetriebliches Engagement und familiäres Zusammenleben hat. Die fehlenden Erfolgserlebnisse am Arbeitsplatz schlagen sich häufig in einem verringerten Selbstbewußtsein nieder, das in viele andere Bereiche ausstrahlt. Die damit verbundenen Frustrationen finden ihre Entladungen häufig im Kreise der Familie, wobei aufgestaute Wut, Enttäuschungen und psychische Verletzungen den Griff zu angstabbauenden Medikamenten und zu Drogen begünstigen[220]. Nach einer kurzen Hochphase wird der innere Emigrant nicht selten ernüchtert feststellen, daß sich seine Situation nicht verbessert, sondern verschlechtert hat.

Der Prozeß, der zunächst zur Inneren Kündigung führte, setzt sich somit in einer *phasenweisen Verschlechterung des physischen und psychischen Zustandes* des Betroffenen fort. Bedingt durch eine ständig zunehmende Arbeitsunzufriedenheit wird der Mitarbeiter frustrierter und angespannter. Sein Desengagement steigert sich bis hin zur völligen Indifferenz gegenüber der Arbeit. Die Distanz zu seinen Kollegen, die diese negative Einstellung nicht teilen, wird immer größer und löst soziale Isolation aus.[221] Das Gefühl der Resignation und der innere Widerwille, mit der der innere Emigrant seine Arbeit ausführt, greift auf andere Lebensbereiche über; psychosomatische Beschwerden häufen sich. Am Ende dieser Entwicklung stehen Depressionen, eine Verflachung aller Lebensbereiche (auch bei den als Ausgleich forcierten außerberuflichen Engagements), Apathie, Sinnverlust und sogar Verzweiflung[222]. Der innerlich Gekündigte fühlt sich macht- und hilflos: Anstatt zu

---

218 Faller,M. (1991), S. 165
219 Vgl. Held, M. (1988), S. 206
220 Vgl. Oehlers, H. (1989b), S. 455
221 Vgl. Rischar, H. (1992), S. 44
222 Vgl. Faller, M. (1991), S. 107

agieren und den eigenen Kurs zu bestimmen, kann er bestenfalls noch reagieren auf das, was das Leben zu bieten hat[223].

5.2 Wirkungen auf das Verhältnis zwischen Vorgesetztem und Mitarbeiter

Innere Kündigung verhindert zunehmend eine konstruktive Zusammenarbeit zwischen Mitarbeitern und Vorgesetzten. Der Mitarbeiter vermeidet es, zu betrieblichen Vorgängen aktiv Position zu beziehen und konkrete, innovative Problemlösungsvorschläge zu unterbreiten. Sein gesamtes geistiges und kreatives Potential liegt brach, sein *Initiativpotential* ist blockiert[224].

Dieses passive Verhalten setzt sich in einer immer geringeren Ausschöpfung seiner Kompetenzen fort, bis hin zur gezielten Rückdelegation der ihm übertragenen Verantwortung auf seinen Vorgesetzten[225]. Freiwillige betriebliche Verpflichtungen, die über ein unumgängliches Mindestmaß hinausgehen, werden mit Hilfe vorgeschobener Ausreden vermieden.

Dem inneren Emigranten ist dabei sehr wohl die Grenze seiner Arbeitsreduzierung bewußt. Wenn drohende Arbeitslosigkeit oder der Verlust familiärer Bindungen für ihn ausschlaggebende Gründe sind, nur innerlich zu kündigen, wird er auf gar keinen Fall das Risiko eingehen, durch eine offenkundige Arbeitsverweigerung die Kündigung durch die Unternehmung zu provozieren. Gerade derjenige, der -z.B. wegen mangelnder Leistungsbereitschaft- am stärksten Gefahr läuft, ins Räderwerk der Massenarbeitslosigkeit zu geraten, wirkt häufig besonders angenehm im Umgang mit Vorgesetzten und Kollegen[226]. Der Mitarbeiter wird stets sein Augenmerk darauf richten, die für eine unerkannte Innere Kündigung nötigen Spielregeln zu beachten. Sie fordern beispielsweise vom Mitarbeiter, dem Vorgesetzten in Gesprächen und Besprechungen keineswegs sofort zuzustimmen, sondern immer eine kritische Anmerkung ins Spiel zu bringen. Wie solche Scheindiskussionen enden, steht für den innerlich Gekündigten aber jeweils fest. Am Ende wird der Mitarbeiter sich doch der Mehrheitsmeinung anschließen, seinem Vorgesetzten zustimmen und ihm auf diese Weise die Genugtuung verschaffen, daß er sich von seinen besseren Argumenten hat überzeugen lassen. Grundsätzlich gilt für den inneren Emigranten: "Offener Konformismus ist nicht gefragt, klug verdeckter dagegen steht hoch im Kurs"[227].

---

[223] Vgl. Schaal, W. (1992), S. 30
[224] Vgl. Faller, M. (1991), S. 109
[225] Vgl. Faller, M. (1991), S. 108
[226] Vgl. Berger, G. (1994), S. 8
[227] Vgl. Höhn, R. (1983), S. 35

Erstaunlicherweise führt die Beachtung dieses fatalen Grundsatzes nicht selten dazu, daß sich innerlich Gekündigte in ihrer Position stabilisieren, ja sogar verbessern können. Durch ihr geändertes Verhalten werden diese Mitarbeiter zu angenehmen, weil widerspruchslosen Kollegen. Sie begünstigen sogar - oft ungewollt - ihre Karriere dadurch, daß sie sich geduldig den Unternehmungsgewohnheiten angepaßt haben und deshalb (paradoxerweise) von ihren Vorgesetzten zur Beförderung vorgeschlagen werden.

Andererseits bleibt die Gefahr bestehen, daß durch die Einschränkung der konstruktiven Mitarbeit die Überlegenheitsgefühle des Vorgesetzten gefördert werden und er sich in seiner Meinung bestätigt fühlt, daß Mitarbeiter ohne Eingriffe und perfekte Kontrolle nicht in der Lage sind, Leistung zu bringen. Die Chance, das Verhalten des Vorgesetzten zu korrigieren, wird durch die Wirkungen Innerer Kündigung vertan. In Unwissenheit sowie in der irrigen Meinung, daß sich sein Führungsstil als erfolgreich erweist, drängt der Vorgesetzte die für Innere Emigration anfälligen Mitarbeiter nur noch mehr in die Falle der Inneren Kündigung. Was dadurch ausgelöst wird, ist offensichtlich: Das Ausmaß des Problems potenziert sich. Ist ein solches Stadium erreicht, kann bereits von einer Demotivationsspirale gesprochen werden, von der nicht mehr angegeben werden kann, wo und wann sie enden wird.

Vielfach besteht auch die Vorstellung, der "Virus Innere Kündigung" befalle nur den Mitarbeiter, der Vorgesetzte selbst sei dagegen aber immun. Eine solche Sichtweise ist schon deshalb problematisch, weil fast alle Führungskräfte gleichzeitig auch Mitarbeiter ihrer Vorgesetzten sind. Das gilt für alle Stufen der internen Führungshierarchie.
Deshalb kann Innere Kündigung von Vorgesetzten wegen ihrer Multiplikatorwirkung auf nachgelagerte Hierarchieebenen nicht kritisch genug betrachtet werden. Je höher sich dieser Bazillus in der Unternehmungsorganisation eingenistet hat, um so schneller wird er sich ausbreiten.

Typischerweise führt der von Innerer Kündigung befallene Vorgesetzte seinen Bereich so konformistisch, daß sein Verhalten zwar nicht aus dem Rahmen fällt, er seine Aufgaben als Vorgesetzter allerdings ohne inneres Engagement wahrnimmt und einen Führungsstil des Laissez-faire praktiziert[228].
Seine Entscheidungen sind auf eine Pseudo-Harmonie ausgerichtet und lassen oft jede Konsequenz vermissen. Er scheut direkte Auseinandersetzungen in Besprechungen und sieht mit falsch verstandener Großzügigkeit über Fehler hinweg. Er kontrolliert nur oberflächlich, äußert selten Anerkennung, kritisiert zwar, aber ohne die notwendige Klarheit und

---

[228] Vgl. Höhn, R. (1983), S. 58

Aufforderung zur Rechenschaftsablegung und zeigt sich gegenüber den Wünschen seiner Mitarbeiter übermäßig aufgeschlossen.[229]

Nur wenige der Mitarbeiter leiden darunter, z.B. weil sie erkennen, daß notwendige Arbeit versäumt wird[230]. Daraus ergibt sich die resignierende Feststellung, daß andere diese Notwendigkeit gar nicht mehr erkennen, weil sie sich schon lange nicht mehr über ein gewisses Mindestmaß hinaus engagieren. In diesem - für die Unternehmung tragischen Fall - hat man sich "gesucht und gefunden".

5.3 Wirkungen innerhalb der Arbeitsgruppe

Es ist offensichtlich, daß Führungsfehler des Vorgesetzten gegenüber dem Mitarbeiter nicht nur auf ihn selbst, sondern auch auf die kollegiale Zusammenarbeit innerhalb der Arbeitsgruppe einwirken.

Innere Emigranten verhindern den zur Problemlösung unabdingbaren Prozeß der *Selbstkoordination* im Sinne einer Abstimmung und gegenseitigen Beratung über das Vorgehen in Angelegenheiten, von denen mehrere Mitarbeiter auf gleicher Ebene betroffen sind[231]. Anstatt konstruktive Argumente im Ringen um eine sachgerechte Lösung auszutauschen, verhalten sie sich passiv und geben nach, wo sie um der Sache willen nicht nachgeben sollten.

Diskussionen unter Arbeitskollegen werden zumeist undifferenziert und ohne jedes Engagement ausgetragen[232]; es kommt sehr schnell zu einer Einigung, die einer kritischen Hinterfragung selten standhält. Damit entfällt auch das ansonsten erforderliche, moderierende und regulierende Eingreifen des Vorgesetzten, der sich in der scheinbaren Sicherheit einer sich perfekt selbstkoordinierenden Gruppe wiegt. "Es herrscht Frieden, aber sehr zum Schaden der Unternehmung. Der kollegialen Zusammenarbeit fehlt in wichtigen Punkten die Substanz"[233]; sachgerechte Entscheidungen sind gefährdet, die Vertrauensbasis zerstört.

Insgesamt kann behauptet werden, daß die *Oberflächenidylle* eines harmonischen Betriebsklimas innerhalb der Arbeitsgruppe sehr häufig täuscht. Die Konflikte, die zur Inneren Kündigung geführt haben, sind nicht gelöst, sondern nach wie vor vorhanden.

---

[229] Vgl. Faller, M. (1991), S. 110
[230] Vgl. Höhn, R. (1983), S. 58
[231] Vgl. Höhn, R. (1988), S. 51
[232] Vgl. Faller, M. (1991), S. 109
[233] Höhn, R. (1983), S. 53

Gerade im Hinblick auf die fatale Langzeitwirkung ungelöster Probleme gilt es deshalb, Fehlentwicklungen sofort entgegenzuwirken.

5.4 Wirkungen auf die Unternehmung

Eine kumulativ auftretende Innere Kündigung verknappt knappe Ressourcen, beeinträchtigt sie doch maßgeblich den zukünftigen Erfolg einer Unternehmung mit ihren bereits in Abschnitt 1.1 dargestellten Komponenten Innovation, Qualität, Zeit und Kosten. Die Arbeitsleistung der inneren Emigranten geht ihr weitgehend verloren. Entgelt und Leistung stehen in keinem Verhältnis mehr zueinander.[234] Wie hoch die dadurch verursachten stillen Kosten veranschlagt werden müssen, ist nicht exakt zu ermitteln[235], die Wirkungen einer nachlassenden Leistungsbereitschaft der Mitarbeiter lassen sich nur erahnen.

Reduziertes Engagement schlägt sich zunächst und unmittelbar in sinkenden Produktivitäts- und steigenden *Ausschußquoten* und damit in erhöhten *Kosten* nieder. Um die Folgen einer unrentablen Produktion zu bekämpfen und um Kosten einzusparen, wird häufig der einfache Weg des *Personalabbaus*[236] gewählt. Dadurch werden aber einmal mehr nicht die Ursachen bekämpft, sondern es wird nur an den Symptomen kuriert. Ein solch kurzsichtiges Vorgehen führt letzten Endes nur dazu, daß die unternehmungsbezogenen Frustrationen mit der immer größeren Angst um den eigenen Arbeitsplatz zunehmen. Die damit verbundene Unsicherheit der Mitarbeiter über ihre Zukunft verstärkt nur noch das Ausmaß der Inneren Kündigung.

Eine "Dienst nach Vorschrift"-Mentalität führt aber auch dazu, daß *Bearbeitungszeiten* jedweder Art länger werden, Kunden verärgert sind und die Gefahr groß ist, wichtige Aufträge zu verlieren; von dem damit verbundenen langfristigen Imageverlust ganz zu schweigen. Ein nachlassendes Engagement der Mitarbeiter schlägt sich häufig auch in einer nachlassenden Anzahl geleisteter Überstunden nieder, wie sie etwa zur Erledigung wichtiger Aufträge und Projekte erforderlich wäre. Die destruktiven Folgen Innerer Kündigung auf die Unternehmung werden noch verstärkt, wenn sich außer den bisher genannten Wirkungen auch noch das *Qualitätsniveau* der hergestellten Güter und Dienstleistungen verschlechtert.

Ebenso darf weiterhin nicht übersehen werden, daß nach Schätzungen von Arbeitswissenschaftlern 80-90% aller *Arbeitsunfälle* durch persönliche Schwierigkeiten des

---

234 Vgl. Allenspach, H. (1992), S. 44
235 Vgl. Raidt, F. (1987), S. 19-24
236 Vgl. grundsätzlich zu Ursachen, Formen und Folgen von Personalabbau: Wagner, D. (1992), S. 615ff.

Mitarbeiters verursacht werden, die ihre Ursache nicht im Privatleben haben, sondern auf eine permanente Unzufriedenheit mit der Arbeit zurückzuführen sind.[237]

Eine zunehmende Innere Kündigung schlägt sich schließlich nicht nur in einer nachlassenden Konzentration bei der Ausübung der Tätigkeiten nieder, sondern drückt sich immer auch in einer sinkenden Bereitschaft zur Teilnahme an Fortbildungsmaßnahmen und in einer rücklaufigen Zahl von Verbesserungsvorschlägen sowie generell in einer Verringerung der *Innovationsneigung* aus. Eine aus der Hand gegebene Innovationsführerschaft kann für die Unternehmung überlebenskritisch werden, zumal ein einmal verlorengegangener Vorsprung vor den Konkurrenten nur schwer wieder aufzuholen ist.

Nicht selten kommt es allerdings auch vor, daß sich kreative Mitarbeiter aufgrund fehlender Freiräume - speziell in großen Unternehmungen mit tiefgestaffelten Hierarchien - nicht entfalten können und deshalb den Weg in die Innere Emigration wählen. Oftmals werden sie als "Spinner" abgetan; mit der Konsequenz, daß aus potentiellen Genies meist frustrierte Außenseiter werden.[238] "Wer sich einmal mit einem Vorschlag bei seinem Vorgesetzten eine blutige Nase geholt hat, zieht sich frustriert zurück. So aber werden Unternehmungen ruiniert"[239].

Eine ebenfalls nicht zu unterschätzende Gefahr stellen Formen von *Wirtschaftsspionage* im High-Tech-Bereich dar, die durch ein Klima von Innerer Emigration noch begünstigt werden: "Kommen betrieblicher Frust und Geldgier als Motive zusammen, ist die Basis für Spionage und Verrat geradezu ideal"[240].

Sofort spürbare Wirkungen haben die durch die Innere Emigration verursachten steigenden *Fehlzeiten* und *Krankenstände*.[241] Mitarbeiter mit geringem Engagement und Verantwortungsgefühl für Unternehmung und Kollegen neigen eher dazu, als Ausdruck einer betrieblich bedingten "Flucht", krankzufeiern[242]. Damit dennoch Aufträge ohne Verzögerung fristgerecht ausgeführt werden können, muß zur Lösung des organisatorischen Problems zunächst geklärt werden, wer anstelle der fehlenden Mitarbeiter die Arbeit verrichtet. Der durch eine solche Situation hervorgerufene, zusätzliche Streß des verantwortlichen Vorgesetzten birgt die Gefahr in sich, daß er in seinen destruktiven Wirkungen diejenigen Mitarbeiter trifft, die an der Misere unschuldig sind. Es liegt nahe, daß damit die Tendenz zur Inneren Kündigung auch bei denen verstärkt wird, die sich bisher

---

237 Vgl. Nuber, U. (1987), S. 23
238 Vgl. Berth, R., in: Berke, J. et al. (1993), S. 103
239 Streib, F./Ellers, M. (1994), S. 64
240 O.V. (1992), S. 246
241 Vgl. o.V. (1994d), S. 24f.
242 Vgl. Schittek, D. (1988), S. 821

dagegen immun zeigten; zumal, wenn sie als Opfer die fehlzeitbedingte Mehrarbeit erbringen müssen.

Nicht zu unterschätzen ist auch die durch eine Häufung von Fällen Innerer Kündigung verursachte Verschlechterung des *Betriebsklimas*, wobei "Betriebsklima" als ein unscharfes, wenngleich in der Praxis sehr geläufiges begriffliches Sammelbecken für Ursachen und Wirkungen Innerer Kündigung im Bereich des Vorgesetzten, der Arbeitsgruppen und Unternehmung gebraucht wird. Die Art und Weise des Umgangs miteinander, der Tonfall, in dem Mitarbeiter vor Dritten über Unternehmung und Vorgesetzte reden, ja selbst die Ausstattung von Gebäuden und Büros können darauf schließen lassen, wie tiefgreifend sich die Innere Kündigung auf die Arbeitsatmosphäre ausgewirkt hat.

Das trostlose Betriebsklima kann sich zusätzlich noch verschlechtern, wenn die informalen Kommunikationsmöglichkeiten, z.B. in Form von Betriebsfeiern, Versammlungen oder auch durch die Institution des Schwarzen Brettes, nicht genutzt werden oder deren Nutzung erschwert wird. Durch die nachlassende Inanspruchnahme dieser Einrichtungen wird schließlich auch die letzte Chance vertan, gegenseitiges Verständnis durch den Austausch von Informationen und Meinungen aufzubauen. Wer nicht miteinander spricht, kann sich auch nicht kennen und verstehen. Ein von Mißtrauen und Argwohn geprägtes Klima der Distanz, Unterkühltheit und Pseudoharmonie findet dann seinen Niederschlag automatisch im Verhalten der Mitarbeiter und läßt sich leicht an der Art der (verbliebenen) verbalen und nonverbalen Kommunikation und/oder an der Arbeitsplatzgestaltung erkennen[243].

Schließlich werden selbst überlebenswichtige *Reorganisationsprozesse* und Strukturveränderungen durch ein erhöhtes Ausmaß von Innerer Kündigung ernsthaft gefährdet, denn innere Emigranten werden sich gegen alles stellen, was ihre eingefahrene und gewohnte Arbeitsverrichtung stört[244]. Umgekehrt können allerdings auch Reorganisationsprozesse selbst als Nebenwirkung das Entstehen oder die Ausbreitung Innerer Kündigung begünstigen. "Was jedoch bemerkenswert ist und auch vor dem Hintergrund des amerikanischen Ursprungs dieses vielfältigen Angebots nicht überrascht, ist die zumeist völlig technokratische Ausrichtung dieser Konzepte, die der humanen Dimension von Veränderungsprozessen keinen oder kaum Raum geben."[245]

---

[243] Vgl. Nuber, U. (1987), S. 23
[244] Vgl. Faller, M. (1991), S. 109
[245] Bleicher, K. (1994a), S. 82

5.5 Gesellschaftliche Wirkungen

Die mit der Inneren Kündigung auf gesellschaftlicher Ebene verbundenen Wirkungen liegen zunächst im Bereich der mangelnden Auslastung der vorhandenen materiellen und immateriellen Kapazitäten sowie speziell auch der geistigen und kreativen Potentiale, die eine Grundlage für Produktinnovationen und der daraus resultierenden Marktposition darstellen.[246]

Verringertes Engagement und Eigeninitiative wirken lähmend auf die Entwicklung wettbewerbsfähiger, innovativer Technologien, die letztlich Grundlage der Wettbewerbsfähigkeit einer jeden Industrienation darstellen. Die organisierte Verhinderung kreativer Ideen ist eine der Hauptursachen für die nachlassende *Innovationsfähigkeit* in Deutschland.[247] Was sich zunächst nur auf die Wettbewerbsfähigkeit der einzelnen Unternehmungen bezieht, weitet sich sehr schnell zu einem gesamtwirtschaftlichen und damit unweigerlich auch gesellschaftlichen Problem aus. Die Entwicklung in den osteuropäischen Ländern hat verdeutlicht, welchen langfristigen Schaden ein jahrzehntelang zentralistisch reglementiertes und staatlich gelenktes Kreativitäts- und Innovationspotential im Hinblick auf die Wettbewerbsfähigkeit einer Wirtschaft anrichten kann.

Darunter leidet auch das wiedervereinigte Deutschland. Unternehmungen, die von ostdeutschen Mitarbeitern eine schnelle Änderung ihrer Arbeitseinstellung erwarten, müssen erkennen, daß sich ein über 40 Jahre lang praktiziertes Verhalten nicht von heute auf morgen ändern läßt. Dies besonders dann nicht, wenn der Start in den so lange herbeigesehnten Kapitalismus mit niederschmetternden Erfahrungen und der Angst um den eigenen Arbeitsplatz verbunden ist. Wird dem durch eine verständnisvolle Unternehmungsführung nicht begegnet, so ist der nahtlose Übergang von einer Art kommunistischer Innerer Kündigung in eine Form von kapitalistischer Innerer Kündigung vorprogrammiert.

Weiterhin führt die gesellschaftliche Diskriminierung von Frauen, älteren Mitarbeitern und Angehörigen bestimmter Nationalitäten sowie die dadurch provozierte Innere Emigration dieser Gruppen zu einer volkswirtschaftlich nicht zu vertretenden Verschwendung wichtiger Ressourcen in Form unterschiedlichster Fähigkeiten und Kenntnisse. Gerade wenn es um Kreativität und Innovation als einen wichtigen Wettbewerbsfaktor geht, sind alternative

---

[246] Vgl. Bleicher, K. (1994a), S. 122
[247] Vgl. Berth, R., in: Berke, J. et al. (1993), S. 103

Sichtweisen, Anregungen aus fremden Kulturkreisen und Erfahrungen aus Jahrzehnten von wertvoller Bedeutung.

Wirkungen auf gesellschaftlicher Ebene zeigen sich auch in einem verringerten Engagement des einzelnen Bürgers am Gemeinwesen, das sich zunächst in rückläufigen Wahlbeteiligungen oder zunehmenden Parteiaustritten bemerkbar macht. Der Begriff der *Parteienverdrossenheit* beschreibt hier nur die Spitze des Eisbergs. Weit beängstigender sind Tendenzen wie die schwindende Achtung vor betrieblichem Eigentum, die starke Zunahme krimineller Energien, Ausschreitungen bei Massenveranstaltungen oder eine erhöhte Aggressivität im Straßenverkehr.[248] Nicht selten werden auch die am Arbeitsplatz erlebten Frustrationen abgebaut, indem man die anonyme Gesellschaft durch eine Verweigerungshaltung dafür straft.

Eine sozialpsychologische Untersuchung über die Motivation von Mitarbeitern in der Metallindustrie von 1982 berichtet in diesem Zusammenhang: Je ausgeprägter die Arbeitszufriedenheit ist, um so systemkonformer sind die Mitarbeiter orientiert. Die aus einer permanenten Arbeitsunzufriedenheit resultierende Innere Kündigung ist deshalb ein nicht zu unterschätzender Nährboden für eine zunehmende Radikalisierung. Dies belegt auf erschreckende Weise auch das Fazit einer Untersuchung der Justus-Liebig Universität Gießen: Wer sich aus Unsicherheit gegen Fremde wendet, bekundet damit, daß er am Arbeitsplatz kaum Eigeninitiative entfaltet. Die durchgeführten Interviews zeigten eindeutig, daß Fremdenhaß einhergeht mit geringer Bereitschaft, sich auf Neues umzustellen.[249]

Gegen die Innere Emigration in der Unternehmung gibt es eine breite Spanne vielfältiger Lösungsmöglichkeiten: Sie reicht von Mitarbeitergesprächen über organisatorische Veränderungen und einer Teilnahme von Vorgesetzten an Führungsseminaren bis hin zur Verbesserung des Anreizsystems. Wenn ein Nachlassen der Leistungsbereitschaft des Mitarbeiters dennoch nicht verhindert werden kann, bleibt als ultima ratio oft nur die Kündigung durch die Unternehmung. Eine unterstützende *Outplacementberatung* kann die Trennung im beiderseitigen Einvernehmen erleichtern[250].

Weit komplexer und schwieriger gestaltet sich dagegen der Lösungsprozeß, wenn man die Innere Kündigung als gesellschaftliches Phänomen versteht. Hier ist nicht nur die Wettbewerbs- und Überlebensfähigkeit einer Unternehmung, sondern letztlich die Existenz

---

248 Vgl. Wolff, G./Goeschel, G. (1991), S. 64ff.
249 Vgl. Böhmer, R. (1993), S. 46ff.
250 Vgl. grundsätzlich Stoebe, F. (1993); Sauer, M. (1991); Krystek, U. (1990), S. 183ff.; Schutz, D. et al. (1989)

eines funktionierenden Gemeinwesens bedroht. Zugleich versagen auf dieser Ebene viele der einer Unternehmung zur Verfügung stehenden Instrumente zur Bekämpfung der Inneren Kündigung. Volkswirtschaften können eben nicht entlassen, sondern müssen sich um jene, die ihnen innerlich gekündigt haben, solange bemühen, bis sie sich wieder heimisch fühlen.

Eher aktionistisch wirkende Maßnahmen wie Finanzierungs- oder Arbeitsförderungsprogramme reichen dafür bei weitem nicht aus. Sie verpuffen, wenn gesellschaftliche Funktionsträger Werte und Normen nicht wieder glaubwürdig vorleben und standhaft verteidigen. Gelingt dies nicht, werden sich die von der Gesellschaft Frustrierten in ihrer ablehnenden Haltung gegenüber der Gesellschaft bestärkt fühlen und sich durch eine aktive oder passive Verweigerungsstrategie rächen. Werte und Normen, die eine Gesellschaft zusammenhalten, werden langsam untergraben und immer weniger respektiert. Es kommt zu einer Art von gesellschaftlichem Selbstmord auf Raten.

6. Lösungsansätze zur Begrenzung des Phänomens der Inneren Kündigung

Es ist eines der zentralen Anliegen dieser Arbeit, sich nicht auf eine Darstellung der Inneren Kündigung mit ihren Ursachen und Wirkungen zu beschränken, sondern auch *Lösungsansätze* zur Begrenzung dieses Phänomens anzubieten. Dies gerät allerdings leicht zu einer gefahrenreichen Gratwanderung, denn allgemeine, nur generell auf Motivationsverbesserung abzielende Lösungsvorschläge können dabei ebenso unangemessen und wenig hilfreich sein wie zu apodiktische, rezeptartige Handlungsanweisungen.

Die nachfolgend präsentierten Lösungsansätze versuchen diesen Gefahren zu entgehen, indem sie neben den in der Literatur bekannten Ansätzen die diesbezüglichen Umfrageergebnisse in den Mittelpunkt stellen und so ein möglichst realistisches Bild von dem Spektrum relevanter Maßnahmen zur Begrenzung von Innerer Kündigung zu vermitteln hoffen.

Deutlich sollte dabei werden, daß es in der Tat jeweils nur um eine Begrenzung dieses Phänomens gehen kann; eine (vollständige) Bewältigung erscheint generell unrealistisch und darf deshalb auch von den nachfolgenden Lösungsvorschlägen nicht erwartet werden.

6.1 Das standardisierte Mitarbeitergespräch als ausgewähltes Instrument zur Erfassung des Problems

Um konkrete Maßnahmen zumindest zur Begrenzung der Inneren Kündigung planen und realisieren zu können, muß zunächst einmal das *Ausmaß* bestimmt werden, in dem Mitarbeiter der Unternehmung von der Inneren Kündigung befallen sind.

Der Vorschlag von Raidt, das Ausmaß der Inneren Kündigung durch das Abarbeiten einer *Checkliste*[251] ermitteln zu können, löst das Problem nur oberflächlich und undifferenziert. Die Mißerfolgsquote einer solchen Diagnose ist hoch, denn nicht immer bedeutet das Auftreten bestimmter Anzeichen auch zwingend das Vorhandensein von Innerer Kündigung. Aber auch Gespräche zwischen Vorgesetzten und Mitarbeitern stoßen häufig nicht auf den Grund des Problems vor. Verständliche Skepsis im Hinblick auf eine vertrauliche und anonyme Behandlung ihrer Aussagen führen bei Mitarbeitern leicht zu inneren Blockaden. Die wahre Einstellung und Beurteilung der Arbeitssituation und die daraus abzuleitenden

---

[251]   Vgl. Raidt, F. (1989), S. 73 und Kap. 3.1 "Symptome Innerer Kündigung" dieser Arbeit

Lösungsansätze werden häufig nicht offengelegt; zu sehr haben sich meist auch die im Laufe der betrieblichen Zusammenarbeit entstandenen Vorurteile verfestigt. Das Risiko, als innerlich Gekündigter mit allen Konsequenzen enttarnt zu werden, wird als zu hoch eingeschätzt; der Mitarbeiter versteckt sich weiter hinter der Maske der opportunen Konformität.

Aus diesen Überlegungen heraus wurde von Martin Hilb[252] die Anwendung des Diagnoseinstrumentes eines *standardisierten Mitarbeitergesprächs* vorgeschlagen. Um das Vertrauen der Befragten zu stärken, werden alle Mitarbeiter durch Mitglieder der Geschäftsleitung über Ziel, Befrager und Zeitraum der Gespräche informiert. Durch die Mitwirkung firmenexterner Befrager wird dabei versucht, die Anonymität glaubwürdig zu sichern und die Auskunftsbereitschaft zu steigern.

Im einzelnen empfiehlt Hilb folgende Vorgehensweise: Der Mitarbeiter wird zunächst befragt, wie wichtig die in Abbildung 36 aufgelisteten 20 verschiedenen Faktoren für seine Arbeitszufriedenheit sind.

1. Gesicherte Beschäftigung	11. Klarheit der Geschäftsziele
2. Gute Aufstiegsmöglichkeiten	12. Sinnvolle und befriedigende Tätigkeit
3. Guter Verdienst	13. Gutes Verhältnis zum Vorgesetzten
4. Attraktive Arbeitszeitregelung	14. Guter Name der Firma i.d. Öffentlichkeit
5. Gute Verpflegungsmöglichkeiten	15. Große Selbständigkeit in der Arbeit
6. Umfassende Information über das Firmengeschehen	16. Großes Engagement des Vorgesetzten für die Firma
7. Gute Weiterbildungsmöglichkeiten	17. Gutes Verhältnis zu Arbeitskollegen
8. Gute Sozialleistungen	18. Gerechte Beurteilung der Leistungen
9. Gute Organisation in der Abteilung	19. Echte Mitspracheмöglichkeiten
10. Angenehme Arbeitsplatzgestaltung	20. Gerechte Arbeitsauslastung

Abb. 36: Faktoren zur Beurteilung der Arbeitszufriedenheit
Quelle: Hilb, M. (1992a), S, 55

---

[252] Vgl. im folgenden: Hilb, M. (1992a), S. 53ff. und Hilb, M. (1992b)

Jeder Faktor wird mit einem Wert zwischen 1 und 3 belegt. Anschließend wird auf der gleichen Skala ermittelt, wie zufrieden er mit der Realisierung und Beachtung dieser Faktoren durch die Unternehmung ist. Differenziert nach einzelnen Befragten, Organisationseinheiten oder dem Gesamtpersonal werden Ergebnisse ermittelt, die aus der Differenz zwischen Wichtigkeit als Soll-Wert und Arbeitszufriedenheit als Ist-Wert bei den einzelnen Faktoren resultieren.

Handlungsbedarf besteht nach Hilb bei den Faktoren, deren Defizitwerte größer als 1 sind. Sie sind als sichere Gefahr für eine beginnende oder sich bereits stabilisierende Innere Kündigung zu werten. Bei Faktoren, deren Wichtigkeit höher bewertet wurde als die Zufriedenheit, wird nach den Hauptursachen der Abweichung gefragt. Intrinsische Faktoren werden aufgrund ihrer Relevanz für die Innere Kündigung zusätzlich nach der Veränderung ihrer Wichtigkeit für den Mitarbeiter im Zeitablauf und nach dem Grad seiner Bereitschaft, sich an der Verbesserung eines Faktors zu beteiligen, untersucht.

Nach der abschließenden Analyse der anonymisierten Ergebnisse kommt den Abteilungsleitern die Aufgabe zu, gemeinsam mit dem Mitarbeiter einen Aktionsplan zur Verringerung der festgestellten Defizitwerte einzelner Faktoren zu erarbeiten. Zur Erfolgskontrolle und kontinuierlichen Verbesserung wird dabei eine regelmäßige Wiederholung vorgeschlagen. Ein ebenfalls standardisiertes Austrittsinterview, in dem Mitarbeiter die Gründe Ihrer offenen Kündigung darlegen, soll dabei begleitend eingesetzt werden.

Das von Hilb vorgeschlagene Konzept liefert - im Gegensatz zur Checkliste von Raidt - wesentlich konkretere Hinweise auf Schwachstellen in der Unternehmungsführung und ist durch die Befragung der Betroffenen authentischer als die oberflächliche und subjektive Einschätzung durch den Vorgesetzten. Hilb fordert eben aus diesen Gründen die Erarbeitung und Umsetzung eines Aktionsplanes gemeinsam mit dem Mitarbeiter. Das zwingt den Vorgesetzten dazu, auf Mitarbeiter zuzugehen und fördert so zugleich eine intensivere Kommunikation. Es ist dabei nicht auszuschließen, daß ein Vergleich der Entwicklung von Defizitwerten einzelner Abteilungen ein gesundes Konkurrenzdenken in Gang setzt und so das Gefühl einer von oben verordneten Kommunikation bei den Mitarbeitern in den Hintergrund treten läßt.

Gleichwohl weist das Instrument auch einige Schwachpunkte auf.[253]

---

[253] Vgl. Hilb, M. (1992a), S. 64 f.

Hilb selbst gesteht ein, daß das Projekt mit der Änderungsbereitschaft und den sich anschließenden Verbesserungsaktionen der Hauptabteilungsleiter steht und fällt. Hinzu kommt, daß auch hier die Authentizität der Aussagen bezweifelt werden darf. Es wird allerdings betont, daß künstliche Abweichungen in den Antworten eines innerlich Gekündigten durch die Hinzunahme betriebsspezifischer Daten enttarnt werden können, was gewiß bezweifelt werden mag.

Ähnliche Gefahren drohen dem vom Mitarbeiter und seinem Vorgesetzten zu erstellenden Aktionsplan. Innere Emigranten, die bei der Erarbeitung von Maßnahmen zur Verbesserung der eigenen Situation mitarbeiten sollen, unterliegen leicht der Versuchung, nur Schaukämpfe zu liefern anstatt sich mit sachdienlichen Argumenten ernsthaft an der Diskussion zu beteiligen.

Die größte Gefahr dürfte allerdings darin liegen, daß sich Unternehmungen von einer trügerischen Sicherheit leiten lassen und die Gefahr der Inneren Kündigung gebannt glauben, nur weil sich spezifische Defizitwerte über mehrere Befragungen hinweg verringert haben. Sie erkennen keinen Handlungsbedarf mehr und könnten das Problem deshalb leicht als gelöst ansehen. Damit ignorieren sie allerdings, daß es sich bei der Inneren Kündigung im Kern um ein *permanentes Problem* handelt.

Das standardisierte Mitarbeitergespräch erweist sich aber - trotz der aufgeführten Nachteile - als ein hilfreiches Instrument, um Schwachpunkte im Führungsverhalten von Vorgesetzten in Unternehmungen zu erkennen. Solange nicht der Fehler begangen wird, durch seine isolierte Anwendung eine engagierte, langfristig konzipierte Führungsarbeit zu vernachlässigen oder gar ersetzen zu wollen, eignet es sich als unterstützendes Informationsinstrument zur Ermittlung des Ausmaßes der Inneren Kündigung und der Wirksamkeit der ergriffenen Maßnahmen.

6.2 Maßnahmen zur Begrenzung des Problems

6.2.1 Grundsätzliches zu problembegrenzenden Maßnahmen

Als der bedeutsamste Ursachenkomplex für die Entstehung und Ausbreitung von Innerer Kündigung wurden *Mängel im Bereich der Vorgesetzten-/Mitarbeiterbeziehungen* erkannt.[254] Dies könnte dazu verleiten, Zuflucht zu nehmen zu den zahllosen Heilslehren über neue Führungsstile, -formen und -strukturen, um so das Problem der Inneren Emigration durch Beseitigung seiner Hauptursache auszurotten. Nach Auffassung der Autoren wäre dies für die Praxis wenig hilfreich, würde auch dem Konzept der vorliegenden Arbeit widersprechen, das ja die Einschätzung der Personalverantwortlichen in Unternehmungen in den Mittelpunkt stellen will. Deshalb gilt es in dem hier interessierenden Zusammenhang, aus den bereits bekannten und in der Praxis erprobten Führungsmodellen die zur Begrenzung der Inneren Kündigung besonders relevanten Aspekte herauszufiltern.

Nachdem die Unternehmungsführung durch Diagnoseinstrumente wie das standardisierte Mitarbeitergespräch, durch die auffällige Veränderung betrieblicher Kennzahlen oder durch die einschlägige Literatur für die bestehende Gefahr und deren Ausmaß sensibilisiert wurde, beginnt die Suche nach geeigneten Gegenmaßnahmen.

Dabei wird sehr leicht der Fehler begangen, Innere Kündigung als ein kurz- bis mittelfristiges Problem anzusehen. Allein durch den Einsatz von Sofortmaßnahmen wie z.B. Seminaren über Motivation und Mitarbeiterführung glaubt man, die Gefahr bereits bannen zu können. Ein solches Vorgehen zeigt aber nur, wie oberflächlich und mißverstehend die Problematik diskutiert wurde. Noch immer unterliegen offenbar viele Unternehmungen einer Art *Mikrowellentheorie*. Man steckt Mitarbeiter in Seminare und glaubt, binnen Kürze würden sie zu Führungspersönlichkeiten werden.[255]

Am Anfang muß jedoch die Erkenntnis stehen, daß mit dem Entschluß, die Innere Kündigung bekämpfen zu wollen, eine strategische Entscheidung von erheblichem Ausmaß und Aufwand getroffen wird. Es bedeutet auch, zunächst eine gewisse Ohnmacht zu akzeptieren, denn nicht jedes Problem ist durch guten Willen, bloße Macht oder institutionelle Vorkehrungen sofort lösbar[256].

---

[254] Vgl. Abschnitt 4.3.1
[255] Vgl. Bennis, W. (1990), S. 45
[256] Vgl. Gross, P. (1992b)

Nachfolgend interessiert, welche Maßnahmen die Befragten zur Lösung des Problems favorisieren. Anhand eines vorgegebenen Maßnahmenkataloges wurde beurteilt, welche der angebotenen Maßnahmen von den Unternehmungen als grundsätzlich geeignet angesehen werden, um die Innere Kündigung zu bekämpfen.[257] Auf Basis dieser Ergebnisse entstand eine Rangliste der Maßnahmen, die von den Unternehmungen als für die Problemlösung am geeignetsten eingeschätzt werden. Abbildung 37, deren Ergebnisse als Grundlage dieses Kapitels dienen, gibt gleichzeitig Auskunft darüber, wie hoch der Anteil derer ist, die die aufgeführten Maßnahmen tatsächlich anwenden oder auf deren Einsatz verzichten.

Es wäre allerdings falsch, die Ergebnisse so zu interpretieren, als könne die isolierte Anwendung der am häufigsten genannten Maßnahmen alleine schon Garant für eine erfolgreiche Bekämpfung des Problems sein. Eine solche Sichtweise ignoriert das wesentliche Merkmal der Inneren Kündigung: Als multifaktorielles Problem hat sie mehr als *eine* Ursache und kann deshalb auch nicht nur durch *eine* Maßnahme gelöst werden. Die isolierte Anwendung von Einzelmaßnahmen erscheint also kaum aussichtsreich. Erfolg verspricht erst eine Vorgehensweise, bei der mehrere Maßnahmen ineinander greifen und sich gegenseitig verstärken.

Am Beispiel des kontinuierlichen Mitarbeitergesprächs im Rahmen einer individuellen Karriereplanung soll im nachfolgenden kurz dargestellt werden, wie notwendig eine flankierende Absicherung durch andere Mittel ist, damit die Wirkung der einzelnen Maßnahme nicht verpufft. Ein Mitarbeitergespräch kann um so effizienter geführt werden, je wirkungsvoller es durch folgende Rahmenbedingungen, Strategien und Maßnahmen flankiert wird:

- eine vertrauensbasierte Unternehmungskultur:
  Erst sie schafft die für eine konstruktive Unterredung unabdingbare Basis einer Atmosphäre von Respekt und gegenseitigem Vertrauen und ermöglicht es dadurch den Gesprächspartnern, kritische Fragen offen und ohne Vorbehalt anzusprechen. Abgesehen von ihrer Wirkung auf die Einstellung und Entwicklung von Menschen mit Führungspotential hat sie auch Einfluß darauf, ob die Mitarbeiter tatsächlich versuchen, ihre potentiellen Führungsqualitäten zu realisieren.[258]

---

[257] Die im Fragebogen vorgegebenen Antwortmöglichkeiten "trifft voll zu", "trifft ziemlich zu", "trifft weniger zu" und "trifft gar nicht zu" wurden auch hier zur einfacheren Darstellung zu zwei Beurteilungskriterien zusammengefaßt, so daß die nachfolgende Auswertung und Beschreibung auf das Gegensatzkontinuum "geeignet" und "nicht geeignet" beschränkt ist. Dies erscheint auch deshalb gerechtfertigt, da keine größeren Abweichungen zwischen "trifft voll zu/trifft ziemlich zu" sowie "trifft weniger zu/trifft gar nicht zu" zu verzeichnen sind.
[258] Vgl. Kotter, J.P. (1991), S. 193

- die verstärkte Sinnvermittlung für die Mitarbeiter:

Laufbahngespräche können nur erfolgreich sein, wenn - als Grundvoraussetzung - dem Mitarbeiter überhaupt der Sinn seiner Arbeit klar ist.

- eine Veränderung des Selbstverständnisses des Vorgesetzten:

Nur wenn der Vorgesetzte durch eine verantwortungsvollere Wahrnehmung seiner Führungsaufgabe in der Lage ist, dem Mitarbeiter das Gefühl des gleichberechtigten Partners zu vermitteln, können solche Gespräche wirkungsvoll geführt werden.

- die regelmäßige Teilnahme der Vorgesetzten an Führungsseminaren:

Nicht jeder Vorgesetzte kann für sich in Anspruch nehmen, von Natur aus eine begabte Führungspersönlichkeit zu sein. Die Teilnahme an Führungsseminaren kann hier eine wertvolle Unterstützung leisten und ermöglicht jedem Teilnehmer, sich ein gewisses Grundrepertoire an Führungstechniken anzueignen, um Mitarbeitergespräche besser führen zu können. "Führen, ohne es gelernt zu haben, wird früher oder später zur Belastung und zwar sowohl für die Führenden als auch für die Geführten"[259].

Die Liste der aufgeführten Beispiele könnte noch erweitert werden. Sie soll vor allem verdeutlichen, daß jedes Vorgehen gegen die Innere Kündigung nur dann von Erfolg gekrönt sein kann, wenn gleichzeitig andere flankierende Maßnahmen ergriffen werden.

Gerade die im unteren Teil von Abb. 37 aufgeführten Maßnahmen stehen in der Gefahr, unterschätzt zu werden, u.a. weil sie fast schon trivial erscheinen. Besonders unter dem oben erwähnten Aspekt der Maßnahmenkombination kommt ihnen eine keineswegs geringe Wirkung zu, wenn es darum geht, die Durchschlagskraft anderer Maßnahmen noch zu verstärken, abzurunden oder glaubhaft zu machen. Topmanager etwa, die an Betriebsfeiern teilnehmen, werden die Belegschaft nicht durch ihre bloße Anwesenheit zu Motivationsschüben und schlagartig erhöhter Leistungsbereitschaft hinreißen, ein solches Symbol kann aber dazu beitragen, eine Unternehmungskultur glaubwürdig vorzuleben und dadurch deren Wirkung zu verstärken.

---

[259] Wolff, G./Goeschel G. (1991), S. 170

155

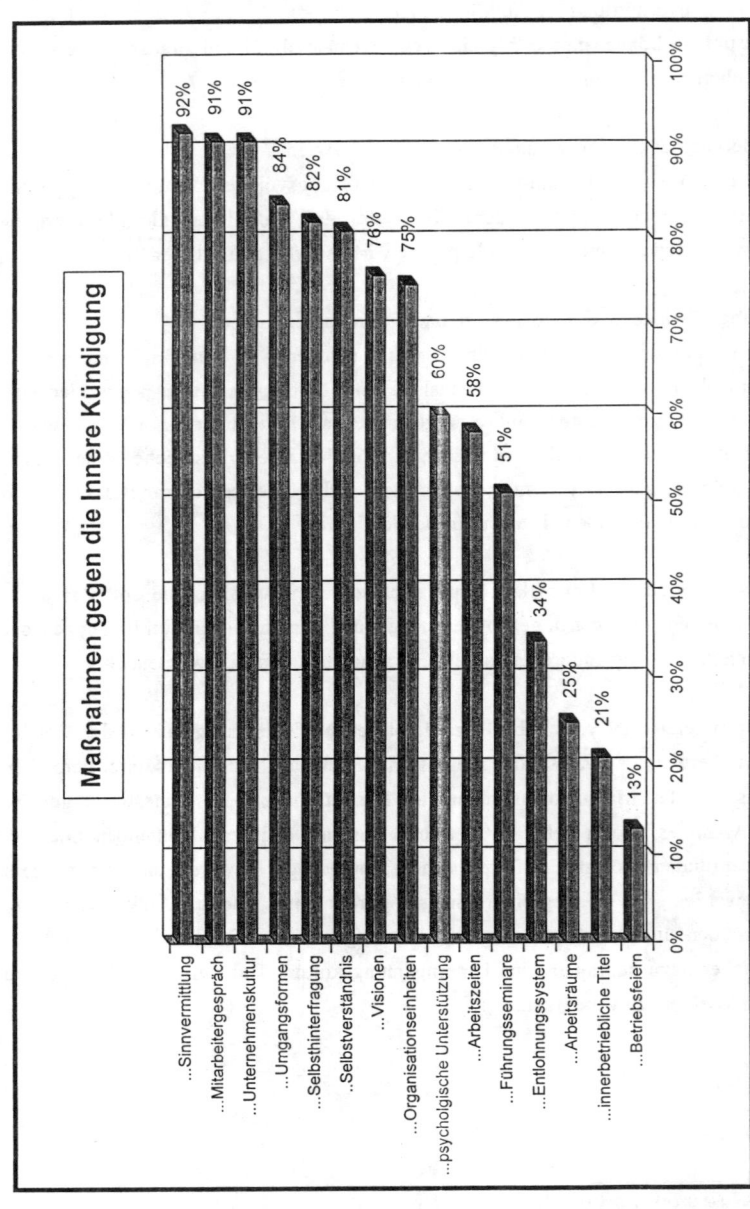

Maßnahmen gegen die Innere Kündigung

...Sinnvermittlung 92%
Mitarbeitergespräch 91%
...Unternehmenskultur 91%
...Umgangsformen 84%
...Selbsthinterfragung 82%
...Selbstverständnis 81%
...Visionen 76%
...Organisationseinheiten 75%
...psycholgische Unterstützung 60%
...Arbeitszeiten 58%
...Führungsseminare 51%
...Entlohnungssystem 34%
...Arbeitsräume 25%
...innerbetriebliche Titel 21%
...Betriebsfeiern 13%

Abb. 37: Maßnahmen gegen die Innere Kündigung

Betrachtet man die einzelnen Ergebnisse der jeweiligen Maßnahmen, so stellt man fest, daß 11 der insgesamt 15 aufgeführten, möglichen Vorgehensweisen von mindestens 50% der Befragten als wirksame Mittel gegen die Innere Kündigung angesehen werden. Mit deutlichem Vorsprung werden einer *besseren Sinnvermittlung für die Mitarbeiter*, dem *kontinuierlichen Mitarbeitergespräch* und der *Förderung und Entwicklung einer vertrauensbasierten Unternehmungskultur* besonders hohe Chancen eingeräumt, dem nachhaltig rückläufigen Engagement entgegenwirken zu können. Fast alle befragten Unternehmungen, nämlich 93%, 92% bzw. 90% schätzen diese drei Maßnahmen als für die Problemlösung geeignet ein. Auf den nächsten Plätzen folgt eine Gruppe von fünf Maßnahmen, denen ebenfalls eine starke - wenn auch nicht so extrem hohe - Bedeutung zugemessen wird: Die *Gestaltung von Umgangsformen und interner Kommunikation* (85% sehen sie als wirksame Waffe an), die *Selbsthinterfragung des Vorgesetzten* (81%), eine *Veränderung seines Selbstverständnisses* (78%), die *Einrichtung kreativitätsfördernder, kleinerer Organisationseinheiten* (76%) und das *Vermitteln und Umsetzen von Visionen* (76%). Vergleichsweise weniger Zustimmung finden die nächsten drei Möglichkeiten: Die *Verstärkung einer psychologischen Unterstützung des Mitarbeiters* (59%), das *Angebot flexibler Arbeitszeiten* (57%) und die *regelmäßige Teilnahme der Vorgesetzten an Führungsseminaren* (52%). Am Ende dieser Tabelle stehen eine *Verbesserung des Entlohnungssystems*, die *regelmäßige Instandhaltung der Arbeitsräume* und das *verstärkte Angebot an innerbetrieblichen Titeln und nicht-monetären Anreizen*. Die geringe Zustimmung von nur 33%, 25% bzw. 21% zeigt, daß diese Maßnahmen von den Unternehmungen lediglich als Hygienefaktoren im Sinne von F. Herzberg[260] angesehen werden. Sie sind notwendig, um Arbeitsunzufriedenheit zu verhindern; daß sie aber als Motivatoren die Innere Kündigung wirkungsvoll eindämmen könnten, wird - ausgedrückt durch die geringe Zustimmung der Antwortenden - stark bezweifelt. So gut wie gar keine Bedeutung wird der *regelmäßigen Durchführung von Betriebsfeiern unter Teilnahme des Topmanagements* beigemessen. Gerade einmal 14% stufen diese Maßnahme als wirkungsvolle Möglichkeit zur Lösung der Inneren Kündigung ein.

Am Ende dieses Fragenkomplexes bestand auch hier für die Teilnehmer die Möglichkeit, im Rahmen einer offenen Frage eigene Maßnahmen zu nennen, die für die Lösung des Problems als geeignet erachtet werden. Die dabei aufgeführten Antworten lassen sich grob in drei Kategorien einordnen.

---

[260] Vgl. hierzu auch Herzberg, F. (1966), S. 71f.

Die Organisation als Hauptansatzpunkt sehen diejenigen der Befragten, die durch die "Kontinuität der Führungsmannschaft"* und die "Präzision der zu erwartenden Aufgaben"* versuchen, der Inneren Kündigung Herr zu werden.

Sehr häufig wurden aber auch Aspekte genannt, die in die bereits beschriebene Richtung der Implementierung einer vertrauensbasierten Unternehmungskultur abstellen; Vorschläge wie die "Delegation und Förderung von Verantwortung bei jedem einzelnen Mitarbeiter"* gehören genauso dazu wie die geforderte "Offenheit untereinander (alle Hierarchien)"*, das angestrebte "Vertrauen in die Fähigkeit der anderen"* oder die motivierende "Eigenständigkeit im Arbeitsprozeß"*.

Schwerwiegender und wohl auch problematischer sind dagegen die Maßnahmen, die zwei der Befragten äußern: "Outplacementberatung"* oder gar die "konsequente Beendigung von Vertragsverhältnissen"*. Sie lösen das Problem gewiß mit sofortiger Wirkung, ob durch die Anwendung gerade der letztgenannten Maßnahme aber wirklich alle Mittel ausgeschöpft wurden oder nur der bequeme Weg des geringsten Widerstandes gegangen wird, sei dahingestellt. Gerade der Vollzug der äußeren Kündigung kann für engagierte Personalverantwortliche immer nur die ultima ratio darstellen, die erst dann eingesetzt wird, wenn alle anderen Maßnahmen nicht greifen und wenn nur durch einen dermaßen radikalen Einschnitt weiterer Schaden für alle Beteiligten verhindert werden kann.

6.2.2 Bessere Sinnvermittlung

Von allen Befragten halten 93% die bessere *Sinnvermittlung* der Mitarbeiter für eine geeignete Waffe im Kampf gegen die Innere Kündigung[261]. Dieses klare Ergebnis verdeutlicht zugleich auch ihr starkes Gewicht als Grundlage für die erfolgreiche Implementierung anderer Maßnahmen. Unternehmungsleitung und Vorgesetzte können noch so sehr um eine Steigerung der Leistungsbereitschaft des Mitarbeiters bemüht sein: Ihre Anstrengungen müssen scheitern, wenn den Mitarbeitern der Sinn ihres Handelns nicht bewußt ist. Das gilt für die Entwicklung und Förderung der Unternehmungskultur genauso wie für die kontinuierliche Durchführung des Mitarbeitergesprächs. Auch die durch das verstärkte Angebot an organisatorischen Freiräumen geförderte Kreativität kann sich erst dann frei entfalten, wenn dem einzelnen Mitarbeiter der Sinn seines Handelns bewußt ist.

Im Rahmen der Sinnvermittlung kommt der *symbolischen Führung* zentrale Bedeutung zu:[262] Führung ist durch die gegebene Unternehmungskultur in Fakten verborgen (die auch als '*Sinn-Depots*' bezeichnet werden) und drückt sich in personenunabhängigen Medien verbal (in Form von Sprachregelungen, Anekdoten, Slogans etc.), interaktional (durch Umgangsformen, Rituale u.s.w.) und artifiziell (in Gebäudeformen, Statussymbolen, Druckwerken u.v.m.) aus.

Eine solche sinngebende, durch symbolische Führung geformte Unternehmungskultur speist sich aus Erlebnissen der Vergangenheit wie z.B. den bisher praktizierten Führungsgewohnheiten. Sie darf dabei aber keineswegs starr werden, sondern muß vielmehr entwicklungsfähig bleiben. Gerade Diskontinuitäten erfordern *starke und zugleich anpassungsfähige Unternehmungskulturen*. "Das typisch erfolgreiche Unternehmen hat eine ungewöhlich feine Antenne für seine Umgebung und tut sich mit der Anpassung leichter"[263]. Der notwendige Prozeß des Wandels geht langsam, aber kontinuierlich voran, wie am Beispiel des zunehmenden Engagements der Führung in Fragen des Umweltschutzes deutlich wird: "Das ökologische Gewissen der Führungskräfte hat sich sensibilisiert, geschärft und verfeinert."[264]

Die Fähigkeit des Lernens einer Organisation wird durch den Grad ihres sozio-kulturellen Wissens bestimmt und impliziert auch die Fähigkeit des *Entlernens*, um im Wissensspeicher

---

261 Vgl. grundsätzlich zur Sinnvermittlung als Führungsaufgabe: Krystek; U./Zumbrock, St. (1993), S. 145ff.; Böckmann, W. (1984); Böckmann, W. (1989); Frankl, V.E. (1990); Tschirky, H./Suter, A. (1990); Hartfelder, D.(1984), S. 373ff.
262 Vgl. Neuberger, O. (1989), S. 452ff.
263 Peters, T.J./Waterman, P.H.(1990), S. 105
264 Rosenstiel v., L. (1993), S. 89

Platz zu machen für neue Lerntatbestände: Zum langfristigen Überleben einer Unternehmung ist ein Gleichgewicht von Erlern- und Entlernfähigkeit erforderlich[265].

Eine Änderung im Führungsverhalten und somit eine Veränderung des Inhalts der Sinn-Depots wird durch das Aufzeigen neuer Sichtweisen von Faktoren propagiert, so daß nicht nur das Alte routinehaft wiederholt wird, sondern neue Handlungsmöglichkeiten erschlossen werden. Darin liegt auch der Unterschied zwischen Führenden und Managern: es ist der Unterschied zwischen den üblichen Problemlösern und Problemsuchern[266].

Unter der Voraussetzung, daß die Sinn-Bilderschrift von allen einheitlich entziffert wird und damit die *Leitbilder* für alle Mitarbeiter verständlich beschrieben sind, regen Sinn-Depots wesentlich zu gewünschtem Verhalten an. Mitarbeiter aller Hierarchieebenen wissen fast immer, was sie zu tun haben, wenn die wenigen Leitwerte kristallklar formuliert sind[267].

Ein Beispiel für wesentliche Aspekte einer Unternehmungs- und Managementphilosophie, die in Leitbildern unternehmungsindividuell konkretisiert werden können, ist in Abb. 38 dargestellt.

Grundsätze einer Unternehmungs- und Managementphilosophie:

Unsere Philosophie wird von Grundsätzen getragen, die unser Verhalten in allen Bereichen und Stufen unseres Unternehmungsgefüges prägen:

- Wir streben nach einer *Sinnhaftigkeit* in allem, was wir erreichen und tun wollen.
- Sinn erkennen wir in Leistungen, die einen *Nutzen* für andere außerhalb und innerhalb unserer Unternehmung stiften.
- Das, was wir erstreben, definieren wir durch eine breite Berücksichtigung unterschiedlicher *Interessen.*
- *Menschlichkeit* im Urteil und Handeln ist für uns ein übergeordnetes Ziel und niemals Mittel zur Erreichung von Zielen.
- Sie verlangt eine *Hinwendung* zum Nächsten; was man selbst nicht erdulden möchte, sollte man auch anderen nicht zufügen.
- Wir verlassen uns auf die *Unabhängigkeit des Urteils* auch bei entgegengesetzten Sachzwängen.
- Unser Handeln wird von einem hohen *Verantwortungsbewusstsein* gegenüber unserer Umwelt und unseren Mitarbeitern getragen.
- Wir lassen uns in unserem Verhalten an der *Vertretbarkeit* unseres Handelns messen.

Abb. 38: Beispiele für Sinnvermittlung durch Leitbilder in Grundsätzen einer Unternehmungs- und Managementphilosophie
Quelle: Bleicher, K. (1994b), S. 78

---

[265] Vgl. Bleicher, K. (1989), S. 253
[266] Vgl. Neuberger, O. (1989), S. 455 und Bennis, W./Nanus, B. (1990), S. 46
[267] Vgl. Peters, T.J./Waterman, P.H. (1990), S. 103

Besonders hoch sind im Prozess der besseren Sinnvermittlung dabei die an den Vorgesetzten gestellten Anforderungen. Zum einen sind dessen kommunikative Fähigkeiten gefordert, um die Mitarbeiter von der Sinnhaftigkeit ihres Tuns zu überzeugen und durch Gespräche und Diskussionen einen gemeinsamen Konsens zu erreichen. Zum anderen stellt sich für ihn aber auch das Problem, daß es keine allgemeingültigen, sondern nur für jeden Mitarbeiter individuell relevante Sinnkriterien gibt. Damit erscheint es ihm zunächst zwar unmöglich, eine Arbeitssituation zu schaffen, in der sämtliche Sinnkriterien aller Beteiligten gleichzeitig erfüllt werden. Realistisches Ziel muß es dennoch aber sein, eine Situation so zu gestalten, daß sie eine Vielfalt von motivierenden Herausforderungen bietet, damit jeder Mitarbeiter aus einem Angebot von Sinnmöglichkeiten diejenigen realisieren kann, die ihn besonders interessieren.[268]

Die in der vorliegenden Studie ermittelten Ergebnisse machen deutlich, daß viele Unternehmungen die Schwierigkeiten einer verbesserten Sinnvermittlung ähnlich sehen. Wohl wegen der großen Anstrengungen, die mit einer engagierten Sinnvermittlung verbunden sein müssen, wenden immerhin 37% derer, die sie für die Lösung des Problems als geeignet ansehen, nicht an.

Diese Einstellung wird durch die Analyse der genannten Hinderungsgründe verdeutlicht:
Einen einfachen Weg gehen diejenigen Befragten, die den Mitarbeitern Schuld zuweisen, indem sie behaupten, daß sie "in der Produktion nicht die 'Wichtigkeit' ihres Arbeitsplatzes erkennen"* würden. Sie übersehen dabei allerdings, daß dies ja gerade durch eine bessere Sinnvermittlung geschehen soll.
Der Vorgesetzte entscheidet ganz wesentlich über Erfolg oder Mißerfolg von Sinnvermittlung als Maßnahme. Sie muß von vornherein zum Scheitern verurteilt sein, wenn er "nur seinen Vorteil sieht"*, von ihm "viele Dinge angefangen, aber nicht zu Ende geführt werden"* und er letztendlich "der Vermittlung keinen großen Stellenwert"* beimißt oder sogar den großen Fehler begeht, "Mitarbeiter als Untergebene"* zu betrachten und damit zu degradieren. In diesem Zusammenhang wird auch der "Schulungsbedarf"* erwähnt, der gedeckt werden muß, wenn diese Gefahrenquellen im Bereich des Vorgesetzten langfristig eliminiert werden sollen.
Eine weitere Voraussetzung für ein erfolgreiches Umsetzen von Sinnvermittlung ist die Unterstützung durch die Unternehmungsführung. Dazu erscheint es wichtig, die von den Befragten vorgelegten Hinderungsgründe auszuräumen, die vor allem in einem (permanenten) "Zeitmangel"* und einem zu verbessernden Informationsfluß zu sehen sind.

---

268   Vgl. Böckmann, W. (1987), S. 119

Ein ganz besonderes Problem spricht ein Teilnehmer der Befragung an, der erwähnt, die Unternehmung sei zu schnell gewachsen, so daß eine der Unternehmungsentwicklung adäquate Sinnvermittlung nur schwer möglich ist. Auch hier erscheint es wichtig, neben den mit Ausnahmesituationen immer verbundenen Risiken vor allem auch die darin steckenden Chancen zu erkennen[269]. Der Sinn in der Tätigkeit des einzelnen ist jeweils in einen neuen, dem Unternehmungswachstum angepaßten größeren Zusammenhang zu stellen. Ihm ist somit mehr Gewicht zu verleihen. Die Initialzündung dafür muß von der obersten Unternehmungsleitung ausgehen. Ein "Führungsproblem"* bereits auf dieser Ebene, wie es einer der Befragten formuliert, dürfte wohl alle Bemühungen in diese Richtung kaum aussichtsreich erscheinen lassen.

---

[269] Vgl. Krystek, U. (1989), S. 31ff.

6.2.3 Kontinuierliche und perspektivische Mitarbeitergespräche

Das Gespräch, ob als Zielplanungs- und Ergebnisanalysegespräch, als Förder- und Beratungsgespräch oder als Anerkennungs- und Kritikgespräch ist wohl, wenn nicht das wichtigste, so doch eines der ganz herausragenden Führungsmittel. Es dient der Konsensbildung, der besseren Zielorientierung von Mitarbeitern und der aggressionsfreien Konfliktlösung, zumindest einer Versachlichung der Konflikthandhabung. Zwischenmenschliche Konflikte, die aus unterschiedlichen Sozialisationserfahrungen und damit einhergehenden unterschiedlichen Wertesystemen resultieren, sind denn auch keine Ausnahme, sondern eher die Regel. Deshalb ist es wichtig, mit den verschiedenen Sichtweisen richtig umzugehen.[270]

• **Rahmenbedingungen für das Mitarbeitergespräch**

Ein erfolgreich geführtes Mitarbeitergespräch bedarf der sorgfältigen Vorbereitung. Um Klarheit über Inhalt und Verlauf der Unterredung zu gewinnen, muß den Gesprächspartnern zunächst das *Ziel* ihrer Besprechung verdeutlicht werden. Zur Sicherung eines ununterbrochenen Gesprächsverlaufs sollten Störungen von außen vermieden werden. Kommunikative Grundvoraussetzung zielorientierter Gesprächsführung ist zunächst das Bemühen, sich in die Situation des anderen hineinzuversetzen, um zu erkennen, was von dem Gesprächspartner zu erwarten ist. Darüber hinaus ist aufgrund der eingeschränkten Aufnahmekapazität des Menschen die richtige Dosierung der Information sehr wichtig.[271] Die Führungskraft muß sich bemühen, ein *Gesprächsklima* aufzubauen, daß sich durch Transparenz, Authentizität, gegenseitige Akzeptanz und die Fähigkeit auszeichnet, sich in den anderen hineinversetzen zu können.[272] Im Idealfall kann der Vorgesetzte während eines solchen Gespräches über fachliche und berufliche Aspekte hinausgehende Informationen über ungenutzte Fähigkeiten und Kenntnisse seines Mitarbeiters gewinnen. Nur wer sich als Vorgesetzter ernsthaft mit seinen Mitarbeitern und deren Interessen auseinandersetzt, wird feststellen, wieviele bisher unbekannte Führungs- und Organisationstalente er in der Unternehmung hat[273]. Damit das Gespräch nicht zum Monolog entartet, sollte der Mitarbeiter um Vorschläge gebeten werden und/oder durch motivierende, offene Fragen in den Mittelpunkt gestellt werden. Als Grundsatz gilt, daß die beste Lösung, die gefunden

---

[270] Vgl. Fauth, W. (1991), S. 171ff.
[271] Vgl. Nütten, N. (1988), S. 233
[272] Vgl. Schömbs, W. (1987), S. 25
[273] Hillengaß, H.W.(1992), S. 383

werden kann, diejenige ist, die gemeinsam mit dem Mitarbeiter erzielt wird. Um der Gefahr von Mißverständnissen vorzubeugen gilt es, das Besprochene zu interpretieren und am Ende das Gesprächsergebnis zu formulieren. Beide Gesprächsteilnehmer wissen dadurch übereinstimmend, was erreicht wurde, können ihre Aktionen darauf abstellen und sich darauf vorbereiten, was bei dem nächsten Gespräch erörtert werden soll.

Wenn zur Überwindung der Inneren Kündigung verstärkt Mitarbeitergespräche durchgeführt werden, wird oft unterstellt, daß diese Maßnahme leicht und direkt auf Wohlwollen von seiten der Mitarbeiter trifft. Dabei wird allerdings übersehen, daß aus jahrelang bevormundeten Untergebenen nicht von heute auf morgen mündige, diskussionsfreudige und sich als gleichberechtigt empfindende Gesprächspartner werden können. Ihnen fehlt dazu die Erfahrung; das Gewicht der subjektiv empfundenen Gesprächsbarrieren wird unterschätzt. Oft zeigen sich deshalb Widerstände gegen die Bestrebungen der Vorgesetzten, Probleme konstruktiv und kooperativ zu lösen; Angebote zu Gesprächen werden ausgeschlagen. Vorgesetzte neigen dann fatalerweise dazu, diese ablehnende Haltung der Mitarbeiter als Starrsinn zu interpretieren. Sie sollten sich aber klarmachen, daß auch Mitarbeiter zur sinnvollen Problemlösung trainiert und geschult werden müssen. Ob dazu die Bereitschaft besteht, muß kritisch hinterfragt werden. Zumindest ist eine solche Förderung der Mitarbeiter eine Maßnahme, von der letztendlich alle profitieren: Sie macht aus sprachlosen wieder gesprächsbereite Mitarbeiter. Wer kritische und selbstsichere Mitarbeiter sucht, braucht allerdings zugleich auch die eigene Selbstsicherheit, um sich auch in Belastungssituationen mit kritischen Kollegen konstruktiv auseinandersetzen zu können.[274]

Nicht zu unterschätzen sind auch die zu erfüllenden *organisatorischen Voraussetzungen*. Viele Führungskräfte können mit gutem Gewissen das Tagesgeschäft und einen randvollen Terminkalender als Gründe vorschieben, warum sie nicht genügend Zeit für Mitarbeitergespräche finden. Aus dieser Zeitknappheit entstehen meist Gespräche, die nicht mehr sind als aussagearme, kurz gehaltene Routineangelegenheiten und Anweisungen ohne jeden persönlichen Bezug. Auch an dieser Stelle wird deutlich, welch geringes Gewicht die Beziehungsebene eines Gesprächs gegenüber der Sachebene in der Praxis offenbar noch hat.

Alle anderen Maßnahmen, die im Kampf gegen die nachlassende Leistungsbereitschaft eingesetzt werden, können nicht ihre volle Wirkung entfalten, wenn sie nicht durch Gespräche mit den Betroffenen flankiert werden. Deshalb gehört die Forderung nach einer konsequenten Vermeidung von äußerem Termindruck und scheinbaren Sachzwängen zur

---

274 Vgl. Oehlers, H. (1989c), S. 842

Schaffung von Zeitreserven - unter Umständen ermöglicht durch persönliche Opfer des Managements - zur unabdingbaren Forderung, die an Mitarbeitergespräche zu stellen sind[275]. Schließlich werden auf diese Weise Reibungsverluste sowie aufgestaute Mißverständnisse und Emotionen verringert, die immer dann vermehrt entstehen, wenn Gespräche nicht zustande kommen und somit die Lösung der aufgetretenen Probleme letztendlich ungleich mehr Zeit kostet, als für die Gespräche aufgewendet werden müßte.

Grundsätzlich gilt: Der Vorgesetzte muß individuell auf die ihm unterstellten Mitarbeiter eingehen und versuchen, persönliche Motivatoren anzusprechen. Standardisierte Konzepte und schablonenhafte Empfehlungen verstärken dagegen das Bild des sich nur oberflächlich um die individuelle Persönlichkeit des einzelnen Mitarbeiters kümmernden Vorgesetzten. Unter der Prämisse, daß seine Kontrollspanne ihm dies zuläßt, muß es dem Vorgesetzten gelingen, sich mit jedem einzelnen Mitarbeiter zu beschäftigen.[276]

Gespräche, in denen Mitarbeiter für beispielhaftes Verhalten, herausragendes Engagement oder besondere Leistungen gelobt werden, haben im Zusammenhang mit der Eindämmung nachlassender Leistungsbereitschaft ein besonderes Gewicht, denn das Streben nach Anerkennung birgt eine gewaltige Antriebskraft in sich. Durch Anerkennung verfestigt sich erlerntes Verhalten, ihr Einfluß auf Motivation und Selbstvertrauen ist immens. Vor allem rasches, individuelles, angemessenes, gezielt angewandtes und glaubwürdig vorgetragenes Lob sichert den Lernerfolg.[277]

• Die Darstellung von Karriereperspektiven als Ergebnis von Mitarbeitergesprächen

Im vorangegangenen Abschnitt wurde auf die Notwendigkeit eingegangen, dem Mitarbeiter die Sinnhaftigkeit seines Handelns zu vermitteln. Eine langfristige Sicherung von Engagement und Eigeninitiative ist damit aber noch nicht gewährleistet. Dem Mitarbeiter müssen auch *berufliche Ziele und Perspektiven* aufgezeigt werden, die ihm als Orientierungspunkte seiner Laufbahn dienen können. Dazu ist die begleitende Maßnahme eines kontinuierlichen, regelmäßigen Mitarbeitergespräches im Rahmen einer individuellen Karriereplanung erforderlich, in dem gemeinsam das bisher Erreichte und das zukünftig Angestrebte besprochen wird.

---

[275] Vgl. Schittek, D. (1988), S. 821
[276] Vgl. Nütten, N. (1988), S. 238
[277] Vgl. Schmidt, W. (1984), S. 6ff.

Das Gros der Mitarbeiter begeht den Fehler, eine Karriere- (und damit gleichzeitig auch Lebens-) Planung, wenn überhaupt, dann meistens zu spät vorzunehmen. Gerade unrealistische, übertriebene und deshalb unerfüllte Erwartungen im Hinblick auf die berufliche Entwicklung erhöhen die Anfälligkeit für die Innere Kündigung. Hochschulabsolventen mißverstehen ihren akademischen Abschluß z.B. häufig noch als Freibrief für eine reibungslose Karriere. Ferner werden Fortbildungsmaßnahmen automatisch mit der Erwartung einer Beförderung oder Gehaltserhöhung verknüpft. Mitarbeiter begehen weiterhin nicht selten den Fehler der selektiven Wahrnehmung: Äußerungen des Vorgesetzten über ihre Leistungen entnehmen sie nur das, was für sie positiv erscheint. Materielle Kritik wird dagegen aber übersehen, weil sie sehr vorsichtig formuliert wird[278].

Eine Lebens- und Karriereplanung ist zukunftsorientiert in der Lage, solche unrealistischen Ziele und Erwartungen zu korrigieren. Im Rahmen von Karriereplanungen können gemeinsam mit dem Vorgesetzten in einem von Offenheit und Verständnis geprägten Klima Alternativen, aber auch Grenzen der beruflichen Entwicklung erörtert werden. Wer unter realistischer Einschätzung seiner Fähigkeiten und Neigungen die aktive Gestaltung seiner Laufbahn übernimmt und seine berufliche Zukunft aktiv im Dialog mit seinem Arbeitgeber gestaltet, ist für eine Innere Kündigung weit weniger anfällig[279].

Eine realistische Karriereplanung beginnt immer mit der richtigen Berufswahl. Das - im Gegensatz zum mutigen, weil mit vielen Unannehmlichkeiten und Unsicherheiten verbundenen Arbeitsplatzwechsel - bequeme oder auch erzwungene Festhalten an der einmal getroffenen Berufsentscheidung ist um so schwerer zu revidieren, je länger man an der Entscheidung der falschen Berufswahl festhält.

• **Mitarbeitergespräche in kritischen Laufbahnphasen**

Gespräche über die weitere berufliche Entwicklung helfen dem einzelnen Mitarbeiter darüber hinaus, *kritische Laufbahnphasen* zu überwinden, ohne der Inneren Kündigung zum Opfer zu fallen. Fast jeder Mitarbeiter kommt in seinem Berufsleben an Punkte, an denen er die eigene Tätigkeit und seine Identifikation mit ihr kritisch hinterfragt und überlegt, ob es nicht besser wäre, sich intern oder extern zu verändern.

---

278 Vgl. Rischar, H. (1992), S. 47
279 Vgl. Büchi, W. (1992), S. 73

Als Beispiele für kritische Laufbahnphasen können genannt werden:[280]

Phase I	Eintritt in eine Organisation
Phase II	Übergang vom Spezialisten zum Generalisten
Phase III	Übergang vom Projekt- zum Menschen-Führer
Phase IV	Übergang von der eindimensionalen Einstellung "Arbeit als einziges Hobby" zur ganzheitlichen familienorientierten Einstellung "Arbeit als lediglich ein Hobby"
Phase V	Übergang vom Aufstieg zur Funktionsbereicherung
Phase VI	Übergang von der Vollzeit-Beschäftigung zur Flexiblen Pensionierung

Abb. 39: Kritische Laufbahnphasen
Quelle: Hilb, M. (1992a), S. 24

Bei der Erstellung eines Karrieplanes muß sich der Mitarbeiter darüber klar werden, daß er innerhalb einer jeden Phase bestimmte Stufen, ähnlich den Stationen eines Lebenszyklusses durchläuft:

Auf die *Einarbeitungs- oder Lernphase*, in der er sich auf Arbeitsaufgabe und -umgebung einstellt, folgt die durch zunehmende Leistung gekennzeichnete *Wachstumsphase*. Es gilt, den Mitarbeiter durch sinnvermittelnde, befriedigende Tätigkeiten lange in dieser produktiven Phase zu halten. Laufbahnberater sprechen davon, daß nach etwa fünf Jahren die volle Kenntnis und Beherrschung der Aufgabe erreicht ist. In Annäherung an diesen Höhepunkt wird aber gleichzeitig vieles zur Routine, die Herausforderung entfällt und eine gewisse Langeweile stellt sich ein. Um diese *Phase der Sättigung* zu vermeiden, sollten durch job enrichment oder job rotation rechtzeitig neue Herausforderungen angeboten werden. Im Idealfall gelingt es, den Mitarbeiter von der Wachstumsphase direkt in die Einführungsphase der nächsten beruflichen Karrierestufe überzuleiten.[281]

Die mangelnde Bereitschaft oder Fähigkeit, durch Reflexion zu hinterfragen, in welcher Phase oder an welchem Übergang innerhalb der eigenen Laufbahn man sich gerade befindet, ist deshalb eine weitere Ursache von Innerer Kündigung. Entweder wird die für einen neuen Motivationsschub nötige Veränderung des beruflichen Aufgabenbereichs vom Mitarbeiter gar nicht erst erkannt, oder aber ihm bleibt die nötige Unterstützung durch seinen Vorgesetzten und/oder aufgrund organisatorischer Hindernisse verwehrt, so daß er in seiner angestammten Position verharren muß.

---

280 Hilb, M. (1992a), S. 24
281 Vgl. Hilb, M. (1992a), S. 25 und Büchi, W. (1992), S. 68

Wie groß die Gefahr ist, nicht rechtzeitig über die innerhalb eines *Berufslebenszyklusses* auftretenden Probleme nachzudenken, wird vor allem deutlich, wenn man sich die Problematik vieler Mitarbeiter zwischen dem vierten und fünften Lebensjahrzehnt vor Augen hält, die nach erfolgreichen Perioden unvorbereitet mit den Schattenseiten eines zur Routine erstarrten Berufs konfrontiert werden. Langzeituntersuchungen[282] ergaben, daß nur einer von 20 Managern mit 40 Jahren das erreicht hat, wovon er träumte. Erst zu diesem Zeitpunkt vergleichen viele das Erreichte mit ihren Zielen und Hoffnungen. Nicht selten ist dieser Vergleich ernüchternd und schmerzlich[283]. Viele haben deshalb den Eindruck, ihr berufliches Leben bisher vertan zu haben. Dies führt dann nicht selten zu hektischem Aktionismus, um bisher nicht Erreichtes aufzuholen. Die Einsicht in die fast zwangsläufige Erfolgslosigkeit eines solchen Vorhabens führt mit hoher Wahrscheinlichkeit resignierend auf den Weg der Inneren Emigration.

Dies bestätigen auch Untersuchungen von D.J. Levinson[284], der feststellte, daß für die überwiegende Mehrheit die Zeit des Übergangs zur Lebensmitte tumulthafte Kämpfe mit der eigenen inneren und mit der äußeren Welt hervorruft.

Verstärkend wirkt, daß der Mensch mit zunehmendem Lebensalter auf dem Arbeitsmarkt diskriminiert wird. Unsere Laufbahnvorstellungen lassen sich einigermaßen konkret bis zum Alter zwischen vierzig und fünfzig Jahren formulieren. Was danach kommt, wird häufig verdrängt; es paßt nicht in unsere Vorstellung von 'Karriere-Machen'[285]. Gerade deshalb ist eine präventive, von Mitarbeiter, Führungskraft und Unternehmung getragene Karriereplanung unbedingt erforderlich, um die berufliche Frustration in der Lebensmitte erfolgreich zu vermeiden. Führungskräfte, die Anfang vierzig noch nicht "oben" sind oder zumindest keine chancenreiche Position errungen haben, werden in aller Regel als Versager bezeichnet[286]. Die Erwartungen und das Verhalten in Gesellschaft und Unternehmung stimmen damit weitgehend überein.

Eine andere Verhaltensweise besteht - besonders bei Mitarbeitern, die sehr lange einer Unternehmung angehören - darin, sich trotz anhaltender Unzufriedenheit mit bestimmten Bedingungen zu arrangieren, eigene Karrierewünsche nicht mehr offensiv anzugehen und die Lebensziele auf neben- oder außerberufliche Bereiche zu verlagern.[287] Damit steht auch am Ende dieser Gedankenkette die Flucht in die Innere Kündigung. Karriereplanung muß

---

[282] Vgl. Weber, D./Wittenzellner, C. (1988), S. 76ff.
[283] Vgl. Büchi, W. (1992), S. 68
[284] Vgl. Levinson, D.J., in: Weber, D./Wittenzeller, C. (1988), S. 74f.
[285] Vgl. Weber, D./Wittenzeller, C. (1988), S. 74f.
[286] Vgl. Gottschall, D. (1988), S. 229
[287] Vgl. Blasion, A. (1993), S. 84

deshalb von Anfang an unter dem Gesichtspunkt der im mittleren Berufsalter zu erwartenden Schwierigkeiten strukturiert werden. Das beinhaltet insbesondere die rechtzeitige Kommunikation über entstehende Probleme sowie eine adäquate, der Persönlichkeitsentwicklung angemessene Entwicklung der beruflichen Arbeitsaufgabe[288].

Individuelle Karriereplanungen können Wege der beruflichen Entwicklung antizipieren und auch mögliche Krisen in solchen Entwicklungslinien verdeutlichen. Erst wenn die Bewältigung von Krisen in der Lebensmitte zu einem beherrschenden Thema der betrieblichen Bildung wird, kann es gelingen, die bis zu diesem Alter erworbenen Stärken der Beschäftigten optimal für die Unternehmung zu nutzen[289].

Damit diese Maßnahme auch langfristig greifen kann ist es notwendig, die weitläufige Vorstellung zu relativieren, Karrieresprünge würden sich immer nur in Richtung auf eine *höhere* Hierarchieebene vollziehen und sich gleichzeitig in entsprechenden Einkommensverbesserungen niederschlagen.[290] Dem Mitarbeiter muß deshalb stärker vermittelt werden, daß auch die Übertragung einer anderen Funktion auf der gleichen Hierarchieebene eine Beförderung im Sinne eines stärkeren Vertrauensbeweises darstellen kann.

• Befragungsergebnisse zum Mitarbeitergespräch

Ein Blick auf die Ergebnisse der vorliegenden Untersuchung zeigt allerdings, daß Mitarbeitergespräche offenbar noch viel zu selten im hier interessierenden Sinne genützt werden.

Zwar liegt das kontinuierliche Mitarbeitergespräch mit 92% der Befragten, die es als geeignetes Mittel zur Begrenzung des Problems der Inneren Kündigung ansehen, auch an der Spitze der Maßnahmen. Das Ergebnis wird allerdings sehr schnell relativiert durch die ebenfalls hohe Zahl von 41% der Nennungen, demzufolge aufgrund der angegebenen Hinderungsgründe - trotz der erklärtermaßen hohen Eignung - diese wichtige Maßnahme nicht zum Einsatz kommt.
Zunächst wird von den Antwortenden häufig erwähnt, daß die Durchführung der Gespräche "vom Mitarbeiter abhängig"* sei und es in ausreichendem Maße "informelle Gespräche"* gäbe. Informelle Gespräche sind gewiß auch ein guter Ansatz; ob sie allein ausreichen, muß

---

288 Vgl. Hofmann, M., in: Weber, D./ Wittenzellner, C. (1988), S. 84
289 Vgl. Gottschall, D. (1988), S. 229
290 Wie stark dieses überkommene Karriereverständnis noch vorhanden ist, zeigen viele der nachfolgend aufgeführten Hinderungsgründe.

allerdings bezweifelt werden, da es ihnen zum einen an Kontinuität fehlt und zum anderen auch die oben erwähnte Gesprächsvorbereitung selten hinreichend sein dürfte. Die Zufälligkeit des Entstehens solcher Gespräche determiniert vielmehr die Zufälligkeit ihres Ausgangs.

Ein weiterer Fehler liegt darin, sich nur um die offensichtlichen "Problemfälle"* zu kümmern und Gespräche nicht mit allen Mitarbeitern zu führen. Damit entsteht die Gefahr, daß aufgrund fehlender Perspektiven ursprünglich motivierte, "unproblematische" Mitarbeiter - ohne Ziel vor Augen - in ihrer Leistungsbereitschaft nachlassen. Die Erklärung, daß Gespräche "nur auf Anregung des Mitarbeiters"* stattfinden, erscheint vor diesem Hintergrund gewiß nicht unproblematisch.

Wie bei vielen anderen Maßnahmen werden auch hier von den antwortenden Unternehmungen das Verständnis des Vorgesetzten von seiner Führungsfunktion und die daraus resultierenden Anforderungen an seine kommunikativen Fähigkeiten kritisch beleuchtet. Es wird z.B. bemängelt, daß die Gespräche lediglich "ein Monolog des Vorgesetzten sind, in dem er seine Erwartungen darlegt"* und oft "nicht freiwillig vom Vorgesetzten"* ausgehen. So erweisen sich denn auch die in vielen Unternehmungen vorgeschriebenen, jährlichen Mitarbeitergespräche als quälende Routine für beide Seiten.

Der Unternehmungsleitung kommt die Aufgabe zu, organisatorische Rahmenbedingungen zu schaffen, damit der oft genannte Hinderungsgrund "Zeitmangel"* seine Berechtigung verliert und die kommunikativen Fähigkeiten durch die bisher vermißte "Schulung/Fortbildung der Führungskräfte"* verbessert werden können.

Das setzt natürlich eine entsprechende Sensibilisierung der oberen Führung voraus. Wie wenig diese allerdings häufig vorhanden ist, zeigt die lapidare Bemerkung "Sprach-probleme"*, die einer der Befragten äußerte. Solche Barrieren (ohne genau zu definieren, ob es sich bei Sprachproblemen um Verständigungsschwierigkeiten mit ausländischen Mitarbeitern handelt oder um die schlichte Tatsache, daß man mit deutschen Mitarbeitern in der Muttersprache aneinander vorbeiredet) dürften kaum auftreten, wenn beide Seiten sich um mehr Verständnis füreinander bemühen.

Eine wenig problembewußte Haltung nehmen Betriebe ein, die behaupten, das kontinuierliche Mitarbeitergespräch "wird als nicht notwendig erachtet"* oder aber dessen "Wichtigkeit wird noch nicht gesehen"* bzw. einfach bemerken: "es wird 'vor sich hin' gearbeitet"*. Es ist zu befürchten, daß in diesen Unternehmungen die zukunftsorientierte

Sicherung der Leistungsbereitschaft von Mitarbeitern im Tagesgeschäft untergeht, mit möglicherweise fatalen Langzeitwirkungen.

Auch die bereits geforderte Neudefinition des Karrierebegriffs hilft mit, diesen Gefahren vorzubeugen. Denn häufig wird darüber geklagt, daß das Mitarbeitergespräch nicht angewandt wird, weil es nur "wenig oder keinen Spielraum für Karriereplanung"* und "kein Beurteilungssystem"* gibt oder nur "wenig Aufstiegschancen"* zur Verfügung stehen. Um diese Hindernisse zu überwinden, ist die Unternehmungsführung gefordert, Mitarbeitern ein neues Karriereverständnis zu vermitteln und ihnen die daraus resultierenden Alternativen aufzuzeigen.

Wenn es ihr und dem Vorgesetzten durch gemeinsame Anstrengungen gelingt, die genannten Hinderungsgründe zu überwinden, hat auch die Klage über eine "fehlende Personalentwicklungsabteilung"* ihre Berechtigung verloren. Dann hat nämlich der Vorgesetzte - mit der Unterstützung der Unternehmungsleitung - diese Aufgabe selbst wahrgenommen.

6.2.4 Vertrauensbasierte Unternehmungskultur

Unternehmungskultur als die Summe der von den Mitarbeitern geteilten Normen und Wertvorstellungen ist eine der Grundvoraussetzungen für den wirtschaftlichen Erfolg von Unternehmungen. Gerade auch im betrieblichen Alltag erfüllt sie wesentliche Aufgaben[291] : Neben ihrer *Koordinationsfunktion*, die einen tragfähigen Konsens der Mitarbeiter über fundamentale Fragen schafft und ihrer *Integrationsfunktion*, durch die sie innerhalb der Unternehmung ein Wir-Bewußtsein trotz des oft bestehenden Konkurrenz- und Abteilungsdenkens erreicht, ist vor allem ihre *Motivationsfunktion* im Kampf gegen die Innere Kündigung eine wichtige Waffe.

Neben den äußerlich sichtbaren und wahrnehmbaren Artefakten (z.B. Umgangsformen, Kleiderordnungen, oder die Innen- und Außenarchitektur von Gebäuden) wird die Unternehmungskultur besonders in nicht sichtbaren Werten und Normen (die bestimmte Verhaltensvorschriften beinhalten) sowie in grundlegenden Annahmen über den Sinn und die Aufgabe der Unternehmung deutlich. Diese sind zwar nicht konkret faßbar oder sichtbar, werden aber von den Mitarbeitern ohne Hinterfragen als selbstverständlich angenommen und gelebt.

Charakteristische Merkmale einer Unternehmungskultur sind ihr Vergangenheitsbezug, ihre Erfahr- und Erlernbarkeit, ihre Einzigartigkeit und ihre Entwicklungsfähigkeit. Das Meinungs-, Normen- und Wertgefüge ist das gewachsene Ergebnis eines kontinuierlichen Entwicklungsprozesses. Es ist nichts Statisches, sondern einem Wandel durch interne und externe Einflußfaktoren ausgesetzt.[292]

Grundsätzlich besitzt jede Unternehmung eine Kultur. Allerdings ist nicht jede Kultur durch gegenseitiges Vertrauen gekennzeichnet; vielmehr dominieren mißtrauenszentrierte Strukturen in der Praxis noch immer.[293]

Aufgabe der Unternehmungsführung ist daher die Entwicklung und Förderung einer *vertrauensbasierten Unternehmungskultur*. "Vertrauen ist die einzige Eigenschaft, die man sich nicht aneignen kann, sondern verdienen muß"[294]. Dazu sind organisatorische Integrität (das heißt, daß eine Organisation ein klares Bewußtsein davon haben muß, was sie ist und was sie zu tun hat) und Beständigkeit (denn keine Veränderung wird sofort akzeptiert, sondern muß geduldig propagiert werden) unverzichtbare Voraussetzungen, wenn es darum geht, Mißtrauen durch Vertrauen zu ersetzen.[295]

---

291 Vgl. Dill.P./Hügler, G. (1987), S. 146ff.
292 Vgl. Fauth, W. (1991), S. 106
293 Vgl. Krystek, U. (1995) sowie Abschnitt 4.1.1
294 Bennis, W. (1990), S. 45
295 Vgl. Bennis, W./Nanus, B. (1990), S. 52ff.

Eine solche Veränderung vollzieht sich idealtypisch in drei Stufen[296]: Der *Diagnose* der bestehenden Unternehmungskultur schließt sich deren *Gestaltung* und *Veränderung* an, die z.b. durch Schulungsmaßnahmen, Neueinstellungen und organisatorische Veränderungen gezielt unterstützt werden kann. Zur begleitenden Überwachung des Wandels ist während und nach der Gestaltungsphase eine Beobachtung der Unternehmungskultur unerläßlich. Die Unternehmung muß auf diesem Wege versuchen, zu vertrauensvollen Strukturen zu gelangen, denn ..."ständiges Mißtrauen hat die Tendenz, sich fortwährend zu verstärken. Das gilt für das individuelle Mißtrauen des Managers wie für ein - mittels bürokratischer Kontrollmechanismen organisiertes - Mißtrauen der 'Unternehmenspsyche'"[297]. Dabei kommt dem Vorleben durch Unternehmungsführung und Vorgesetzte eine zentrale Bedeutung zu, wenn es um die Glaubwürdigkeit des angestrebten Kulturwandels geht. Kulturveränderung verlangt immer eine eindeutige und einheitliche Identifikation aller Führungskräfte mit veränderten Werten und Normen[298].

Schließlich bedeutet soziale Kompetenz im weitesten Sinn auch, glaubwürdig, berechenbar und eben vertrauenswürdig zu handeln. Vertrauen erwerben sich Führungskräfte, wenn sie - gerade in wirtschaftlich turbulenten Zeiten - an ihren als richtig erkannten Standpunkten festhalten und sich nicht (ständig) von neuen Einflüssen irritieren lassen. Eingeleitete Maßnahmen gegen Innere Kündigung stellen naturgemäß den alten Führungsstil in Frage und zwingen zur Neuorientierung. Sie schlagen sich allerdings nur äußerst selten sofort im betrieblichen Ergebnis nieder. Gerade deshalb ist es wichtig, nicht der Versuchung nachzugeben, vorzeitig wieder den "altbewährten" Kurs einzuschlagen, sondern an der neuen Richtung festzuhalten und den Mitarbeitern so eine Orientierungshilfe zu geben. Deshalb kann letztlich erst durch die soziale Kompetenz der Führung eine demotivierende und kreativitätshemmende Mißtrauensorganisation überwunden werden.

Dem offenen Umgang mit Informationen als einem Instrument zur Kompetenzbildung und Leistungsförderung und zugleich als wirkungsvollster Maßnahme der Vertrauensbildung kommt dabei eine besondere Bedeutung zu[299]. Wenn Informationen nicht rechtzeitig oder nicht vollständig weitergeleitet werden, ist die Gefahr groß, daß aufgrund des nicht gedeckten Informationsbedürfnisses Halbwahrheiten und Gerüchte entstehen, durch die Mißtrauen und Unsicherheit verbreitet werden. Vor allem sollte es der Vergangenheit angehören, Informationen als "Munition für Heckenschützen-Intrigen gegen Karriererivalen"[300] zu speichern.

296 Vgl. Kobi, J.M. (1986), S. 43
297 Derschka, P. (1986), S. 5
298 Vgl. Bleicher, K. (1989), S. 48
299 Vgl. Volk, H. (1988), S. 124
300 Streib, F./Ellers, M. (1994), S. 64

Ein geändertes Informationsverhalten schließt die Verständigungs- und Kommunikations-bereitschaft des Vorgesetzten im Ringen um eine sachlich von beiden Seiten akzeptierte Lösung ein. Dies gilt vor allem dann, wenn dem Mitarbeiter nach Fehlschlägen der Rücken gestärkt werden muß. Erfolgreiche Unternehmungskulturen zeichnen sich auch dadurch aus, daß die Toleranz gegenüber Mißerfolgen einen besonderen Stellenwert hat. Nur wenn die Mitarbeiter immer neue Versuche - und somit auch Fehler - begehen dürfen, kann auch die Unternehmung dazulernen[301].

Trotz der großen Anstrengungen und Risiken, die mit einer solchen Kulturveränderung verbunden sind, sehen 90% aller befragten Unternehmungen eine vertrauensbasierte Unternehmungskultur als unverzichtbaren Baustein im Kampf gegen die Innere Kündigung an. Die Bedeutung dieses Ergebnisses wird noch verstärkt, wenn man sich den hohen Prozentsatz (73%) derer vor Augen hält, die ihre Implementation für die Problemlösung als geeignet ansehen und sie schließlich auch anwenden. Nicht übersehen werden darf aber trotzdem, daß mit 27% in immerhin noch mehr als einem Viertel aller antwortenden Unternehmungen diese Maßnahme nicht zum Einsatz kommt.

Ein Blick auf die genannten Hinderungsgründe verrät warum:
Zunächst einmal wird offensichtlich, daß der Begriff der Unternehmungskultur noch immer mißverstanden wird. Davon zeugen die Äußerungen der Befragten, wonach in den Unternehmungen eine "Kultur nicht ausreichend vorhanden"* ist oder aber daß "*diese* Unternehmenskultur nicht vorhanden sei"*.
Des weiteren wird beklagt, daß "Konkurrenzdenken"* vorherrscht und "aktuelle Tagesprobleme keine Zeit für Grundsatzmaßnahmen lassen"*. Hier ist gewiß das Verständnis der Führung im Hinblick auf ihre mitarbeiterbezogenen Aufgaben zu hinterfragen. Liegt es nicht gerade in ihrer Verantwortung, aufgrund der zutage tretenden Schwachstellen Konzepte zu entwickeln, um über das Alltagsgeschäft hinaus strategische Eckpfeiler für die Zukunft zu setzen ?
Im Bereich der auf die Unternehmung bezogenen Hinderungsgründe stehen die organisatorischen Hürden im Vordergrund. Viele Fragebogenteilnehmer gaben an, daß "Konzernstrukturen"*, "die hierarchische Organisation"* oder allgemein "die Unternehmens-struktur"* im Wege stehen. Ein bereits in anderem Zusammenhang erwähntes Problem sprach ein Teilnehmer an, der bemerkte, die Unternehmung sei zu schnell gewachsen. Diese Tatsache könnte jedoch gerade als besonders günstig für die Veränderung der

---

301   Vgl. Peters, T./Waterman, R.(1990), S. 260

Unternehmungskultur angesehen werden. Speziell Zeiten wirtschaftlicher Ausnahmesituationen bieten - wie bereits in Abschnitt 6.2.2 über die Maßnahme der besseren Sinnvermittlung angesprochen - neben Risiken auch Chancen. Wenn es gelingt, durch konsequente Anwendung der drei erwähnten Schritte zur Kulturveränderung die Entwicklung der Unternehmungskultur der Entwicklung der Unternehmung anzupassen, kann aus dem vermeintlichen Nachteil sogar ein Vorteil werden.

Vorgesetzten wird häufig angelastet, der Entwicklung einer Unternehmungskultur im Wege zu stehen. Dabei wird besonders auf die Schlüsselrolle hingewiesen, die sie als Bindeglied zwischen Unternehmungsleitung und Mitarbeitern einnehmen. Die motivierende Kraft einer Unternehmungskultur, die durch einen "unsicheren und mißtrauischen"* Vorgesetzten, der dieser "Vermittlung keinen großen Stellenwert"* beimißt, konterkariert wird, kann ihre Wirkung nicht entfalten.

Sehr akzentuiert formulierten zwei Befragungsteilnehmer ihre Bedenken im Hinblick auf Vertrauen als Grundwert einer Unternehmungskultur. Einer bemerkte, daß in seiner Unternehmung "Angst das Vertrauen zumindest teilweise ersetzen soll"*. Man kann sich unschwer vorstellen, welches Klima in einer Unternehmung herrschen muß, in der das Vertrauen als zentraler Bestandteil von Unternehmungskultur durch Angst ersetzt werden soll. Einem resignativen Urteil über Unternehmungsführung kommt die Aussage eines anderen Teilnehmers gleich, der bemerkt: "Die Unternehmensleitung hat selbst keine Kultur"*.

6.2.5 Positives Betriebsklima

Nach einer 1989 von W. Jochmann[302] vorgelegten Studie ist die Unzufriedenheit mit dem herrschenden *Betriebsklima* der häufigste Grund für die Kündigung von Führungskräften. Was für die äußere Kündigung gilt, läßt sich unschwer auch auf die Problematik der Inneren Kündigung übertragen. Der Gestaltung des Betriebsklimas als der Wahrnehmung und Bewertung von Organisationsgegebenheiten auf der Ebene der Belegschaft[303] kommt für die Steigerung von Engagement und Eigeninitiative eine entscheidende Bedeutung zu. Sie wird deshalb auch von den im Rahmen dieser Studie befragten Unternehmungen als eine der wichtigsten Maßnahmen im Kampf gegen die nachlassende Leistungsbereitschaft angesehen.

Dabei ist zu beachten, daß sich das Betriebsklima - wie bereits erwähnt - aus einer Vielzahl von Komponenten zusammensetzt. Eine zentrale Rolle spielt die *unternehmungsinterne Kommunikation*, deren Wirkungsgrad darüber entscheidet, wie sich der Informationsfluß als Ausdruck gegenseitigen Vertrauens sowie als Voraussetzung für eine gesteigerte Leistungsfähigkeit vollzieht. Damit eng zusammen hängt die Frage, in welchem Ausmaß *Klarheit über die Unternehmungs- und Abteilungsziele* besteht. Wer sich engagieren soll, muß wissen, wofür er sich engagiert. Auch unter diesem Aspekt wird einmal mehr deutlich, wie stark die Bemühungen um eine motivierende Sinnvermittlung von der Qualität der Kommunikation innerhalb des Betriebs abhängen.

Die Qualität der unternehmungsinternen Umgangsformen drückt sich nicht zuletzt auch darin aus, wie Vorgesetzte und Führungskräfte sich gegenüber Mitarbeitern verhalten, die längere Zeit am Arbeitsplatz gefehlt haben. Wenn akuter Schaden, z.B. durch Fehlzeiten, bereits eingetreten ist - unabhängig davon, ob die Fehlzeiten des Mitarbeiters krankheitsbedingt sind oder durch Frustration am Arbeitsplatz ausgelöst werden - gilt es grundsätzlich, den Mitarbeiter nicht in diskriminierender Weise zu ignorieren, sondern mit ihm ein *Rückkehrgespräch* zu führen. Indem man ihm zeigt, daß man ihn vermißt hat, sich über sein Befinden erkundigt und ihn über die in der Zwischenzeit eingetretenen betrieblichen Veränderungen informiert, wird sein Selbstwertgefühl verstärkt und die Motivation erhöht.

Besteht der begründete Verdacht, daß der Arbeitnehmer innerlich gekündigt hat und sich sein nachlassendes Engagement auch in immer häufigerer Abwesenheit am Arbeitsplatz bemerkbar macht, ist es die Aufgabe des Vorgesetzten, ihn auf diese Entwicklung anzusprechen.

---

302 Vgl. Blasion, A. (1993), S. 83ff.
303 Vgl. Rosenstiel v., L. (1983), S. 26

Sinn kann ein Gespräch über ein solch heikles Thema aber nur dann haben, wenn der Vorgesetzte sich der möglichen Wirkungen bewußt ist und entsprechend sensibel vorgeht. Ein hohes Maß an Selbstsicherheit, psychologischem Einfühlungsvermögen, adäquatem Gesprächsverhalten und Kenntnisse über die persönliche Situation des Mitarbeiters sind dafür unabdingbare Voraussetzungen[304]. Nur wenn der Vorgesetzte bemüht ist, den Kontakt im zwischenmenschlichen Bereich zu suchen und dabei seine betriebliche Funktion hintan stellt, kann es gelingen, Ursachen der häufigen Fehlzeiten zu ergründen.

Der Vorgesetzte sollte in seinem Rückkehrgespräch weitverbreitete Fehler tunlichst vermeiden und deshalb[305] :
- negative Schlagworte unterdrücken (z.B. "krankfeiern"),
- Druck und Streß nicht erzeugen, sondern abbauen,
- auch eigene Fehler eingestehen,
- nicht persönlich werden,
- keine alten Verfehlungen erneut ansprechen,
- das Gespräch so führen, daß jeder der Beteiligten sein Gesicht wahren kann.

Ein erstes Gespräch dürfte dennoch häufig nicht gleich den entscheidenden Durchbruch erzielen. Es muß vielmehr als Fundament zur Schaffung eines notwendigen Vertrauensverhältnisses angesehen werden. Wenn sich der Erfolg nicht gleich einstellt, der Mitarbeiter aber den Mut hat, offen und ohne Angst vor Benachteiligungen über die Ursachen seiner häufigen Fehlzeiten zu reden; dann ist zumindest ein Anfang gemacht, eine Vertrauensbasis geschaffen, auf der sich gut aufbauen läßt.

Ein betriebliches Miteinander, das durch Offenheit, Toleranz und Verläßlichkeit gekennzeichnet ist, eine harmonische Arbeitsatmosphäre sowie eine über die betriebliche Zusammenarbeit hinausgehende menschliche Kontaktpflege können nicht zuletzt auch ganz entscheidend dazu beitragen, das sich unter den Mitarbeitern ein außerordentlich wichtiger Motivationsfaktor, das "*Wir-Gefühl*", verbreitet. Wenn solche Umgangsformen von der Führung beispielhaft vorgelebt werden, wächst die Leistungsfähigkeit der Mitarbeiter mit der so verbesserten Qualität des Unternehmungsklimas. Deshalb empfiehlt es sich für erfolgsorientierte, innovative Unternehmungen, das vorhandene Betriebsklima zu überprüfen, zu pflegen und zu verbessern[306] .

---

[304] Vgl. Oehlers, H. (1989c), S. 841
[305] Vgl. Meder, H.-J./Bitzer, B. (1993) S. 212 und: Volk, H. (1989a), S. 328ff.
[306] Vgl. Nütten, N. (1988), S. 43

Insgesamt 85% aller antwortenden Unternehmungen sehen die Gestaltung der unternehmungsinternen Umgangsformen und damit des Betriebsklimas als geeignet an, einer Ausbreitung von Innerer Kündigung vorzubeugen. Daß gerade diese Maßnahme als wichtig betrachtet wird, kann kaum überraschen. Schließlich wird damit verdeutlicht, daß ohne ein von Respekt, Vertrauen und gegenseitige Achtung geprägtes Miteinander viele andere Maßnahmen, wie z.B. die psychologische Unterstützung bei Problemen des Mitarbeiters, nicht greifen können.

Diese Aussagen werden durch die Tatsache eindrucksvoll unterstrichen, daß 82% der Unternehmungen, die die Maßnahme der Verbesserung des Betriebsklimas als geeignet für eine Eindämmung Innerer Kündigung ansehen, sie nach ihren Angaben auch anwenden. Bezogen auf den Grad der Anwendung ist dies der höchste Wert aller 15 aufgeführten Maßnahmen.

Entsprechend der hohen Zustimmung zu diesem Punkt wurden diesbezüglich auch nur wenige Hinderungsgründe genannt. Gleich dreimal wurde allerdings betont, daß die Umsetzung häufig durch die Führungskraft behindert wird, bis hin zu der Aussage, daß mancher Vorgesetzte "den Mitarbeiter ausspielt"*. Aber auch "Konzernstrukturen"* oder die geringe Resonanz und skeptische Haltung der Mitarbeiter werden beklagt. Nicht unerwähnt bleiben darf schließlich auch eine Bemerkung, aus der schon sehr viel Resignation spricht: "Feigheit und Gleichgültigkeit überwiegen"*.

6.2.6 Selbstreflexion des Vorgesetzten

Aus Sicht des Vorgesetzten erscheint es möglicherweise naheliegend, Innere Kündigung zunächst bei Kollegen und Mitarbeitern zu diagnostizieren, sich aber über die eigene Anfälligkeit gegenüber diesem Problem keine Gedanken zu machen oder solche Überlegungen zu verdrängen. Von der Bereitschaft der Führungskraft zur kritischen *Selbstreflexion* hängt es aber ganz entscheidend ab, ob und inwieweit sie daraus praktische Konsequenzen ziehen kann. Denn schließlich sind auch Vorgesetzte gegenüber dem Virus der Inneren Kündigung nicht immun. Fast alle von ihnen sind gleichzeitig Mitarbeiter auf vorgelagerten Ebenen und allein schon in dieser Rolle wie Mitarbeiter schlechthin anfällig für Innere Kündigung.

"Die gute Führungskraft macht sich nie etwas vor, besonders nicht über sich selbst; sie kennt ihre Fehler und ihre Trümpfe und setzt sich mit ihnen direkt auseinander."[307] Einer kritischen Selbsthinterfragung stehen aber meist eine Mischung aus Unkenntnis, Bequemlichkeit, Angst vor unangenehmen Wahrheiten und nicht zuletzt ein falsches Rollenverständnis entgegen.

Immer wieder werden Ausflüchte wie z.B. das zu strapaziöse Tagesgeschäft oder wichtige Terminarbeiten genannt, die einer kritischen Reflexion über die eigene Situation angeblich im Wege stehen. Dahinter steht häufig die Angst, durch eine Selbsthinterfragung entweder die eigene Anfälligkeit für die Innere Kündigung festzustellen oder erkennen zu müssen, daß man selbst schon davon betroffen ist.

Beruflich erfolgreiche Persönlichkeiten zeichnen sich dagegen oft durch ihre Fähigkeit zur Selbsteinschätzung aus, zu der vor allem auch das Vermögen gehört, mit Niederlagen und Rückschlägen fertig werden zu können[308]. Wer mit solchen Erfahrungen richtig umgehen kann, wird daraus wertvolle Schlüsse für sein zukünftiges Verhalten ableiten können. Denn nur wer aus den eigenen Erfahrungen lernt, ist sich seiner Fehler im Umgang mit Mitarbeitern und Kollegen bewußt und kann sich wirklich in deren Lage hineinversetzen oder wie Bennis/Nanus es formulieren: "Für die erfolgreiche Führungskraft ist Mißerfolg ein Anfang, das Sprungbrett der Hoffnung."[309]

Nur wer sich selbst hinterfragt, kann auch die Probleme seiner Mitarbeiter besser verstehen. "Beobachtung ist auch Selbstbeobachtung. Innere Kündigung nistet auch im Herzen des

---

[307] Bennis, W. (1990), S. 44
[308] Vgl. Blasion, A. (1993), S. 67
[309] Bennis, W./Nanus, B. (1990), S. 72

Vorgesetzten."[310] Er muß begreifen, daß seine Mitarbeiter mit den gleichen Gefühlen und Erwartungen wie er selbst zur Arbeit kommen und ihre emotionalen Bedürfnisse akzeptieren[311]. Dem steht noch immer die Einstellung vieler Manager im Wege, die so stark auf ihre Karriere fixiert sind, daß sie einzig und allein auf schnelle und rechenbare Erfolge achten und sich deshalb nicht für die persönlichen Belange ihrer Mitarbeiter interessieren[312]. Gerade aber durch das Hineinversetzen in die Situation der Mitarbeiter eröffnen sich den Vorgesetzten neue Perspektiven. Es ist ein Fehler, die alltägliche Mehrdeutigkeit als eine zu beseitigende Störung zu begreifen. Vielmehr muß darin die Chance zur Erweiterung von bislang unausgeschöpften Handlungsmöglichkeiten gesehen werden[313].

Der allgemein festzustellende *Wertewandel* muß von den Führungskräften als ein Phänomen anerkannt werden, das auch und gerade ihre Mitarbeiter trifft. Dazu gehört, zu akzeptieren, daß im Zuge dieses Wertewandels zunehmend weniger Mitarbeiter bereit sind, sich vollständig den Forderungen der Unternehmung anzupassen und ihr privates Leben dem Beruf zu opfern. Auf Familie und Freizeit soll eben nicht mehr fast vollständig verzichtet werden.[314] Führungskräfte müssen einsehen, daß auch derjenige, der während der Arbeitszeit Vorzügliches leistet, z.B. pünktlich am Freitagnachmittag ins Wochenende starten will. Man wird lernen müssen, daß solche Mitarbeiter unentbehrlich sind und gerade jene Unternehmungen in der Motivation qualifizierter Arbeiter und Angestellter Spitzenplätze belegen werden, die auf solche Tendenzen positiv reagieren und sie als Anreize nutzen, qualifiziertes Personal zu gewinnen und langfristig zu motivieren.[315]

Konkret umgesetzt bedeutet dies für die Unternehmung und ihre Führungskräfte eine stärkere Beachtung der Bedürfnisse nach Selbstentfaltung, Selbständigkeit und sozialer Bestätigung unter Berücksichtigung von Motivatoren wie Leistungsanerkennung, interessante Arbeit oder berufliche Verantwortung und Aufstiegsmöglichkeiten.

Von den befragten Unternehmungen gaben 81% an, daß sie eine Selbstreflexion der Vorgesetzten als insgesamt geeignet ansehen, um der Inneren Kündigung wirkungsvoll zu begegnen. Dieser hohe Wert wird allerdings relativiert, wenn man berücksichtigt, daß davon nur 57% diese Maßnahme in der eigenen Unternehmung auch anwenden, 43% dagegen darauf verzichten.

---

310 Gross, P. (1992a), S. 92
311 Volk, H. (1988), S. 126
312 Vgl. Derschka, P. (1988), S. 5
313 Vgl. Neuberger, O. (1989), S. 457
314 Vgl. Rosenstiel v., L. (1992), S. 343
315 Vgl. Rosenstiel v., L. (1993), S. 90

Folgende Gründe wurden von den antwortenden Unternehmungen für die in diesem Zusammenhang auftretenden Schwierigkeiten genannt:

Während bei anderen Maßnahmen Hinderungsgründe für die Durchsetzung hauptsächlich im Bereich der Unternehmungsleitung zu suchen waren, betrifft dies bei der Selbsthinterfragung ausschließlich die Person des Vorgesetzten. Allerdings werden ihr dabei häufig auch einige Punkte angelastet, die in Wahrheit nicht von ihr zu vertreten sind, sondern z.B. aus einer dysfunktionalen Unternehmungsorganisation resultieren. Dazu gehören vor allem "Zeitknappheit"*, die zu starke "Einbindung ins Tagesgeschäft"* und die häufiger erwähnte "fehlende Qualifikation des Vorgesetzten"*, wobei speziell Qualifikation und Organisation der Arbeit des Vorgesetzten immer nur so gut sein können, wie es die Unternehmung mit ihrer Kultur, ihren Regeln und Strukturen zuläßt.

Eine Analyse der diese Maßnahme blockierenden Hinderungsgründe läßt einmal mehr Kritik an der Rolle des Vorgesetzten deutlich werden. Die im Kapitel 4 "Ursachenschwerpunkte Innerer Kündigung" bereits erwähnte, starke Betonung des Fehlverhaltens der Vorgesetzten setzt sich hier fort. Es wird ihnen von den Befragten vorgeworfen, "unselbstkritisch"* und "selbstgerecht"* zu sein. "Der Vorgesetzte merkt, daß etwas faul ist, will aber die Wahrheit nicht wissen"*, faßt es ein Befragungsteilnehmer zusammen.

Darüber hinaus wird die kritische Reflexion als "schwer zu überprüfende"* und "individuelle, da personenbezogene Maßnahme"* eingeschätzt. Außerdem sei eine effiziente Anwendung nicht immer "bei jedem Vorgesetzten gewährleistet"*; überhaupt "reden Vorgesetzte nur, tun aber doch, was sie wollen"*.

6.2.7 Verändertes Selbstverständnis des Vorgesetzten Vom Regenten zum Moderator:

Alle bisher aufgeführten Maßnahmen müssen scheitern, wenn der Vorgesetzte am alten Bild des fachlich überlegenen und menschlich unfehlbaren Regenten einer Abteilung festhält, wie es implizit erst in der letzten Aussage eines Befragten am Ende des vorangegangenen Abschnittes 6.2.6 zum Ausdruck kam. Mehr denn je ist es nötig, die Gewichtung zwischen der fachlichen und der sozialen Kompetenz des Vorgesetzten neu zu bestimmen. Noch immer gilt in der Praxis offenbar, daß Vorgesetzte für ihre Sachaufgabe gut ausgebildet, auf ihre Personalaufgabe aber denkbar schlecht vorbereitet sind. Für die Arbeitsteilung scheint noch immer das Prinzip Gültigkeit zu haben, wonach jeder die Aufgaben erfüllt, die er zu beherrschen glaubt.[316]

Angesichts fortschreitender Spezialisierung und zunehmendem Detailwissen ist es Vorgesetzten jedoch nur noch schwer möglich, Mitarbeitern in allen Belangen fachlich überlegen zu sein. Respekt wird ihnen nicht mehr aufgrund eines Wissensvorsprungs entgegengebracht, sondern viel stärker aufgrund des praktizierten *Führungsverhaltens*.

Für die Motivation und Begeisterungsfähigkeit von Mitarbeitern hat dabei die *soziale Kompetenz* - hinreichendes Fachwissen des Vorgesetzten vorausgesetzt - einen ungleich höheren Stellenwert als die einseitige Fixierung auf fachliches Können. Ein Wandel des Selbstverständnisses bedeutet dabei gleichzeitig auch die Änderung von Aufgaben des Vorgesetzten, wie sie sich idealtypisch in etwa nachfolgend darstellen:

- Er delegiert und koordiniert die Einzelbeiträge der Mitarbeiter zur Arbeitsgruppenleistung.
- Er bestimmt Grenzen, in denen die Gruppenmitglieder eigenverantwortlich tätig sind.
- Er erkennt und entschärft auftretende Gruppenkonflikte.
- Er wirkt als Verbindungsmann zwischen unteren und höheren Unternehmungsebenen und sorgt somit für einen reibungslosen Informationsfluß.

Ein solches Verhalten bedeutet eine radikale Abkehr vom tradierten Bild des Vorgesetzten, der die Durchsetzung seiner Anordnungen kontrolliert, Aufgaben nur wenn nötig delegiert und deshalb auch zu wenig Zeit hat, um etwa über Abteilungsgrenzen hinwegzudenken.

---

[316] Vgl. Nieder, P. (1991), S. 3

Im Rahmen einer Veränderung des Selbstverständnisses wird ein Konsens zwischen ihm und seinen Mitarbeitern über die Bewältigung der Aufgaben nicht mehr durch Befehl, sondern durch Überzeugung und Diskussion erreicht. Dies erfordert natürlich die Bereitschaft, über das eigene Verhalten nachzudenken und gegenüber sich selbst Fehler einzugestehen. Die dazu nötige "Selbsterkenntnis ist so hart, daß mancher lieber zehn schwierige Unternehmensanalysen macht als eine in eigener Sache"[317]. Deshalb bringt L. v. Rosenstiel das unterstützende Instrument der *Aufwärtsbeurteilung* ins Gespräch. "Statt eine systematische Personalbeurteilung von oben nach unten vorzunehmen, empfiehlt sich häufig bei Führungsschwierigkeiten eine Beurteilung des Vorgesetzten durch seine Untergebenen. Richtig gemacht, können sich auf beiden Seiten wertvolle Lernprozesse einstellen."[318]

Am Ende eines solchen Prozesses steht dann das Idealbild eines "Modellvorgesetzten"[319]. Er regiert nicht mehr, sondern konzentriert sich vielmehr darauf, zu initiieren. Als Teil eines Teams koordiniert er dessen Aktivitäten als "primus inter pares" und wirkt als *Moderator*. Nur in Ausnahmefällen greift er korrigierend ein, um auf die als gemeinsames Ziel begriffene Ergebnisvorstellung hinzulenken.[320] Das beharrliche Weiterverfolgen einer einmal als richtig erkannten Sache, das Wahrnehmen einer Art Pufferfunktion zwischen den unterstellten Mitarbeitern und dem eigenen Vorgesetzten und das uneigennützige Fördern der Mitarbeiter durch Weiterbildungsmöglichkeiten machen den Vorgesetzten zum Vorbild neuen Typs[321]. Als potentielle Vorgesetzte der Zukunft ahmen seine Mitarbeiter über das indirekte Lernen die Verhaltensweisen der Führungskraft nach, um so später selbst zu Vorgesetzten eines solch neuen Typs zu werden. Gerade dieses Multiplikatoreffektes sollte sich die Unternehmungsleitung bewußt sein, was konsequenterweise bedeutet, daß sie diesen Wandlungsprozeß initiieren und fördern muß.

Von den Befragten schätzen 78% diese Maßnahme als geeignet ein, allerdings wenden sie nur 66% in der eigenen Unternehmung auch an. Eine weiterführende Analyse erbringt zusätzliche Erkenntnisse: Immerhin 59% von den 22%, die im Rahmen der Befragung einer Veränderung des Selbstverständnisses keine große Bedeutung im Kampf gegen die Innere Kündigung zuschreiben, wenden diese Maßnahme trotzdem an.

Eine ungewöhnlich hohe Anzahl der Befragten stellt durch Behauptungen wie: "Moderieren ist nicht immer sinnvoll"*, "eine Führungskraft sollte führen, nicht moderieren"*, "wird als

---

317 Weber, D./Wittenzellner, Ch. (1988), S. 80
318 Rosenstiel v., L. (1991b), S. 56
319 Vgl. Keller, E. (1987), S. 277ff.
320 Vgl. Volk, H. (1988), S. 126f.
321 Vgl. Fauth, W. (1991), S. 111

nicht notwendig erachtet"* oder durch den Hinweis darauf, daß "Regieren" scheinbar erfolgreich sei, ein "Moderieren statt Regieren" grundsätzlich in Frage. Natürlich kann "Regieren" erfolgreich sein. Es lohnt sich aber gewiß darüber nachzudenken, ob eine Änderung des Führungsstils, der authentisch nur in einer Veränderung des Selbstverständnisses des Vorgesetzten seinen Ursprung finden kann, langfristig nicht doch die größeren Vorteile bringt.

Zur Unterstützung der angestrebten Veränderung muß die Unternehmungsleitung die organisatorischen Voraussetzungen schaffen. Hemmnisse wie "Hierarchiedenken"*, "veraltete Strukturen, die sich nicht adhoc ändern lassen"* oder der "Mangel an Zeit für gezielte Fördermaßnahmen"* sollten den Weg vom *Regieren* zum *Moderieren* nicht verstellen. Noch wichtiger: Die Unternehmungsleitung muß mit einem offenbar weitverbreiteten Mißverständnis aufräumen, wonach eine Veränderung des Selbstverständnisses als Vorgesetzter gleichbedeutend ist mit der Aufgabe, die "Persönlichkeit (zu) ändern"*. Vielmehr geht es um eine Änderung der Einstellung zum Beruf, zu Mitarbeitern und zur eigenen betrieblichen Funktion. Umsichtige Führung ermutigt auf diesem Weg auch den einzelnen Vorgesetzten, in dieser Richtung stärker an sich zu arbeiten. Nur so lassen sich diejenigen Hindernisse auf dem Weg zum "Moderieren" beseitigen, die in der (nicht vorhandenen) "Qualität des Vorgesetzten"* liegen. Sie äußert sich nach Angabe der Befragten darin, daß Vorgesetzte durch "konfuse Anleitungen moderieren"* oder aufgrund ihrer "Bequemlichkeit"* und wegen erheblicher "Flexibilitätsmängel"* nicht zu einer Änderung ihres Führungsverhaltens bewegt werden können.

6.2.8 Kreativitätsfördernde Organisationseinheiten

Bestehende Organisationsstrukturen schöpfen häufig nur einen Bruchteil der innerhalb einer Unternehmung vorhandenen Kreativität aus. Der Großteil des kreativen Potentials geht somit zwangsläufig verloren, wird fehlgeleitet oder verliert sich in Anonymität. *Anonyme Kreative* finden sich in allen Bereichen der Unternehmungen, wo sie häufig mit Aufgaben beschäftigt sind, bei denen ihre Fähigkeit, Neues zu gestalten, überhaupt nicht oder in viel zu geringem Maße gefordert wird. Wohl kaum eine Unternehmung kann es sich leisten, diese Mitarbeiter weiterhin unerkannt und fehlgeleitet an Arbeitsplätzen zu belassen, die lediglich Routineprogramme abwickeln und kaum Ansprüche an Kreativität stellen.[322]

Häufig sind bestehende Organisationsformen dadurch gekennzeichnet, zwar hervorragend geeignet zu sein, das Tagesgeschäft sowie Routineaufgaben zu bewältigen; dabei zumeist aber völlig ungeeignet, Kreativität zu fördern und Innovationen zu realisieren. Die aus einer solchen Diagnose abzuleitende Therapie zur kreativitätsfördernden Veränderung der Organisation sollte sich deshalb zunächst auf die Änderung vorhandener Organisationsformen konzentrieren. Dies geschieht z.B. durch:

- den Abbau von "Kreativitäts-Bremsen"
  (z.B. extreme Arbeitsteilung oder schlechte Arbeitsbedingungen),
- die Förderung von Teamarbeit,
- den Abbau von Routineprozessen,
- die Implementierung eines betrieblichen Vorschlagswesens oder
- die Einführung von Quality Circles.[323]

Langfristiges Ziel einer Reorganisation der Gesamtunternehmung muß es sein, auf diesem Wege die immer komplexer und bürokratischer werdenden, monolithischen Einheiten zu überwinden und über Dezentralisation sowie ein verstärktes Angebot von Autonomie Freiräume zur Entfaltung von Kreativität und zur Verwirklichung der daraus entstandenen Ideen zu erweitern.[324]

Den Mitarbeitern müssen Bereiche zugewiesen werden, in denen sie eigenverantwortlich wirken können, ohne daß ein Vorgesetzter über sie hinweg Entscheidungen fällt.

---

[322] Vgl. Nütten, N. (1988), S. 87
[323] Vgl. Nütten, N. (1988), S. 163ff.
[324] Vgl. Bleicher, K. (1989), S. 80ff.

Deshalb sollten verstärkt kleinere, teilautonome Organisationseinheiten geschaffen werden, die für den einzelnen überschaubar sind, die Kommunikation erleichtern und es ihm ermöglichen, selbständig zu entscheiden und zu handeln[325]. An die Stelle einer zentralisierten Organisationsstruktur sollte mehr Dezentralisation treten, die Kreativität und Selbstentfaltung ermöglicht und die Mitarbeiter stärker am betrieblichen Meinungs-, Willens- und Zielbildungsprozeß beteiligt. Durch solche Veränderungen wird ein hohes Maß an Qualität der Arbeit gefördert. Sie erwächst daraus, daß sie die Mitarbeiter motiviert, sich mit ihrer Tätigkeit zu identifizieren. Was sie tun, ist dann wirklich ihre Sache; in ihrer Arbeit und in den Ergebnissen dieser Arbeit finden sie sich wieder.[326]

Als Beispiel für stärkere Mitentscheidungsmöglichkeiten auf der Ebene der Gesamtunternehmung kann das Prinzip der *Holding-Struktur*, insbesondere der Management-Holding gelten. Ihre Grundstruktur verbindet die Vorteile großer Unternehmungseinheiten (Kapitalkraft, Marktmacht, Größendegressionsvorteile) mit den Vorteilen kleiner Einheiten (Flexibilität, Kooperationsfähigkeit, Marktnähe). Ihr Grundkonzept gilt als besonders innovationsfördernd durch eine geringere Anzahl von Hierarchieebenen, einen hohen Grad an Entscheidungsdezentralisation, einen geringen Grad an Formalisierung und Standardisierung sowie durch ihre offenen Kommunikationsstrukturen.[327]

Welche Bedeutung der Implementierung teilautonomer Strukturen in der Praxis zukommt, zeigen auch die Ergebnisse der vorliegenden Untersuchung. Die Einrichtung kleinerer und überschaubarerer Organisationseinheiten wird von 76% der Befragten als geeignetes Mittel gegen die Innere Kündigung angesehen. Selbst bei denen, die dieser Maßnahme im hier interessierenden Zusammenhang skeptisch gegenüberstehen und sie als nicht geeignet einstufen, fällt der hohe Anteil (71%) von Unternehmungen auf, die sie trotzdem (aus welchen Gründen auch immer) einsetzen.

Der Realisation teilautonomer und damit tendenziell kreativitätsfördernder Organisationseinheiten kann dabei einiges im Wege stehen, wie die aufgeführten Hinderungsgründe zeigen. Häufig wurde von den Befragten behauptet, die Bildung solcher Einheiten sei "organisatorisch nicht möglich"* oder aber aufgrund "technischer Vorgaben durch bestehende Anlagen (Fließbandarbeit)"* nicht in die Tat umzusetzen. Darüber hinaus drückt sich aber möglicherweise auch das in der Unternehmung noch vorhandene Mißtrauen

---

[325] Vgl. Nuber, U. (1987), S. 26
[326] Vgl. Wössner, M. in: Löhnert, W. (1990), S. 243
[327] Vgl. Bühner, R. (1991), S. 142 und Bühner, R. (1987), S. 44

bei einer Restrukturierung der Arbeitsorganisation aus, wenn die "Gefahr der Verselbständigung dieser Organisationseinheiten und somit der Verlust des reibungslosen Zusammenarbeitens"* angesprochen oder betont wird, daß kleine Einheiten in einzelnen Bereichen zwar vorhanden sind, die erfolgreiche Umsetzung jedoch "vom Bereichsleiter abhängig"* sei. Auch die durch eine Dezentralisierung verlorengehenden Kostenvorteile werden ins Spiel gebracht. Die Einrichtung kleinerer Organisationseinheiten stünde dem notwendigen "Drang zur Zentralisierung"* im Wege und verhindere die Nutzung von Synergieeffekten.

Als Minderheitsmeinung einer antwortenden Unternehmung kann wohl deren Aussage gewertet werden, wonach die Bildung kleiner, überschaubarer Organisationseinheiten nicht vorgesehen ist, weil "Kreativität nicht als notwendiger Arbeitsantrieb betrachtet"* wird.

6.2.9 Unternehmungsvisionen

Visionen sind kraftvolle, ideologisch geprägte Zielvorstellungen, die als Orientierungspunkte für Ziel- und Zielerreichungsplanungen dienen.[328] Ihre Wirkung wird verstärkt durch die Begeisterung der Mitarbeiter für eine Führungspersönlichkeit oder eine Führungsmannschaft.

Bonsen[329] sieht generell folgende *Wirkungen von Visionen* für den Menschen:
- sein gesamtes *Handeln* ist stärker motiviert, da ihn seine Zielvorgabe förmlich anzieht,
- seine *Wahrnehmungen* werden sensibler,
- sein Verständnis von *Machbarem und nicht Machbarem* wandelt sich,
- er *setzt seine Prioritäten besser ein,*
- er wird *kreativer und ideenreicher,*
- er *reißt andere* durch seine visionäre Kraft *mit.*

Nicht zuletzt können Visionen auch die Funktion einer *selbsterfüllenden Prognose* einnehmen, indem sie als erwartete Zukunftsvorstellung die künftig eintretende Realität beeinflussen.

Visionen stärken die Identifikation mit der Unternehmung und bewirken so eine Steigerung des Engagements. Sie wirken im wahrsten Sinne des Wortes "packend". Anfangs ist die Führungsfigur davon gepackt, dann springt die Aufmerksamkeit auf andere über und veranlaßt sie, auf den fahrenden Zug aufzuspringen[330] .

Im Idealfall gelingt es der Führung, ihre Visionen überzeugend vorzuleben und beharrlich zu vertreten und sie auf diese Weise über die "Infektion" von Mitarbeitern in die Unternehmungskultur einfließen zu lassen. "Ein wesentlicher Faktor für eine erfolgreiche Führung ist die Fähigkeit, Sinngehalte für die Angehörigen der Organisation zu beeinflussen und zu organisieren"[331] .

Visionen lassen deshalb die Arbeit für den Mitarbeiter in neuem Licht erscheinen. Zwar sind sie nach wie vor kleine Rädchen in der Maschine, aber sie wissen jetzt, warum das Rädchen für die Maschine wichtig ist und vor allem: Sie wissen, warum die Maschine so wichtig ist.

---

[328] Vgl. Hahn, D. (1992), S. 10ff. und Henzler, H. (1992), S. 811ff.
[329] Vgl. Bonsen v., M. (1987), S. 49ff., zitiert nach Bleicher, K. (1994b), S. 109f.
[330] Vgl. Bleicher, K. (1994b), S. 35
[331] Bleicher, K. (1994b), S. 44

Dieses Gefühl ist zur Verhinderung von Tendenzen der Inneren Kündigung um so bedeutsamer, da Arbeitsteilung und Spezialisierung immer mehr als *Sinnbremsen* wirken, durch die den Mitarbeitern die Sinnhaftigkeit ihres Tuns zunehmend verloren geht.[332]

Wenn jedoch Mitarbeiter an Visionen glauben, sind sie aus eigenem Antrieb bereit, Ziele anzustreben und zu verwirklichen. Im Idealfall führen gemeinsam getragene Visionen zu einem Höchstmaß an Selbstorganisation: die Mitarbeiter handeln dann entsprechend den visionsorientierten Zielen der Unternehmung. Führung kann auf das nötige Maß reduziert werden, wenn der Vorgesetzte als Repräsentant der Unternehmung zur Bezugsperson des Mitarbeiters wird und dadurch die Ziele der Firma auch zu seinen persönlichen Zielen werden.[333]

Visionäre Führer vertreten häufig Ziele, die von tradierten Vorstellungen abweichen und stellen den Mitgliedern der Organisation oft eine Verbesserung ihrer Situation in Aussicht. Sie zeichnen sich durch Dominanz, Selbstvertrauen und die Überzeugung von der Richtigkeit des eigenen Tuns aus.[334]

Ganz besonders in wirtschaftlichen Notzeiten finden visionäre Führer mit ihren von der Norm abweichenden Zielvorstellungen Gehör. Eine Krisensituation wird von ihnen deshalb immer auch als Chance erkannt, in der die Bereitschaft zu radikalen Veränderungen am größten ist. Angesichts der Tatsache, daß sich der Prozeß der Krisenbewältigung fast immer unter Ungewißheit über den Ausgang - Rettung oder Untergang - vollzieht, ist gerade in solchen Situationen in entscheidendem Maße Mut und Risikofreude auf seiten der Unternehmungsleitung und eine engagierte Propagierung der Visionen durch die Vorgesetzten gefragt[335].

---

[332] Bleicher, K. (1989), S. 36
[333] Vgl. Keller, E. (1987), S. 277
[334] Vgl. Stelmaszyk, W. (1981), S. 237
[335] Vgl. Krystek, U. (1989), S. 31

Nach Guthof[336] lassen sich *drei Schritte* kennzeichnen, mit denen gerade Visionen, denen eine starke Veränderungskraft innewohnt, bei ihrer Vermittlung und Aufrechterhaltung unterstützt werden können.[337]

- **Kommunikation der Vision:**
  Im Rahmen der Kommunikation der Vision muß der *besondere Charakter* ihrer zukunftsweisenden Botschaft durch geeignete Kommunikationsträger und -mittel hervorgehoben werden.

- **Schaffung von Dringlichkeitssinn**
  Als Basis für eine betont veränderungsorientierte Vision empfiehlt sich die bewußte *Induzierung eines Gefühls der Unzufriedenheit.* Es erhöht die Bereitschaft zum Wandel.

- **Wahrnehmung eines positiven Zukunftsbildes**
  Visionen, die eine Art *Weltuntergangsstimmung* verbreiten, sind *kaum geeignet,* Tendenzen Innerer Kündigung entgegenzuwirken. Vielmehr müssen es *glaubwürdig positive Zukunftsbilder* sein, die dem Einzelnen permanent vor seinem geistigen Auge erscheinen.

Immerhin 76% der an der Untersuchung teilnehmenden Personalverantwortlichen halten das Vermitteln und Umsetzen von Visionen für geeignet, nur 66% allerdings wenden diese Maßnahme auch an.

Es werden denn auch massive Hinderungsgründe genannt, die einem erfolgreichen Einsatz von Visionen entgegenstehen. Viele davon machen deutlich, daß es in der Praxis offenbar Schwierigkeiten bereitet, Visionen zu entwickeln, zu vermitteln und aufrechtzuhalten. So versuchen etwa pragmatisch orientierte und auf zeitlich Vordringliches fixierte Führungskräfte, sie zu diskreditieren und in die Nähe unrealistischer Phantasien zu rücken. Dafür sprechen die folgenden Äußerungen: "Als Praktiker und Realisten benötigen wir keine Visionen"*, "Visionen sind zu 'abgehoben'"*, "Wir vermitteln Ziele, keine Visionen"*.

Bevor allerdings an die Umsetzung von Visionen gedacht werden kann, müssen sie erst einmal entworfen werden. Dies bereits scheint nach Meinung der Befragten in vielerlei Hinsicht sehr schwierig: Zum einen sei der Vorstand "zum Teil zu alt"* oder er "verkennt

---

336 Vgl. Guthof, Ph. (1994)
337 Vgl. Bleicher, K. (1994), S. 111

die Bedeutung der Maßnahme"*, zum anderen betreibe man eine zu "starke Orientierung an Vergangenheit und Gegenwart"*; "aktuelle Tagesprobleme ließen keine Zeit für Grundsatzmaßnahmen"* oder genereller formuliert: "Management und Vorgesetzten mangelt es an Visionen"*.

Bemerkungen wie diese machen deutlich, daß gerade im Bereich eines visionären Managements noch eine erhebliche Aufbauarbeit geleistet werden muß.

Der Hinweis auf das Alter des Vorstands deutet auf ein weiteres Mißverständnis im Zusammenhang mit Visionen hin: Visionen sind keinesfalls den Jüngeren vorbehalten. Gerade ältere Führungskräfte können aus kreativer Kombination von Erfahrungselementen visionäre Bildvorstellungen von besonderer Kraft ableiten. Häufig gelingt es ihnen sogar besser als jüngeren Kollegen, diese mit dem nötigen Charisma zu vermitteln.

Einer der Befragten sah die Vermittlung und Umsetzung von Visionen durch "den Umbruch aufgrund zurückliegender Fusionen"* bedroht. Diese Gefahr ist zweifellos nicht von der Hand zu weisen, doch sollte auch bedacht werden, daß - wie weiter oben bereits erwähnt - wirtschaftliche Ausnahmesituationen immer auch als eine besondere Chance verstanden werden sollten, wenn es darum geht, die bei der ungewissen Situation eines Neuanfangs fehlende Begeisterung durch fesselnde Visionen zu unterstützen.

Das setzt natürlich voraus, daß sich nicht eine Ausnahmesituation an die andere reiht und damit jede Form von Kontinuität in der Unternehmungsführung abbricht. In diesem Sinne kann dann nämlich der Aussage eines Teilnehmers nur zugestimmt werden, der als Hinderungsgrund einen zu häufigen "Wechsel der Leitung und damit auch der Visionen"* beklagt.

Wie bei allen anderen Maßnahmen kommt auch hier dem Vorgesetzten die zentrale Rolle des Vermittlers zu. Allzu oft stehen nach Auskunft der Befragten seine "Schwächen"* einer erfolgreichen Durchsetzung im Weg, explizit wird die zu "geringe Fachkompetenz"* genannt. Schon tragisch mutet es an, wenn vorhandene Visionen nicht engagiert gegenüber den Mitarbeitern vermittelt werden, oder wie es ein Personalverantwortlicher prägnant zusammenfaßte: "Visionen ja, Mangel an Umsetzung"*.

6.2.10 Psychologische Unterstützung des Mitarbeiters

Wirft man einen Blick auf die Rangliste der insgesamt angegebenen Maßnahmen, so fällt auf, daß der psychologischen Unterstützung des Mitarbeiters nur eine vergleichsweise geringere Rolle zufällt. 59% aller befragten Unternehmungen erachten sie zwar als geeignet, um dem Problem der Inneren Kündigung entgegenzuwirken; eine Umsetzung in der eigenen Unternehmung erfolgt allerdings nur von der Hälfte der Befragten, die sie auch als geeignet ansehen.

Dies muß die Vermutung aufkommen lassen, daß der Mitarbeiter in vielen Unternehmungen noch zu einseitig als Produktionsfaktor und weniger als menschliches Individuum betrachtet wird. So meint auch H. Volk[338], Führungskräfte müssten lernen, daß ihre Mitarbeiter Menschen sind, die mit bestimmten Gefühlen und Erwartungen zur Arbeit kommen und man sich deshalb mit ihnen einlassen und ihre emotionalen Bedürfnisse akzeptieren muß.

Die in der Umfrage von Personalverantwortlichen genannten Hinderungsgründe "kein Interesse des Unternehmens an derlei Unterstützung"* oder "private Probleme stehen außen vor"* weisen deutlich in diese Richtung.

Dabei sollte der Vorgesetzte - gerade aufgrund seines Wissens um die Wechselwirkung zwischen beruflichem und privatem Umfeld - auch Verständnis gegenüber persönlichen Problemen des Mitarbeiters zeigen und bei fachlichen Fehlschlägen versuchen, Hilfestellungen auf der persönlichen Ebene zu bieten. Gerade in Zeiten, in denen sich andere Gemeinschaftsbindungen lockern, kann die betriebliche Gemeinschaft Geborgenheit vermitteln[339]. Dieser Aspekt gewinnt z.B. auch vor dem Hintergrund der deutschen Wiedervereinigung an Bedeutung. Ostdeutsche Hochschulabsolventen etwa suchen eine Arbeitsstelle, bei der das Zusammengehörigkeitsgefühl und das gute Betriebsklima gepflegt wird. Darin sei das Schönste der beruflichen Arbeit zu sehen. Sie möchten vor allem etwas von dem bewahren, was im Osten positiv mit dem Begriff der Kollektivität verbunden war. Ob dies in der Realität gelingt, darf bezweifelt werden. Wie schnell diese Einstellung aber zum Qualifikationsvorsprung werden kann, wird deutlich wenn man sich vergegenwärtigt, daß die vielstimmigen Aufrufe zu ethischem Verhalten im Geschäftsleben und zu weltweiter Sozialverantwortung die Wirtschaft in naher Zukunft zu einer Kursänderung veranlassen könnten.[340]

---

[338] Vgl. Volk, H. (1988), S. 126
[339] Vgl. Allenspach, H. (1992), S. 49
[340] Vgl. Rosenstiel v., L. (1993), S. 90 und Rosenstiel v., L. (1992), S. 343

Um eine psychologische Unterstützung der Mitarbeiter jedoch überhaupt gewährleisten zu können, ist die sozial-sensible Führungskraft gefragt. Sie muß die notwendige soziale Kompetenz aufbringen, um dieser Aufgabe gerecht zu werden. Die überwiegende Anzahl der Hinderungsgründe, die der Durchführung dieser Maßnahmen entgegenstehen, knüpft gerade bei der Führungskraft an. Die Äußerungen "fehlendes Fingerspitzengefühl"*, "keine kompetenten Betreuer vorhanden"*, "abhängig vom Vorgesetzten"* oder "Führungsproblem"* beziehen sich eindeutig auf die Führungsebene.

Ein enger Zusammenhang besteht hier zur Maßnahme der regelmäßigen Teilnahme des Vorgesetzten an Führungsseminaren, der, wie aus der Rangliste ersichtlich ist, ebenfalls nur eine nachgeordnete Rolle zugeschrieben wird. Wenn aber Führungskräfte nicht entsprechend geschult werden, kann es kaum verwundern, daß eine mangelnde soziale Kompetenz zu beklagen ist. Durch ein interessiertes und sensibles Verhalten des Vorgesetzten dagegen fühlt sich der Mitarbeiter ernstgenommen; seine Arbeitsmotivation steigt.

Auch die weiter genannten Hinderungsgründe wie "zeitliche Engpässe"*, "Psychologe zu teuer"* oder "finanzielle Aspekte"* zeugen wahrscheinlich noch von einer zu großen sozialen Distanz, die dem Mitarbeiter entgegengebracht wird.

Auffallend ist, daß eine Unternehmung mit der Formulierung "wird nicht gewünscht vom Mitarbeiter"* eine psychologische Unterstützung ablehnt und den Hinderungsgrund dafür offenbar in einem mangelnden Interesse des Mitarbeiters sieht. Es stellt sich jedoch die Frage, ob es nicht gerade dem Aufgabenbereich der Führungskraft zugeordnet werden muß, dafür zu sorgen, bestehende Hemmnisse der Mitarbeiter abzubauen.

6.2.11 Flexible Arbeitszeiten

Diese Maßnahme wird von 57% aller Befragten als geeignet angesehen, dem Problem der Inneren Kündigung beizukommen und von 2/3 der Unternehmungen auch angewandt. Allerdings muß es verwundern, daß gerade dieser Maßnahme im Rahmen der vorliegenden Studie relativ wenig Wirksamkeit zugebilligt wird, da Ergebnisse diverser anderer Untersuchungen verdeutlichen, daß gerade der Wunsch nach freier Zeiteinteilung besonders groß ist[341].

Die Einrichtung flexibler Arbeitszeiten bietet dem Mitarbeiter grundsätzlich gute Möglichkeiten, das Verhältnis zwischen Berufs- und Privatleben nach eigenen Vorstellungen zu harmonisieren. Seinem Bedürfnis nach Selbstbestimmung und Autonomie kann durch eine flexible Gestaltung der Arbeitszeitregelungen entsprochen werden. Bei den Befragten hat diese Meinung jedoch offenbar einen eher geringen Stellenwert. Dies liegt vor allem daran, daß viele Unternehmungen anscheinend nicht die Möglichkeit zu einer flexiblen Arbeitszeitgestaltung haben. Die häufig genannten Hinderungsgründe wie "Schichtbetrieb"*, "organisatorisch nicht regelbar"*, "beschränkt durch Fließbänder"*, "kann nur in Teilbereichen stattfinden"* oder "Umsetzungsprobleme"* belegen dies.

Weitere Bemerkungen weisen darauf hin, daß flexible Arbeitszeiten offenbar unerwünscht sind, obwohl einer Realisation nichts im Wege stehen dürfte, wie Aussagen "von der Unternehmensleitung nicht gewollt"* verdeutlichen. Eine Unternehmung gibt sogar an, nur "*längere* Arbeitszeiten"* anzubieten.

Eine in Teilbereichen weitverbreitete Einführung der gleitenden Arbeitszeit hat sich jedoch als positiv erwiesen und belegt insgesamt, daß flexible Arbeitszeiten für Unternehmungen und Mitarbeiter eine den jeweiligen Zielvorstellungen entgegenkommende Lösung darstellen. Der Autonomiebereich des Mitarbeiters wird erweitert, die Zufriedenheit erhöht und die Leistungsbereitschaft gesteigert.

Dies beweist z.B. auch ein neues Arbeitszeitmodell, das die Firma Hewlett-Packard (HP) anbietet. Es zeichnet sich dadurch aus, daß dem Beschäftigten individuelle Spielräume eröffnet werden. Jeder Mitarbeiter entscheidet weitgehend über sein Arbeitspensum und darüber, wie er seine aufgelaufene freie Zeit ausgleicht. Die Alternativen dazu reichen vom "blauen Montag" über mehrmonatige Pausen bis hin zum gleitenden Ruhestand. Dadurch gelingt es HP, hochqualifizierte Kräfte an sich zu binden. Interessanterweise kann ein so weitreichendes Modell anscheinend nur angeboten werden, weil die Unternehmung nicht

---

[341]   Vgl. u.a. Rosenstiel v., L./Nerdinger, F./Spieß, E.(1991), S. 203

dem Arbeitgeberverband angehört und damit nicht an die starren Arbeitszeitvorschriften im Tarifvertrag gebunden ist.[342]

Auffällig erscheint es dagegen, wenn zwei antwortende Unternehmungen die "Mitbestimmung des Betriebsrates"* als Hinderungsgrund dafür angeben, daß flexible Arbeitszeiten nicht angeboten werden, da doch gerade der Betriebsrat die Interessen der Arbeitnehmer vertritt und deshalb dem Angebot flexibler Arbeitszeiten offen gegenüber stehen müßte.

---

[342] Schuchart, S. (1990), S. 186ff.

6.2.12 Teilnahme an Führungsseminaren

Von den befragten Unternehmungen sehen 52% in der regelmäßigen Teilnahme des Vorgesetzten an Führungsseminaren eine Möglichkeit, den Motivationsdefiziten ihrer Mitarbeiter entgegenzuwirken.

Hält man sich allerdings vor Augen, welche Aufgabenvielfalt von Führungskräften der 90er Jahre zu bewältigen ist, und daß der überwiegende Teil der zuvor genannten Maßnahmen (besonders die auf den ersten 3 Plätzen stehenden Problemlösungen der besseren Sinnvermittlung, des kontinuierlichen Mitarbeitergesprächs und der Förderung und Entwicklung einer vertrauensbasierten Unternehmungskultur) maßgeblich von Führungskräften und deren Kompetenz abhängen, dann erscheint eine nur 52%ige Akzeptanz dieser Maßnahme erstaunlich gering.

Gerade die soziale Kompetenz des Vorgesetzten ist vor der fachlichen Eignung (gerade vor dem Hintergrund zunehmenden Spezialwissens) *das* Qualifikationsmerkmal einer Führungskraft der Zukunft.[343]

Dazu gehört ein Gespür für die Fähigkeiten der anderen, Einfühlungsvermögen in deren Werte und Gefühle, das Verständnis für gruppendynamische Prozesse und besonders das Wissen, wie man Aufgaben verteilt und anpasst, um den größtmöglichen Nutzen aus den individuellen Stärken des einzelnen zu ziehen und die Wirkungen persönlicher Schwächen zu minimieren.[344]

"Das Ökonomische wird vom Sozialen getragen und bewegt."[345] Die damit verbundenen weichen Führungsqualifikationen haben aber bei weitem nichts mit "weich" im Sinne von schwach oder nachgiebig zu tun. Überzeugen, Anordnen, Bemühung um Konsens können sehr harte Arbeit im Sinne von Führungsarbeit bedeuten.[346]

Führungsseminare verwandeln zwar Führungsamateure nicht von heute auf morgen in charismatische Führer, allerdings vermittelt aber die regelmäßige Teilnahme theoretische und praktische Grundkenntnisse, auf denen sich aufbauen läßt und durch die zunächst einmal zumindest die gröbsten Führungsfehler vermieden werden können. Aufgabe der Unternehmungsleitung sollte es allerdings sein, zu überprüfen, inwieweit die Führungskraft das Erlernte auch in die Tat umsetzt und sich nicht an das Zitat von G.B. Shaw klammert: "Manche halten das für Erfahrung, was sie 20 Jahre lang falsch gemacht haben"[347].

---

343 Vgl. Jung, R./Kleine, M. (1993), S. 98f.
344 Vgl. Blasion, A. (1993), S. 87
345 Bleicher, K. (1989), S. 39
346 Vgl. Wolff, G./Goeschel, G. (1991), S. 90
347 Shaw, G.B., in: Wolff, G./Goeschel G. (1991), S. 173

Wie stark allerdings diese durch das Shaw-Zitat skizzierte Grundhaltung immer noch verbreitet ist, belegen die nachfolgend genannten Hinderungsgründe:

Eine Vielzahl der befragten Unternehmungen beklagt das Desinteresse ihrer Führungskräfte. Äußerungen wie "Führungsseminare ohne geistige Bereitschaft dazu sind zwecklos"*, "wenig Motivation der Führungskräfte"*, "Sinnlosigkeit solcher Führungsseminare"* oder "Führungsseminare bringen wenig"* erklären, warum viele Unternehmungen nur ein geringes Interesse an solchen Veranstaltungen zeigen. Ein Personalverantwortlicher verdeutlicht diese Meinung durch seine pessimistische Formulierung: "welche rüde agierende Führungskraft kam je geläutert von einem Seminar zurück"*. Die Aussage, eine fehlende Bereitschaft der Vorgesetzten wäre verantwortlich dafür, daß regelmäßige Führungsseminare nicht durchgeführt werden, erscheint erstaunlich häufig. Es liegt nahe anzunehmen, daß gerade solche Führungskräfte vom Virus der Inneren Kündigung befallen sind. Ein Großteil der Befragten lehnt eine regelmäßige Durchführung von Seminaren mit Aussagen wie: "völlig unnütz"*, "wird nicht für notwendig gehalten"* oder "kein Hilfsrezept"* ab. Organisatorische Hindernisse wie "Zeitmangel"* und "zeitliche Engpässe"* sind offensichtlich weitere Stolpersteine auf dem Weg zu einer sinnvollen Führungskräfteschulung. Daß dennoch die Relevanz dieser Maßnahme von einem breiten Kreis der Antwortenden erkannt wird, mag daraus ersichtlich werden, daß einige befragte Unternehmungen ihre Mitarbeiter jedenfalls fallweise zur Weiterbildung entsenden oder hausinterne Schulungen anbieten. Darüber hinaus überlassen einige Betriebe die Entscheidung über eine Teilnahme den Führungskräften selbst. Auch wenn durch diese Handlungsweisen nicht zwingend eine Weiterbildungskontinuität zu gewährleisten ist, so wird doch zumindest die Notwendigkeit von Führungsseminaren erkannt: Immerhin zwei Drittel der befragten Unternehmungen, die diese Maßnahme zur Lösung des Problems als geeignet einstufen, wenden sie auch an.

Allerdings sei an dieser Stelle auch darauf hingewiesen, daß gerade die richtige *Auswahl* aus dem reichhaltigen und unübersichtlichen Angebot an Führungsseminaren besonders wichtig ist. So neigen viele Vorgesetzte nur allzugern dazu, in schwierigen Situationen vorschnell Seminare zu buchen, die nicht leisten können, was als vermeintliches Ziel versprochen wird. Hier entscheiden persönlicher Weitblick und eigene Urteilsfähigkeit darüber, ob das eingekaufte Führungstraining eine sinnvolle Kombination von Themen und Methoden enthält oder nur eine angenehme Unterhaltung verspricht. Kompetenz und Know-how sind daher unabdingbar, um Seminarangebote zu hinterfragen und die Notwendigkeit und Effizienz ihres Einsatzes abzuschätzen.[348]

---

[348] Vgl. Oehlers, H. (1989c), S. 840ff.

6.2.13 Verbesserung des Entlohnungssystems

Nur 33% der Befragten sahen diese Maßnahme zur Begrenzung des Problems der Inneren Kündigung als geeignet an. Dies verwundert nicht, da als bekannt gelten darf, daß extrinsische Leistungsanreize, wie die Verbesserung des Entlohnungssystems, alleine nicht mehr ausreichen, um speziell Mitarbeiter in höher qualifizierten Tätigkeiten zu motivieren. Auch Incentives, einst unter den materiellen Anreizen lange Zeit dominierend, verlieren offenbar immer mehr an Bedeutung. Wichtiger wird dagegen intrinsische Motivation; in der Arbeit selbst muß der Ansporn zu besonderer Leistung liegen. Reinhard K. Sprenger geht sogar so weit, zu behaupten, jedwede (extrinsische) Motivation "...ist die massenhafte Verführung zur inneren Kündigung."[349]

Fast einheitlich bestätigen dies die befragten Unternehmungen indirekt durch Meinungen wie "das Lohnsystem wurde bereits ausreichend optimiert, ist topmodern"* oder "die Entlohnung ist bereits sehr gut"*, um hier nur auszugsweise einige zu nennen.

Auch die aktuelle wirtschaftliche Lage wird als Hinderungsgrund erwähnt, der einer (quantitativen) Verbesserung des Entlohnungssystems im Wege steht. Stichworte wie "Rezession"* oder "Kostendruck"* deuten daraufhin, daß eine Verbesserung in diesem Bereich auch von den - begrenzten - eigenen finanziellen Möglichkeiten der Unternehmungen abhängt.

Zwar ist eine gerechte finanzielle Belohnung eine unabdingbare Voraussetzung zur Motivation der Mitarbeiter, da das Geld die Befriedigung vielfältiger Bedürfnisse ermöglicht; die Motivationskraft verstärkter monetärer Belohnungen läßt aber nach. So haben empirische Untersuchungen bei Führungskräften in der Bundesrepublik gezeigt, daß mit steigendem Einkommen das Interesse an finanziellen Vergütungen abnimmt.[350]

In eine ähnliche Richtung deuten neueste Ergebnisse einer empirischen Arbeit über die Motivationswirkungen von Incentives.[351] Danach können Incentives zwar zufriedene Mitarbeiter zu höheren Leistungen anspornen, unzufriedene Mitarbeiter können dagegen nicht mit Geld- und Sachpreisen motiviert werden. "Um sie überhaupt zu erreichen, müssen

---

[349] Sprenger, R.K. (1994), S. 28
[350] Vgl. Söhnchen, R. (1992), S. 122f.
[351] Vgl. Elias, S. (1994), S. 118f.

in jedem Fall die Arbeitssituation und/oder das Verhältnis zum Vorgesetzten nachhaltig verbessert werden"[352].

Erstaunlich ist, daß einige antwortende Unternehmungen eine Verbesserung des Entlohnungssystems mit dem Hinweis auf die "Tarifgebundenheit"* ablehnen.

Generelles Ziel sollte es sein, die Entgeltgestaltung zumindest zu flexibilisieren. Das *Cafeteria-System* bietet dabei einen interessanten Ansatz[353]. Die Arbeitnehmer erhalten die Möglichkeit, freiwillige soziale und/oder übertarifliche Leistungen aus vorgegebenen Alternativen - den persönlichen Bedürfnissen und Präferenzen entsprechend - auszuwählen. Der Mitarbeiter kann sich somit sein individuelles Einkommensmenü zusammenstellen.

---

352 Elias, S. (1994), S. 119
353 Vgl. Wagner, D./Grawert, A./Langemeyer, H. (1992), S. 255ff.

6.2.14 Gestaltung des Arbeitsplatzes

Von nur 25% aller befragten Unternehmungen wird diese Maßnahme überhaupt mit der Lösung des Problems der Inneren Kündigung in Verbindung gebracht. Eine 75%ige-Mehrheit glaubt nicht, daß die regelmäßige *Renovierung und Instandhaltung der Arbeitsräume* ausreicht, um der Inneren Kündigung langfristig entgegenzuwirken.

Die wenigen hierzu genannten Hinderungsgründe lassen sich zwei Bereichen zuordnen. Zum einen wird der "Kostenfaktor"* erwähnt; zum anderen wird die Maßnahme mit dem Hinweis "nicht erforderlich"* als unnötig abgetan. Eine Unternehmung formulierte dies sehr krass, indem sie behauptete, daß "die Arbeitsumgebung generell als leistungsindifferent angesehen wird"*.

Diese Angaben lassen vermuten, daß auf eine regelmäßige Renovierung und Instandhaltung der Arbeitsräume kein besonderer Wert gelegt wird. Zieht man jedoch in Betracht, daß sie von drei Viertel aller Unternehmungen, die sie als nicht geeignet einstufen, dennoch angewendet wird, so zeigt sich ein völlig anderes Bild:
Es wird deutlich, daß die Notwendigkeit einer regelmäßigen Renovierung und Instandhaltung der Arbeitsräume zwar gesehen wird, ein Bezug zur Inneren Kündigung jedoch mehrheitlich nicht angenommen wird. Den Zusammenhang zwischen Innerer Emigration und dem Zustand der Arbeitsräume generell zu leugnen wäre aber sicher problematisch. So ergaben schon die Untersuchungen von F. Herzberg[354], daß eine negative Einstellung der Mitarbeiter durch das Arbeitsumfeld beeinflußt werden kann. Der *Hygienefaktor äußere Arbeitsbedingungen* kann helfen, bestehende Unzufriedenheiten abzubauen.

Eine positive Arbeitsumgebung beeinflußt zumindest in gewissem Maße auch das Wohlbefinden des Mitarbeiters. Der Untertitel eines Artikels "Motivation durch ein positives Arbeitsumfeld"[355], der Motivatoren für die heutige Führungspraxis beschreibt, zeigt bereits, daß der Gestaltung der Arbeitsräume von manchem Autor sogar durchaus der Status eines Motivators zugeschrieben wird, der nicht nur Unzufriedenheit verhindert, sondern sogar Arbeitszufriedenheit erhöht. Die Arbeitshygiene muß stimmen, wenn ein nachhaltig positives Arbeitsklima mit entsprechender Produktivität der Mitarbeiter vorhanden sein soll[356].

---

[354] Vgl. hierzu auch Herzberg, F. (1966), S. 71f.
[355] Becker, H. (1992), S. 45
[356] Vgl. Becker H. (1991), S. 54

Es darf schließlich nicht übersehen werden, daß "...ein schönes Büro zwar nicht über einen unfreundlichen Chef hinwegtröstet, ein häßliches und unfunktionales Büro aber nicht nur die Arbeit erschwert, sondern auch die Tätigkeit entwertet, die dort stattfinden soll. Es ist wichtig, daß der Arbeitsplatz eines Mitarbeiters zu *seinem* Arbeitsplatz wird, an dem er nicht nur lästige Pflichten erfüllt, sondern *seine* Arbeit macht"[357].

(

---

[357] Ruf, F./Bauer, W. (1992), S. 36ff.

6.2.15 Vergabe innerbetrieblicher Titel

Mit einer Zustimmung von lediglich 21% steht die Vergabe innerbetrieblicher Titel, Statussymbole und anderer nicht-monetärer Anreize fast am Schluß der Maßnahmen, die aufgrund der Einschätzung der befragten Unternehmungen durch ihre Wirkung zur Eindämmung der Inneren Kündigung geeignet sind.

Die hierfür genannten Argumente geben näheren Aufschluß über die Hinderungsgründe, die dieser Maßnahme entgegenstehen. Äußerungen wie "kein Hilfsrezept"*, "kein Motivationsfaktor"* oder "behebt keine inneren Kündigungen"*, um hier nur auszugsweise einige darzustellen, verdeutlichen die negative Haltung zu diesen nicht-monetären Anreizen. Eine Unternehmung merkte sogar an: "Titel werden abgeschafft"*.

Weitere Hinderungsgründe - ebenfalls ausschließlich bezogen auf eine stärkere Vergabe innerbetrieblicher Titel - beziehen sich auf die Organisationsstruktur. Aussagen wie "widerspricht Abbau von Hierarchiedenken"*, "Lean management"* oder "flache Hierachien"* zeigen, daß eine stärkere Vergabe innerbetrieblicher Titel nach Meinung einiger Befragter offenbar mit einer angestrebten Verflachung von Hierarchien kollidiert.

Zwei Unternehmungen lehnten die stärkere Vergabe innerbetrieblicher Titel und anderer nicht-monetärer Anreize mit der Begründung ab, diese "nicht in der Unternehmungskultur bzw. innerhalb der Firmenphilosophie verankert"* zu haben. Auch dies hebt hervor, daß die Nützlichkeit einer solchen Maßnahme generell in Frage gestellt wird.

Die überwiegende Zahl der genannten Hinderungsgründe bezieht sich ausschließlich auf die Skepsis gegenüber einer stärkeren Vergabe innerbetrieblicher Titel, so daß nicht davon ausgegangen werden kann, daß diese Gründe gleichsam für andere, nicht-monetäre Anreize gelten.[358]

---

[358] Es liegt die Vermutung nahe, daß der Aspekt "andere, nicht-monetäre Anreize" (hiermit waren z.B. der Besitz eines Dienstwagens, die Büroausstattung, die Qualität der verfügbaren PCs und andere Statussymbole gemeint) bei der Beantwortung des Fragebogens nicht angegangen wurde.

6.2.16 Betriebsfeiern

Von nur 14% der befragten Unternehmungen wird diese Maßnahme zur Verringerung von Tendenzen Innerer Kündigung als geeignet eingeschätzt. Sie rangiert damit an letzter Stelle der Liste des Maßnahmenkataloges.

Die geringe Wertschätzung, die dieser Maßnahme als Mittel gegen den dauerhaften Motivationsverlust der Mitarbeiter entgegengebracht wird, macht deutlich, daß eine Korrelation zwischen Innerer Kündigung und der Durchführung von regelmäßigen Betriebsfeiern so gut wie abgelehnt wird. Dies bestätigen auch die dazu angemerkten Hinderungsgründe: "nicht leistungsfördernd"*, "kein Hilfsrezept"* oder "löst das Problem nicht, wenn die Identifikation mit dem Unternehmen da ist, benötige ich die Topmanager nicht oder nur bedingt"*. Vor allem die letzte Aussage scheint darauf hinzudeuten, daß eine bessere Sinnvermittlung oder die Förderung und Entwicklung einer vertrauensbasierten Unternehmungskultur im Kampf gegen eine Innere Kündigung offenbar weitaus wirkungsvoller eingeschätzt werden.

Angaben wie "kein Interesse seitens der Belegschaft"* oder "kein Interesse der Geschäftsleitung"* bringen ein generelles Desinteresse gegenüber Betriebsfeiern unter Teilnahme des Topmanagements zum Ausdruck. Dies zeigen auch Äußerungen wie "nicht gefragt"* bzw. "Familie ist nicht mehr gefragt"*[359]. Gerade die letzte Begründung macht deutlich, daß anscheinend auf Distanz zur Unternehmung als "Familie" Wert gelegt wird.

Einige der befragten Unternehmungen wiesen jedoch darauf hin, Veranstaltungen unter Teilnahme des Topmanagements zwar durchzuführen, allerdings nicht regelmäßig.

Nach Meinung einiger Befragter kann auch die Unternehmungsgröße einer regelmäßigen Durchführung von Betriebsfeiern im Wege stehen. So meinen zwei Firmen, ihre Größe erlaube keine Betriebsfeiern. Ein weiterer Betrieb merkt an, daß schlechte Erfahrungen den Ausschlag dafür gaben, keine Feiern zu veranstalten; ein anderer erwähnt den Kostenfaktor und/oder den Zeitaufwand.

Es ist gewiß nicht zwingend, daß gelungene Betriebsfeiern immer zu kosten- und zeitintensiven Massenveranstaltungen mit negativem Ausgang entarten müssen. Das betriebliche Zusammengehörigkeitsgefühl kann auch durch weniger prunkvolle, dafür aber originelle und nicht bis ins letzte Detail vorausbestimmte Feste gestärkt werden, die zudem auch noch weniger zeit- und kostenintensiv sind.

---

[359] Mit Familie ist hier das Wir-Gefühl innerhalb der Unternehmung gemeint

Ein Beispiel dafür ist etwa auch der abendliche Lokalbesuch des japanischen Abteilungsleiters, der als Gleicher unter Gleichen mit seiner Mannschaft über Arbeit und Unternehmung diskutiert. Aus westlicher Sicht mag dies gezwungen erscheinen. Tatsache aber ist, daß mancher Vorgesetzte bei uns gar nicht in der Lage ist, in verständlicher Sprache und ohne eine Attitüde von Herablassung oder gespielter Kumpelhaftigkeit mit untergeordneten Kollegen zu sprechen[360].

360 Vgl. Streib, F./Ellers, M. (1994), S. 65

6.3 Maßnahmen nach Branchen

Wegen unterschiedlicher Arbeits- und Umfeldbedingungen in den drei verschiedenen Branchen ist es naheliegend, auch im Hinblick auf die Einschätzung und Anwendung von Maßnahmen zur Bekämpfung der Inneren Kündigung signifikante Unterschiede zu vermuten.

Tabelle 23 stellt die für die einzelnen Branchen ermittelten Rangfolgen und Ergebnisse der Maßnahmen gegenüber, enthält dabei allerdings weitgehend Übereinstimmungen.

Rang		Insgesamt	Industrie	Handel	Dienstleistung
		%	%	%	%
1	...Sinnvermittlung	92	92	92	91
2	...Unternehmungskultur	91	94	75	92
3	...Mitarbeitergespräch	91	90	92	96
4	...Umgangsformen	84	87	83	80
5	...Selbsthinterfragung	82	88	75	79
6	...Selbstverständnis	81	83	58	88
7	...Visionen	76	83	50	75
8	...Organisationseinheiten	75	85	58	68
9	...psychologische Unterstützung	60	61	58	58
10	...Arbeitszeiten	58	62	25	68
11	...Führungsseminare	51	50	33	58
12	...Entlohnungssystem	34	35	25	39
13	...Arbeitsräume	25	19	25	32
14	...innerbetriebliche Titel	21	25	8	20
15	...Betriebsfeiern	13	16	8	12
	Durchschnitt	62	65	51	64

Tab. 23: Maßnahmen im Branchenvergleich

• Industrie

Die Einschätzung der Problemlösungsmaßnahmen im industriellen Bereich stimmt fast vollständig mit den Angaben der Gesamtheit überein. Dies gilt sowohl für die Reihenfolge der einzelnen Maßnahmen als auch für die einzelnen Werte. Die einzig nennenswerte Abweichung ergibt sich bei der Maßnahme der *Einrichtung von kleineren, überschaubareren Organisationseinheiten*. 85% der Industrieunternehmungen messen dieser Maßnahme eine besondere Bedeutung zu, 10% mehr als die Gesamtheit.

• Handel

Auch wenn die im Handel ermittelte Rangfolge der am meisten geeignet erscheinenden Maßnahmen weitgehend mit denen aller Unternehmungen übereinstimmt, so sind doch die Unterschiede hinsichtlich der konkreten Wertschätzung als Mittel gegen Innere Kündigung bemerkenswert: Handelsunternehmungen verteilen deutlich schlechtere Noten für die Wirksamkeit der einzelnen Maßnahmen als die Gesamtheit. Besonders starke Abweichungen zeigen sich bei der unterschiedlichen Einschätzung des *Angebots flexibler Arbeitszeiten*, dem *Vermitteln von Visionen* und der *Veränderung des Selbstverständnisses des Vorgesetzten.* Die Abweichungen zu den für die Gesamtheit ermittelten Werten betragen 33%, 26% bzw. 23%.

• Dienstleistung

Auch in dieser Branche sind - wie in der Industrie - weder bei der Reihenfolge der einzelnen Maßnahmen noch bei den Einzelergebnissen außergewöhnliche Abweichungen zu erkennen. Die größte Differenz zu den Ergebnissen der Gesamtheit findet man bei der Beurteilung der Wirkung *flexibler Arbeitszeiten.* Die Dienstleistungsbetriebe schätzen die Wirkung dieser Maßnahme um 10% höher ein.

• Branchen im Vergleich

Die Rangfolge der geeigneten Maßnahmen weichen im Vergleich der Branchen zueinander ebenfalls nur unerheblich voneinander ab; lediglich der Maßnahme der *flexibleren Arbeitszeiten* wird im Handel eine im Verhältnis zu den anderen Branchen nachrangigere Bedeutung beigemessen.

Wesentlich größere Differenzen ergeben sich bei den Abständen zwischen den für die einzelnen Maßnahmen ermittelten Werten. Besonders zwischen Industrie und Handel lassen sich hier erhebliche Diskrepanzen feststellen. Die Unterschiede bei der Einschätzung der *Entwicklung einer Unternehmungskultur* betragen z.B. 19% (Industrie: 94%, Handel: 75%); hinsichtlich der *Einrichtung überschaubarerer Organisationseinheiten* 27% (85% bzw. 58%) und im Hinblick auf das *Vermitteln von Visionen* sogar 33% (83% gegenüber 50%). Die stärkste Abweichung zwischen Dienstleistung und Handel liegt mit 25% bei der Bewertung der *regelmäßigen Teilnahme von Vorgesetzten an Führungsseminaren.* Während im Handel lediglich 33% dieser Maßnahme eine besondere Bedeutung zusprechen, sehen 58% der Dienstleistungsbetriebe in solchen Schulungen eine Möglichkeit, der Inneren Kündigung Herr zu werden.

Die als nicht geeignet eingeschätzten Maßnahmen werden, mit Ausnahme der *Renovierung und Instandhaltung der Arbeitsräume*, am häufigsten im Bereich Handel angewandt. Am deutlichsten werden die Branchenunterschiede bei der Maßnahme der *Verbesserung des Entlohnungssystems*. Im Dienstleistungs- und Industriebereich wenden - entsprechend der geringen Akzeptanz dieser Maßnahme als wirksames Mittel gegen die Innere Kündigung - nur 36% bzw. 42% dieses Mittel auch an, im Handel dagegen 75%. Auch bei den anderen Maßnahmen, die eher auf extrinsische Motivation abzielen, finden sich hinsichtlich der Anwendung ähnlich hohe Differenzen. Erneut wird deutlich, daß dieser Maßnahme kein direkter Einfluß auf die nachhaltige Verbesserung der Leistungsbereitschaft von Mitarbeitern zugesprochen wird. Sie wird aber trotzdem angewandt, um einer weiteren Zunahme von Unzufriedenheit vorzubeugen.

Insgesamt läßt sich die Frage, ob sich die Beurteilung der Eignung einzelner Maßnahmen zur Bekämpfung der Inneren Kündigung durch die einzelnen Branchen unterscheidet, deutlich bejahen: So gering die Differenzen der Sektoren Dienstleistung und Industrie im Vergleich zur Gesamtheit sind, so stark fallen sie im Bereich Handel ins Auge. Durchweg divergierende Angaben sowohl bei der Einschätzung der Wirkungen (mit großen Abweichungen nach unten) als auch bei der Anwendung der weniger geeigneten Maßnahmen (mit großen Abweichungen nach oben) betonen die Sonderstellung dieser Branche.

6.4 Maßnahmen nach Unternehmungsgrößen

Rang		Insgesamt %	Kleine Untern. %	Mittlere Untern. %	Große Untern. %
1	...Sinnvermittlung	92	86	100	92
2	...Unternehmungskultur	91	90	93	89
3	...Mitarbeitergespräch	91	84	100	97
4	...Umgangsformen	84	93	96	71
5	...Selbsthinterfragung	82	86	83	75
6	...Selbstverständnis	81	83	81	72
7	...Visionen	76	76	81	71
8	...Organisationseinheiten	75	75	67	82
9	...psychologische Unterstützung	60	69	58	52
10	...Arbeitszeiten	58	52	61	55
11	...Führungsseminare	51	50	63	45
12	...Entlohnungssystem	34	26	38	32
13	...Arbeitsräume	25	35	19	14
14	...innerbetriebliche Titel	21	23	22	19
15	...Betriebsfeiern	13	7	23	15
	Durchschnitt	62	62	66	59

Tab. 24: Maßnahmen im Unternehmungsgrößenvergleich

• **Kleine Unternehmungen**

Vergleicht man die Beurteilung des Maßnahmenkatalogs durch die kleinen Unternehmungen mit denen der Gesamteinschätzung, so ergeben sich keine signifikanten Unterschiede. Lediglich die Rangfolge der Maßnahmen differiert leicht, die Prozentanteile gleichen sich jedoch weitgehend an.

• **Mittlere Unternehmungen**

Während die Rangfolge der mittleren Unternehmungen nur geringfügig von der Gesamteinschätzung abweicht, sind bei den Prozentanteilen einige Differenzen erkennbar. So schätzen die mittelgroßen Betriebe eine *positive Gestaltung der in der Unternehmung gepflegten Umgangsformen und der unternehmungsinternen Kommunikation* sowie die *regelmäßige Teilnahme der Vorgesetzten an Führungsseminaren* als Maßnahmen mit Nennungen, die 12% über der Gesamtangabe liegen, offenbar als wirkungsvoller ein. Ein analoges Bild zeigt die Bewertung von *regelmäßigen Betriebsfeiern unter Teilnahme des*

Topmanagements. Auch diese werden von den mittleren Unternehmungen im Verhältnis zur Gesamteinschätzung um 10% effizienter eingestuft.

• Große Unternehmungen

Im Vergleich mit der Gesamtheit treten hier zwar Unterschiede innerhalb der Rangfolge der einzelnen Maßnahmen auf, die konkreten Ergebnisse weichen jedoch nur unerheblich voneinander ab. Lediglich die Beurteilung der *unternehmungsinternen Umgangsformen* und der *Instandhaltung der Arbeitsräume* zeigen geringe Unterschiede. Die Großbetriebe liegen mit ihrer Akzeptanz dieser Maßnahmen von 71% bzw. 14% deutlich unter dem Gesamtdurchschnitt (84% und 25%).

• Unternehmungsgrößen im Vergleich

Bei Gegenüberstellung der Untersuchungsergebnisse nach Unternehmungsgrößen zeigt sich, daß sowohl die Rangfolgen als auch die Prozentwerte einzelner Maßnahmen voneinander abweichen. Am deutlichsten fallen die Diskrepanzen bei der Bewertung der *unternehmungsinternen Umgangsformen* auf. Wird diese Maßnahme von den kleinen und mittleren Betrieben mit 93% bzw. 96% als Lösungsvorschlag im Kampf gegen die Innere Kündigung bevorzugt, so fällt die Akzeptanz durch die Großunternehmungen mit 71% merklich geringer aus. Die Wertschätzung einer *regelmäßigen Instandhaltung der Arbeitsräume* durch die kleinen Unternehmungen liegt mit 35% deutlich über den Angaben der mittleren und großen Betriebe (14% bzw. 19%).

Dies gilt auch für die Einschätzung der *psychologischen Unterstützung für den Mitarbeiter.* Während 69% der kleinen Unternehmungen diese Maßnahme als wirkungsvoll ansehen, behaupten dies von den großen Firmen nur 52%. Im Gegensatz dazu liegen die Kleinunternehmungen bei der Bewertung des *kontinuierlichen Mitarbeitergesprächs* mit 15% unter den Angaben der mittleren und großen Betriebe. Weitere Unterschiede fallen noch bei den Lösungsvorschlägen einer *regelmäßigen Teilnahme an Führungsseminaren* sowie der *Durchführung von regelmäßigen Betriebsfeiern* ins Auge. Bei beiden dominieren die mittleren Unternehmungen, die mit Zustimmungswerten von 63% bzw. 23% um durchschnittlich 18% bzw. 16% über den von Klein- und Großunternehmungen vergebenen Werten für diese Maßnahmen liegen.

6.5 Führt eine hohe Akzeptanz der Lösungsmöglichkeiten auch zu einer konsequenten Anwendung?

Schließlich sei auf die Fragestellung eingegangen, inwieweit sämtliche angegebenen Maßnahmen, die als geeignet im Kampf gegen die Innere Kündigung angesehen werden, in der eigenen Unternehmung auch tatsächlich zur Anwendung kommen. In den vorangegangenen Abschnitten wurde dieser Aspekt bereits im Hinblick auf die Gesamtheit aller befragten Unternehmungen behandelt. Bei detaillierter Analyse der Ergebnisse für die einzelnen Unternehmungsgrößenklassen wird deutlich, daß die Großbetriebe hierbei i.d.R. konsequenter verfahren als kleine und mittlere Unternehmungen.

Wählt man als Bezugspunkt sämtliche Maßnahmen, die jeweils von mindestens 2/3 der einzelnen Unternehmungsgrößen als geeignet eingestuft werden, und vergleicht, inwieweit eine Umsetzung durch die einzelnen Unternehmungsklassen erfolgt, so zeigt sich ein differenzierteres Bild.
Während Großunternehmungen zu durchschnittlich 78% diese Maßnahmen auch anwenden, realisieren mittlere und kleinere Betriebe sie nur zu durchschnittlich 65% bzw. 59%.

Betrachtet man im Gegensatz dazu jene Maßnahmen, die zur Problemlösung der Inneren Kündigung von weniger als einem Drittel der Unternehmungen als wirkungsvoll eingestuft werden, dann ergibt sich lediglich bei der *regelmäßigen Renovierung und Instandhaltung der Arbeitsräume* ein unterschiedliches Ergebnis. Von allen Unternehmungsgrößen wird diese Maßnahme zunächst als mehr oder weniger gleich ungeeignet im Hinblick auf die Bekämpfung einer Inneren Kündigung beurteilt. Dennoch wird sie von allen Befragten als solche zu durchschnittlich 76% angewandt.

6.6 Einschätzung des Ausmaßes Innerer Kündigung und Anwendung von Maßnahmen

Eine letzter Aspekt ergibt sich bei Verknüpfung der Gesamtbeurteilung geeigneter Maßnahmen gegen Innere Kündigung mit den Angaben über die Einschätzung des Ausmaßes der Inneren Kündigung in der eigenen Unternehmung.

Um hier aussagekräftige Ergebnisse zu erhalten, wurden die Nennungen zur Inneren Kündigung in der eigenen Unternehmung in folgende Cluster eingeteilt

Einschätzung der Inneren Kündigung in der eigenen Unternehmung:
< 30%
> 30%

Betrachtet werden dabei die ersten drei Maßnahmen, die nach der Gesamteinschätzung der Befragten an der Spitze stehen:
- bessere Sinnvermittlung für die Mitarbeiter,
- kontinuierliches Mitarbeitergespräch,
- Förderung und Entwicklung einer vertrauensbasierten Unternehmungskultur.

Während 90% der Personalverantwortlichen, die für ihre Unternehmung *weniger als 30%* innerlich Gekündigte angaben, diese Maßnahmen als geeignet erachteten und zu durchschnittlich 70% auch anwenden, zeigte sich bei 95% der Befragten, die Innere Kündigung in der eigenen Unternehmung auf *über 30%* einschätzen und die oben genannten Maßnahmen als geeignet einstuften, eine Anwendung im eigenen Haus von durchschnittlich nur 31%. Die Wichtigkeit dieser Maßnahmen wird zwar erkannt, deren praktische Umsetzung bleibt aber offenbar hinter dieser Erkenntnis zurück. Diese Diskrepanz zwischen Problemerkenntnis und Handlung zeigt sich am deutlichsten am Beispiel des *kontinuierlichen Mitarbeitergesprächs.* Von den Befragten, die Innere Kündigung bei sich selbst auf *über 30%* einschätzen, wird diese Maßnahme mit 86% als Zweitbeste eingestuft, jedoch nur von 17% der Befragten in der eigenen Unternehmung auch angewandt.
Ähnliche Ergebnisse ergeben sich bei der *Sinnvermittlung* sowie der *Entwicklung und Förderung der Unternehmungskultur.* Beide Maßnahmen werden von den Befragten, die

Innere Kündigung im eigenen Betrieb mit *über 30%* bewerten, als geeignet eingestuft, angewandt werden sie aber nur von 33% bzw. 43%.

Die Gründe für ein solches, irrational erscheinendes Vorgehen mögen vielschichtig sein, sich vielleicht sogar einer Erklärung entziehen. Es drängt sich allerdings folgende These auf: Der Versuch, das Problem allein rational und instrumentell lösen zu wollen, scheitert, wenn dabei übersehen wird, daß im Mittelpunkt noch immer die Beschäftigung mit dem Menschen stehen muß. Seine Gefühle, Wünsche und Bedürfnisse sind rein rationalen Argumenten alleine nur schwer zugänglich.

7. Schlußbemerkungen: Die Mitwirkung der Betroffenen bleibt unverzichtbar

Bei der Lektüre der vorangegangenen Kapitel und speziell beim Lesen des 6. Kapitels "Lösungsansätze zur Begrenzung des Phänomens der Inneren Kündigung" könnte der Eindruck entstehen, Innere Kündigung würde - jedenfalls von den Verfassern - eben doch als ein Virus betrachtet, der seine Opfer unverschuldet und mit nur begrenzten Möglichkeiten der Heilung überfällt. Innere Kündigung also als eine Art Krankheit, noch dazu infektiösen Charakters, die ansonsten hochmotivierte Mitarbeiter wie eine Heimsuchung überkommt.

Einer solchen fatalistischen, wohl auch bequemen Grundhaltung soll hier nochmals - last but not least - ganz energisch entgegengetreten werden.

Leiden erscheint für Viele einfacher als Handeln. Sich auf die Position des schuldlos Infizierten zurückziehen zu können, mag bei allen Belastungen, Kränkungen und Enttäuschungen, die dem Inneren Emigranten von anderen, speziell dem Vorgesetzten und/oder der Gruppe sowie der Unternehmung zugefügt wurden, noch eine Art Tröstung oder entschuldigende Erklärung für sein passiv ertragenes Leiden sein. Doch eine solche Haltung verschärft fast zwangsläufig die Situation und treibt den Prozeß der Inneren Kündigung schneller in seine späten, kaum mehr - zumindest aber nur sehr schwer - konstruktiv lösbaren Phasen.

"Wer aufhört zu jammern, handelt. Wer handelt, wählt bewußt. Wer bewußt wählt, übernimmt Verantwortung für alle Konsequenzen. Wer Verantwortung übernimmt, übernimmt Regie für sein Leben - das ist nichts anderes als Freiheit. Und die geben Sie sich selbst" (Sprenger, R.K.: Das Prinzip Selbstverantwortung. Wege zur Motivation. Frankfurt/M. 1995, S. 44).

Die Bewältigung der Inneren Kündigung braucht auch die aktive Mitwirkung der (des) Betroffenen. Insoweit ist sie der Heilung einer Krankheit ähnlich, die fast immer auch der Mithilfe des Patienten bedarf.

Der von R.K. Sprenger hier zitierte Satz appelliert zu Recht an das *Prinzip der Selbstverantwortung* und läßt den Wahlcharakter zwischen Leiden und Handeln deutlich werden. So wie der Einstieg in ein Arbeitsverhältnis - jedenfalls in der ganz überwiegenden Zahl aller Fälle - Ergebnis eines Wahlaktes ist, sollte auch der Austritt, die formale Kündigung, an die Stelle des Leidens unter den Wirkungen Innerer Kündigung treten, wenn keine begründete Aussicht auf Besserung der ursächlichen Verhältnisse besteht. Diese Empfehlung scheint auch in Zeiten großer Arbeitsplatzunsicherheiten gerechtfertigt, wenn man sich die Konsequenzen des Leidens im Sinne von Ausharren unter untragbaren Bedingungen (gerade auch für den Inneren Emigranten selbst) verdeutlicht (vgl. Abschnitt 5.1).

Aber bereits schon vor einer solchen letzten Konsequenz der Bewältigung Innerer Kündigung gibt es zahlreiche *aktive* Möglichkeiten des Betroffenen selbst, gibt es ein Handeln anstelle von Leiden.

All diese Alternativen lassen sich wahrscheinlich auf die naheliegende, im Einzelfall aber oft sehr schwer oder im Ansatz bereits aussichtslos erscheinende Möglichkeit eines *offenen Gesprächs* über die empfundenen Mißstände mit dem Vorgesetzten, der Gruppe oder einer Vertrauensperson in der Unternehmung zurückführen. So wie nachdrücklich für kontinuierliche und perspektivische Mitarbeitergespräche an profilierter Stelle der Befragung (mit 92 %) als Angebot der Unternehmung plädiert wurde (vgl. Abschnitt 6.2.3), muß auch die Nachfrage erkennbar werden. Ein solches Angebot zum Gespräch muß mit aller nur möglichen Unvoreingenommenheit als Möglichkeit angenommen, oder umgekehrt als Angebot an den Vorgesetzten, die Gruppe oder einen vertrauenswürdigen Vertreter der Unternehmung herangetragen werden.

Für den ja immer wieder beklagten Fall, daß Gespräche zwischen den direkt betroffenen Parteien wenig erfolgversprechend, ja - wegen des bereits fortgeschrittenen Stadiums im Prozeß der Inneren Kündigung - völlig aussichtslos oder gar zusätzlich schädlich sein könnten, sind andere Alternativen denkbar und bekannt: Etwa Gespräche mit anderen (ebnengleichen) Führungskräften, oder auch Gespräche mit ranghöheren Vorgesetzten (Skip-Level Gespräche). Auch die Benennung von Mentoren oder Vertrauensleuten für Gespräche in Fragen der Inneren Kündigung, die nicht direkt zwischen den Betroffenen erörtert werden können, sind naheliegend, sofern sich dafür nicht Personalverantwortliche der Unternehmung anbieten oder zur Verfügung stehen.

Die ganze Bandbreite der *Möglichkeiten einer aktiven Mitwirkung des Inneren Emigranten* bei der Lösung des Problems kann hier nicht ausgelotet werden, sollte aber ein Aspekt zukünftiger Forschungsbemühungen und Erfahrungsaustausche zum Phänomen der Inneren Kündigung sein. Die naheliegende Frage, wie der "Betroffene" selbst zur Vermeidung oder zumindest zur Begrenzung von schweren und nachhaltigen Formen Innerer Emigration beitragen kann, scheint noch weiterer Aufarbeitung zu bedürfen.

Insoweit steht dem Phänomen der Inneren Kündigung als einem permanenten Problem von zunehmender Bedeutung auch ein kontinuierlicher und noch zu steigernder Aufarbeitungsbedarf gegenüber.

Literaturverzeichnis

ALLENSPACH, H. (1992): Innere Kündigung aus der Sicht eines Arbeitgebervertreters. In: Innere Kündigung, Ursachen und Lösungsansätze, hrsg. von M. Hilb, Zürich 1992, S. 43ff.

BECKER, H. (1992): Motivatoren für die heutige Führungspraxis. In: Verwaltungsführung, Organisation, Personalwesen, 1992, Heft 1, S. 45ff.

BECKER, H. (1991): Wenn die Arbeitsmoral nicht stimmt. In: Verwaltungsführung, Organisation, Personalwesen, 1991, Heft 1, S. 54ff.

BENNIS, W.(1990): Führen lernen, Frankfurt/M. 1990

BENNIS, W./NANUS, B.(1990): Führungskräfte, Frankfurt/M. 1990

BERGER, G. (1994): Die "Innere Kündigung" im Wandel der Verhältnisse. In: Personal, 1994, Heft 1, S. 8f.

BERKE, J. et al. (1993): Todesurteil auf Raten. In: Wirtschaftswoche, Heft 43, 1993, S. 102ff.

BERKEL, K. (1991): Konflikte in und zwischen Gruppen. In: Führung von Mitarbeitern, hrsg. von L.v. Rosenstiel/E. Regnet/M. Domsch, Stuttgart 1991, S. 283ff.

BIALLO, H. (1989): Endstation Herzinfarkt. In: Wirtschaftswoche, 1989, Heft 16, S. 64ff.

BLASION, A. (1993): Was man aus der Kündigung von Topmanagern lernen müsste. In: io Management Zeitschrift, 1993, Heft 6, S. 83ff.

BLEICHER, K. (1985): Meilensteine auf dem Weg zur Vertrauensorganisation. In: Office Management, 1985, Heft 4, S. 2ff.

BLEICHER, K. (1989): Chancen für Europas Zukunft: Führung als internationaler Wettbewerbsfaktor, Wiesbaden 1989

BLEICHER, K. (1991): Das Konzept Integriertes Management. Das St. Galler Management Konzept, Frankfurt/M., New York 1991

BLEICHER, K. (1992): Kodifizierung und Kommunikation unternehmenspolitischer Konzepte in Leitbildern. In: Die Unternehmung, 1992, Heft 3, S.59ff.

BLEICHER, K. (1992b): Unternehmenskultur. In: Handwörterbuch des Personalwesens, hrsg. von E. Gaugler und W. Weber, 2. Aufl., Stuttgart 1992, Sp. 2241ff.

BLEICHER, K. (1994a): Kapieren, nicht kopieren. In: Wirtschaftswoche Nr. 36, vom 02.09.1994, S. 82

BLEICHER, K. (1994b): Normatives Management. Politik, Verfassung und Philosophie des Unternehmens, Frankfurt/M., New York 1994

BLEICHER, K./MEYER, E. (1976): Führung in der Unternehmung. Formen und Modelle, Reinbek bei Hamburg 1976

BLÜTHMANN, H. (1994): Aufstand der Feiglinge. In: Die Zeit, Nr. 49, vom 02.12.1994, S. 30

BÖCKMANN, W. (1984): Wer Leistung fordert muß Sinn bieten. Moderne Menschenführung in Wirtschaft und Gesellschaft, Düsseldorf/Wien 1984

BÖCKMANN, W. (1987): Sinnorientierte Führung als Kunst der Motivation, Landsberg am Lech 1987

BÖCKMANN, W. (1988): Die Kunst zu motivieren. In: Harvardmanager, 1988, Heft 7, S. 116ff.

BÖCKMANN, W. (1989): Der Weg zur Selbsterkenntnis und Sinn-Erfüllung, Düsseldorf 1989

BÖGEL, R. (1991): Organisationsklima und Unternehmenskultur. In: Führung von Mitarbeitern, hrsg. von L.v. Rosenstiel/E. Regnet/M. Domsch, Stuttgart 1991, S. 500ff.

BÖHMER, R. (1993): Arbeit nach Vorschrift. In: Wirtschaftswoche Nr. 24 vom 11.6.1993, S. 46ff.

BONSEN v., M. (1987): Was ist Vision. In: gdi-impuls 4/1987, S. 49 ff (zitiert nach Bleicher, K. (1994b)

BÜCHI, W. (1992): Die aktive Laufbahngestaltung als Instrument zur Überwindung und Verhinderung der Inneren Kündigung. In: Innere Kündigung, Ursachen und Lösungsansätze, hrsg. von M. Hilb, Zürich 1992, S. 65ff.

BÜHNER, R. (1987): Management Holding. In: die Betriebswirtschaft, 1987, Heft 1, S. 40ff.

BÜHNER, R. (1991): Management-Holding - ein Erfahrungsbericht. In: Die Betriebswirtschaft, 1991, Heft 51, S. 141ff.

BURISCH, M. (1989): Das Burnout-Syndrom: Theorie der inneren Erschöpfung. Berlin/Heidelberg/New York et al. 1989

COMELLI, G. (1991): Organisationsentwicklung. In: Führung von Mitarbeitern, hrsg. von L.v. Rosenstiel/E. Regnet/M. Domsch, Stuttgart 1991, S. 454ff.

DERSCHKA, P. (1986): Kontrolle und Vertrauen. In: Management Wissen, 1986, Heft 2, S. 5

DERSCHKA, P. (1988): Die Innerlich Gekündigten. In: Management Wissen, 1988, Heft 9, S. 5

DIERGARTEN, E. (1994): Mobbing - wenn der Arbeitsalltag zum Alptraum wird... . Von Tätern und Opfern, Schuld und Mitverantwortung, Köln 1994

DILL, P./HÜGLER, G. (1987): Unternehmenskultur und Führung in betriebswirt-schaftlichen Organisationen. In: Unternehmenskultur - Perspektiven für Wirtschaft und Praxis, hrsg. von E. Heinen, München/Wien 1987, S. 146ff.

DONNERSMARCK, A. (1993): "Wenn Lopez Schule macht, ist das eine Katastrophe". (Im Gespräch mit Schweer, D. und Scherer, H.-P.) In: Wirtschaftswoche 1993, Heft 18, S. 66

ELIAS, S. (1994): Incentives auf dem Prüfstand. In: HARVARD BUSINESSmanager 1994, Heft 3, S. 118f.

ERNST, H. (1985): Neue (alte) Formen der Sucht - Zum Beispiel: Arbeitswut. In: Psychologie heute, 1985, Heft 6, S. 46ff.

FALLER, M. (1991): Innere Kündigung, Ursachen und Folgen, München 1991

FALLER, M. (1993): Innere Kündigung, Ursachen und Folgen, 2. Aufl. ,München 1993

FASSEL, D. (1991): Wir arbeiten uns noch zu Tode, München 1991

FAUTH, W. (1991): Praktische Personalarbeit als strategische Aufgabe, Wiesbaden 1991

FIEDLER, H. (1981): Die Führung prägt den Arbeitswillen. In: Fortschrittliche Betriebs-führung und Industrial Engineering, 1981, Heft 4, S. 315ff.

FRANKL, V.E. (1990): Der Mensch vor der Frage nach dem Sinn, 8.Aufl., München 1990

FREUDENBERGER, H.J. (1974): Staff burn-out. In: Journal of Social Issues, Heft 30, 1974, S. 159ff

FRÖHLICH, W. (1992): Auswirkungen der Inneren Kündigung. In: Tagung "Innere Kündigung" am 21.10.1992 in Frankfurt/M.

FROMM, E. (1975): Gesammelte Werke, Berlin 1975

FÜRSTENBERG, F. (1987): Wandel in der Einstellung zur Arbeit - Haben sich die Menschen oder hat sich die Arbeit verändert? In: Wertewandel als Herausforderung für die Unternehmenspolitik, hrsg. von L.v. Rosenstiel/H. Einsiedler /R. Streich, Stuttgart 1987

GEBHARD, E. (1991): Abschied von der Autorität: die Manager der Postmoderne, Wiesbaden 1991

GÖSCHEL, G./WOLFF, G. (1991): Wenn der Führungsstil im Wettbewerb entscheidet. In: Gablers Magazin, 1991, Heft 10, S. 64ff.

GOTTSCHALL, D. (1988): Ausweg aus der Lebensfalle. In: Manager Magazin, 1988, Heft 3, S.229ff.

GROSS, P. (1992a): Ein Betrieb ist kein Aquarium. In: Innere Kündigung, Ursachen und Lösungsansätze, hrsg. von M. Hilb, Zürich 1992, S. 87ff.

GROSS, P. (1992b): Grenzen von Lösungsansätzen. In: Tagung "Innere Kündigung" am 21.10.1992 in Frankfurt/M.

GUTHOF, Ph. (1994): Entwicklungsorientierte Ausgestaltung von strategischen Anreizsystemen, Diss., St. Gallen 1994

HABLÜTZEL, P. (1992): Innere Kündigung aus Sicht eines Personalverantwortlichen in der öffentlichen Verwaltung. In: Innere Kündigung, Ursachen und Lösungsansätze, hrsg. von M. Hilb, Zürich 1992, S. 31ff.

HAHN, D. (1992): Entwicklungstendenzen der strategischen Führung. In: technologie & management, 1992, Heft 2, S. 10ff.

HAHN, D. (1994): PuK - Planung und Kontrolle, Planungs- und Kontrollsysteme, Planungs- und Kontrollrechnung. Controllingkonzepte, 4. Aufl., Wiesbaden 1994

HANSELMANN, S. (1992): Wertewandel bei Führungskräften und Führungsnachwuchs. In: Wirtschaftswissenschaftliches Studium, 1992, Heft 4, S. 197ff.

HARTFELDER, D. (1984): Management als Sinnvermittlung ? In: Die Unternehmung, 1984, Heft 4, S. 373ff.

HAUFF, M.v./NOWAG, W. (1981): Determinanten für die Bleibe- und Austrittsmotivation bei Führungskräften in der Wirtschaft. In: Zeitschrift für betriebswirtschaftliche Forschung, 1981, Heft 9, S. 792ff.

HAUPT, R. (1988): Arbeitsmoral zwischen Sinnkrise und Leistungsverweigerung, Arbeitsbericht der Universität Köln, Lehrstuhl Personalwirtschaft, Köln 1988

HELD, M. (1988): Innere Kündigung. Nur noch als Schatten Dasein. In: Cosmopolitan, 1988, Heft 6, S. 205ff.

HENZLER, H. (1992): Vision und Führung. In: Strategische Unternehmungsplanung. Strategische Unternehmungsführung, hrsg. von D. Hahn und B. Taylor, 6. Auflage, Heidelberg 1992, S. 811ff.

HESSE, J./SCHRADER, H. Ch. (1993): Krieg im Büro, Frankfurt/M. 1993

HESSE, J./SCHRADER, H. CH. (1994): Die Neurosen der Chefs. Die seelischen Kosten der Karriere, Frankfurt/M. 1994

HERZBERG, F. (1966): Work and the Nature of Man, Cleveland (Ohio) 1966

HILB, M. (1992a): Innere Kündigung: Ursachen - Folgen - Lösungsansätze. In: Innere Kündigung Ursachen und Lösungsansätze, hrsg. von M. Hilb, Zürich 1992, S. 3ff.

HILB, M. (1992b): Neue Methoden zur Erfassung der Inneren Kündigung. In: Tagung "Innere Kündigung" am 21.10.1992 in Frankfurt/M.

HILLEBRAND, W./LUBER, Th. (1994): Flucht nach vorn. In: Capital 10/1994, S. 114ff.

HILLENGAß, H.W. (1992): Beruf und Freizeit - Trennung oder Ergänzung ? In: Zeitschrift für Führung + Organisation, 1992, Heft 6, S. 383ff.

HÖHN, R. (1974): Das Unternehmen in der Krise. Krisenmanagement und Krisenstab, Bad Harzburg 1974

HÖHN, R. (1982): Die innere Kündigung - ein schlimmes Thema. In: Blick durch die Wirtschaft, 1982, Nr. 11, S. 1 vom 18.01.1982

HÖHN, R. (1983): Die innere Kündigung im Unternehmen, Bad Harzburg 1983

HÖHN, R. (1988): Führen muß man lernen. In: Wirtschaftswoche, 1988, Heft 47, S. 82ff.

HÖHN, R. (1989a): Die innere Kündigung in der öffentlichen Verwaltung, Stuttgart 1989

HÖHN, R. (1989b): Menschliche Schwächen des Vorgesetzten als Grund für die innere Kündigung. In: Zeitschrift für das Post- und Fernmeldewesen, 1989, Heft 5, S. 29ff.

HÖHN, R. (1989c): Das tägliche Brot des Managements, Bad Harzburg 1989

JESCHKE, B. (1993): Konfliktmanagement und Unternehmenserfolg. Ein situativer Ansatz, Wiesbaden 1993

JUNG, R./KLEINE, M. (1993): Management. Personen - Strukturen - Funktionen - Instrumente, München und Wien 1993

KAHN, W.A. (1990): Psychological Conditions of Personal Engagement and Disengagement at Work. In: Academy of Management Journal, Vol. 33, Heft 4, 1990 S. 692 ff.

KANUNGO, R.N. (1982): Work Alientation - An Integrative Approach, New York 1982

KELLER, E. (1987): Die geheime Macht des Modellvorgesetzten. In: Personal - Mensch und Arbeit, 1987, Heft 7, S. 274ff.

KLAGES, H. (1987): Indikatoren des Wertewandels. In: Wertewandel als Herausforderung für die Unternehmenspolitik, hrsg. von Rosenstiel/Einsiedler/Streich, Stuttgart 1987, S. 1ff.

KLUG, S. (1992): Ausstieg: Innere Kündigung. In: Personalwirtschaft, 1992, Heft 12, S. 40

KOBI, J.M. (1986): Unternehmenskultur verstehen, erfassen und gestalten, Landsberg am Lech 1986

KOTTER, J.P. (1991): Abschied vom Erbsenzähler, Düsseldorf 1991

KOWALEWSKY, W. (1990): Über den Umgang mit Vorgesetzten, Köln 1990

KRÜGER, W. (1972): Konflikthandhabung. Grundlagen, Probleme und Instrumente der Konflikthandhabung in der Unternehmung, Berlin 1972

KRÜGER, W. (1974): Macht in der Unternehmung. Elemente und Strukturen, Stuttgart 1974

KRYSTEK, U. (1987): Unternehmungskrisen. Beschreibung, Vermeidung und Bewältigung überlebenskritischer Prozesse in Unternehmungen, Wiesbaden 1987

KRYSTEK, U. (1989): Führung in Ausnahmesituationen. In: Zeitschrift für Führung + Organisation, 1989, Heft 1, S. 30ff.

KRYSTEK, U. (1990a): Outplacement. In: Jahrbuch für Betriebswirte 1990, hrsg. v. H. Stehle/W. Rössle/N. Leuz, Stuttgart 1990, S. 183ff.

KRYSTEK, U. (1990b): Vertrauensbasiertes Controlling. Thesen zur Bedeutung von Vertrauen/Mißtrauen für das Controlling in der Praxis. In: Controlling, 1990, Heft 6, S. 332ff.

KRYSTEK, U. (1991): Controlling als Speerspitze einer Mißtrauensorganisation ? In: Gablers Magazin, 1991, Heft 5, S. 18ff.

KRYSTEK, U. (1992): Ursachen der Inneren Kündigung. In: Tagung "Innere Kündigung" am 21.10.1992 in Frankfurt/M.

KRYSTEK, U. (1993): Chaos und Ordnung im Wechselspiel. In: Gablers Magazin, 1993, Heft 6/7, S. 23ff.

KRYSTEK, U. (1994): Krisen als Chance zur Metamorphose. Schreckgespenst oder Ansatz zum Neubeginn. In: Gablers Magazin, 1994, Heft 4, S. 24ff.

KRYSTEK, U. (1995): Vertrauen oder Mißtrauen als Determinanten von Führungserfolg. In: Führungskräfte und Führungserfolg, Dietger Hahn zum 60. Geburtstag, hrsg. von U. Krystek und J. Link, Wiesbaden 1995 (Druck in Vorbereitung)

KRYSTEK, U./MÜLLER-STEWENS, G. (1993): Frühaufklärung für Unternehmen. Identifikation und Handhabung zukünftiger Chancen und Bedrohungen, Stuttgart 1993

KRYSTEK, U./ZUMBROCK, St. (1993): Planung und Vertrauen. Die Bedeutung von Vertrauen und Mißtrauen für die Qualität von Planungs- und Kontrollsystemen, Stuttgart 1993

LEYMANN, A. (1993): Mobbing, Hamburg 1993

LÖHNERT, W. (1990): Innere Kündigung, eine Analyse aus wirtschaftspsychologischer Perspektive, Frankfurt/M. 1990

LOSCH, U. (1987): Zukunfts-Chancen aufzuspüren ist Sache aller. In: Office Management, 1987, Heft 3, S. 46ff.

LÜBBE, H. (1984): Wertewandel und Arbeitsmoral. In: IBM Nachrichten, 1984, Heft 274, S. 7ff.

MACHARZINA, K. (1990): Leistungsmotivation in der Krise ? In: IBM Nachrichten, 1990, Heft 303, S. 7ff.

MACHLOWITZ, M. (1980): Arbeiten Sie auch zuviel ? Arbeitssucht - wie man damit leben kann, München 1980

MACHWÜRTH, H.P. (1992): Innere Kündigungen erkennen und überwinden. In: Der Karriereberater, 1992, Heft 4, S.69ff.

McGREGOR, D. The human side of enterprise, New York 1960

MEDER, H.-J./BITZER, B. (1993): Fehlzeitenreduzierung durch gezieltes Führungskräftetraining -Das Rückkehrgespräch-. In: Personal, 1993, Heft 5, S. 212ff.

MENTZEL, G. (1979): Über die Arbeitssucht. In: Zeitschrift für Psychosomatische Medizin und Psychoanalyse, 1979, Heft 2, S. 115ff.

NEUBERGER, O. (1989): Symbolische vs. Situative Führung. In: Das Wirtschaftswissenschaftliche Studium, Heft 10, 1989, S. 452ff.

NEUBERGER, O. (1990): Führen und geführt werden, 3. Auflage, Stuttgart 1990

NIEDER, P. (1992): Absentismus. In: Handwörterbuch des Personalwesens, hrsg. von E. Gaugler und W. Weber, 2. Auflage, Stuttgart 1992, Sp. 1ff.

NIEDER, P. (1991): Die Rolle des Vorgesetzten bei der Reduzierung von Fehlzeiten. In: Personal - Mensch und Arbeit, 1991, Heft 1/2, S. 2ff.

NOELLE-NEUMANN, E./STRÜMPEL, B. (1984): Macht Arbeit krank ? Macht Arbeit glücklich ?, München 1984

NUBER, U. (1987): Innere Kündigung: Sollen doch mal andere ran. In: Psychologie heute, 1987, Heft 10, S. 20ff.

NÜTTEN, N. (1988): Die anonymen Kreativen, Wiesbaden 1988

OECHSLER, W. (1979): Konfliktmanagement, Wiesbaden 1979

OEHLERS, H. (1989a): Innere Kündigung (II). In: Möbelmarkt, 1989, Heft 1, S. 271ff.

OEHLERS, H. (1989b): Innere Kündigung (III). In: Möbelmarkt, 1989, Heft 2, S. 453ff.

OEHLERS, H. (1989c): Innere Kündigung (V). In: Möbelmarkt, 1989, Heft 4, S. 840ff.

O. V. (1992): Nicht gerade zimperlich. In: Wirtschaftswoche, Heft 43, 1992, S. 246ff.

O. V. (1994a): Krankenstand auf Krisentief. In: Informationsbrief für Führungskräfte der Höchst AG 1994, Heft 5, S. 6

O. V. (1994b): Macht als Faktor der Unternehmenskultur. In: Beilage „Karriere", Handelsblatt Nr. 45 vom 18./19.11.1994, S. K1

O. V. (1994c): Qualifikation der Manager läßt oft zu wünschen übrig. In: Die Welt vom 15.11.1994, S. 13

O. V. (1994d): Prämien für Gesunde ? Betriebliche Fehlzeiten sind oft hausgemacht. In: Motivation. Magazin für Führungskräfte 6/1988, S. 24ff.

PETERS, T.J. (1993): Jenseits der Hierarchien, Liberation Management, Düsseldorf 1993

PETERS, T.J./WATERMAN, P.H. (1990): Auf der Suche nach Spitzenleistungen, Landsberg am Lech 1990

RAIDT, F. (1987): Die "innere Kündigung" am Arbeitsplatz. In: Der Betriebswirt, 1987, Heft 1, S. 19ff.

RAIDT, F. (1988): Die innere Kündigung, Bergisch Gladbach 1988

RAIDT, F. (1989): Die Innere Kündigung. In: Handbuch Personalmarketing, hrsg. von H. Strutz, Wiesbaden 1989, S. 68ff.

RENTROP, S. (1989): Arbeitssucht, Hamburg 1989

RISCHAR, H. (1992): Wie vermeide ich rechtzeitig meine innere Kündigung ? In: Der Karriereberater, 1992, Heft 4, S. 42ff.

ROSENSTIEL v., L. (1983): Das Betriebsklima geht jeden an, München 1983

ROSENSTIEL v., L.(1991a): Die Arbeitsgruppe. In: Führung von Mitarbeitern, hrsg. von L.v. Rosenstiel/E. Regnet/M. Domsch, Stuttgart 1991, S. 265ff.

ROSENSTIEL v., L. (1991b): Vorgesetzte lernen viel durch Aufwärtsbeurteilung. In: io Management Zeitschrift, 1991, Heft 9, S. 56ff.

ROSENSTIEL v., L. (1992): Führungs- und Führungsnachwuchskräfte: Spannungen und Wandlungen in Phasen gesellschaftlichen Umbruchs. In: Zeitschrift für Personalforschung, 1992, Heft 3, S. 327ff.

ROSENSTIEL v., L. (1993): Was erstreben deutsche Führungskräfte nach dem Wertewandel ? In: io Management Zeitschrift, 1993, Heft 2, S. 87ff.

ROSENSTIEL v., L./NERDINGER, F./SPIES, E. (1991): Was morgen alles anders läuft: die neuen Spielregeln für Manager, Düsseldorf 1991

ROSENSTIEL v., L./NERDINGER, F./SPIEß, E./STENGEL, M. (1989): Führungsnachwuchs im Unternehmen: Wertekonflikte zwischen Individuum und Organisation, München 1989

ROSENSTIEL v., L./STENGEL, M. (1987): Identifikationskrise? - Zum Engagement in betrieblichen Führungspositionen -, Stuttgart 1987

ROSNER, L. (1991): Führungslehre: Grundlagen und Anwendungen, Bamberg 1991

ROSNER, L. (1992): Motive für die Innere Kündigung. In: Der Karriereberater, 1992, Heft 4, S. 87ff.

RÜBER, A. (1990): Die Innere Kündigung - Untersuchung am Beispiel von Schweizer Grossbetrieben, St. Gallen 1990

RÜßMANN, K.H. (1983): Das Alibi Arbeit. In: Manager Magazin, 1983, Heft 7, S. 116ff.

RÜTTINGER, B. (1977): Konflikt und Konflikt lösen, München 1977

RUF, F./BAUER, W. (1992): Arbeitsplatzgestaltung gegen die innere Kündigung. In: der Karriereberater, 1992, Heft 4, S. 35ff.

SÄNNEMANN, K.-O./OEFNER, P./MEES, J./LADDENKEMPER (1994): Sinn-Management. Mehr Effizienz durch Zusammenwirken, Wiesbaden 1994

SAUER, M. (1991): Outplacement-Beratung. Konzepte und organisatorische Gestaltung, Wiesbaden 1991

SCHAAL, W. (1992): Die ganzheitliche Personalarbeit, Heidelberg 1992

SCHERER, H.-P. (1993): Schlechte Zeugnisse. In: Wirtschaftswoche, 1993, Heft 9, S. 40ff.

SCHITTEK, D. (1988): Die innere Kündigung als Führungserfolgserlebnis. In: Der Arbeitgeber, 1988, Heft 21, S. 820ff.

SCHMIDT, W. (1984): Mehr Arbeitszufriedenheit durch Anerkennung. In: management heute, 1984, Heft 1, S. 7ff.

SCHÖMBS, W. (1987): Schlüssel gegen die "innere Kündigung". In: Der Betriebswirt, 1987, Heft 1, S. 25ff.

SCHOLZ, Ch. (1990): Organisationskultur: die 4 Erfolgsprinzipien, Wiesbaden 1990

SCHOLZ, Ch. (1991): Visionäres Personalmanagement. In: Die Unternehmung, 1991, Heft 4, S.241ff.

SCHUCHARDT, S. (1990): HP-Uhren gehen anders. In: Capital, 1990, Heft 2, S. 186ff.

SCHULZ, D. et al. (1989): Outplacement. Personalfreisetzung und Karrierestrategie, Wiesbaden 1989

SEIDEL, E./REDEL, W. (1987): Führungsorganisation, München/Wien 1987

SEGHEZZI, H.D. (1994): Qualitätsmanagement. Ansatz eines St.Galler Konzepts Integriertes Management, Stuttgart und Zürich 1994

SERVATIUS, H. G. (1994): Reengineering-Programme umsetzen. Von erstarrten Strukturen zu fließenden Prozessen, Stuttgart 1994

SEYLER, M. (1992): Arbeit macht Spaß. In: Rheinhessische Wirtschaft, 1992, Heft 9, S. 3f.

SIEBERT, H. (1994): Geht den Deutschen die Arbeit aus ? Neue Wege zu mehr Beschäftigung, München 1994

SÖHNCHEN, R. (1992): Arbeitsmotivation bei Unternehmenssanierungen, Frankfurt/M. 1992

SPRENGER, R. K. (1994): Mythos Motivation. Wege aus einer Sackgasse, 7. Aufl., Frankfurt, M./New York 1994

STAEHLE, W. (1988): Human Ressource Management (HRM). In: Zeitschrift für Betriebswirtschaft (1988), S. 376ff.

STAEHLE, W. (1989): Management. Eine verhaltenswissenschaftliche Perspektive, 4. Aufl., München 1989

STEINLE, C. (1978): Führung. Grundlagen, Prozesse und Modelle der Führung in der Unternehmung, Stuttgart 1978

STEINLE, C. (1992): Führungsstil. In: Handwörterbuch des Personalwesens, hrsg. von E. Gaugler und W. Weber, 2. Auflage, Stuttgart 1992, Sp. 966ff.

STELMASZYK, W. (1981): Führungsansätze, Bad Honnef 1981

STENGEL, M. (1991): Wertewandel. In: Führung von Mitarbeitern, hrsg. von L.v. Rosenstiel/E. Regnet/M. Domsch, Stuttgart 1991, S. 556ff.

STOEBE, F. (1993): Outplacement. Manager zwischen Trennung und Neuanfang, Frankfurt, M./New York 1993

STREIB, F./ELLERS, M. (1994): "Kniet nieder". In: Wirtschaftswoche, 1994, Heft 3, S. 64f.

STRÜMPEL, B. (1985): Arbeitsmotivation im sozialen Wandel. In: Die Betriebswirtschaft, 1985, Heft 45, S. 42ff.

SWILLIMS, E. (1993): Die Strategie der schöpferischen Distanz, Wiesbaden 1993

THOMAS, R. F. (1993): Chefsache Mobbing. Souverän gegen Psychoterror am Arbeitsplatz, Wiesbaden 1993

TSCHIRKY, H./SUTER, A. (1990): Führen mit Sinn und Erfolg, Stuttgart 1990

ULRICH, E. (1992): Arbeitsstrukturierungsmodelle. In: Handwörterbuch des Personalwesens, hrsg. von E. Gaugler und W. Weber, 2. Aufl., Stuttgart 1992, Sp. 374ff.

VOLK, H. (1986): Innere Kündigung von Mitarbeitern als Führungsproblem. In: Zeitschrift für Führung + Organisation, 1986, Heft 6, S. 412ff.

VOLK, H. (1987): Diese Führungsfehler müssen vermieden werden. In: Personalwirtschaft, 1987, Heft 10, S. 449ff.

VOLK, H. (1988): Verhüten Sie die innere Kündigung ihrer Mitarbeiter. In: io Management Zeitschrift, 1988, Nr. 3, S. 124ff.

VOLK, H. (1989a): Demotivierende Führungsfehler und wie sie sich vermeiden lassen. In: Betriebswirtschaftliche Blätter, 1989, Heft 7, S. 322ff.

VOLK, H. (1989b): Der lautlose Abschied von der Leistung. In: Fortschrittliche Betriebsführung und Industrial Engineering, 1989, Heft 2, S. 82ff.

VOLK, H. (1992a): Vorschläge zur Verhütung der Inneren Kündigung. In: Innere Kündigung, Ursachen und Lösungsansätze, hrsg. von M. Hilb, Zürich 1992, S. 75ff.

VOLK, H. (1992b): Anwesend, aber nicht leistungsbereit. In: Personal, 1992, Heft 5, S. 225ff.

WAGNER, D. (1988): Konfliktsituationen in alternativen Organisationsmodellen, München 1988

WAGNER, D. (1992): Personalabbau. In: Handbuch der Personalleitung, hrsg. von D. Wagner, E. Zander und Ch. Hauke, München 1992, S. 615ff.

WAGNER, D./GRAWERT, A./LANGEMEYER, H. (1992): Cafeteria System als Möglichkeit der Flexibilisierung und Individualisierung von Entgeltsystemen für Führungskräfte. In: BFuP 1992, S. 255ff.

WALTHER, H. (1993): Mobbing: Kleinkrieg am Arbeitsplatz. Konflikte erkennen, offenlegen und lösen, Frankfurt, M./New York 1993

WEBER, D./WITTENZELLNER, Ch. (1988): Nicht unter die Räder kommen. In: Management Wissen, 1988, Heft 6, S. 74ff.

WIENDIECK, G./WISWEDE, G. (1990): Führung im Wandel, Stuttgart 1990

WILSON-SCHAEF, A./FASSEL, D. (1994): Suchtsystem Arbeitsplatz. Neue Wege im Berufsalltag und Management, München 1994

WITHAUER, K.F. (1989): Menschen führen, 5. Aufl., Ehingen, Stuttgart, Zürich 1989

WOLFF, G. (1991): Der Mitarbeiter - das unbekannte Wesen. In: Geldinstitute, 1991, Heft 6, S. 72ff.

WOLFF, G./GÖSCHEl, G. (1986): Führung 2000, Frankfurt/M. 1986

WOLFF, G./GÖSCHEL, G. (1991): Erfolg durch motivierte Mitarbeiter, Wiesbaden, 1991

ZANDER, E. (1982): Mitarbeiter informieren. Information als Führungsaufgabe, 3. Aufl., Heidelberg 1982

ZUSCHLAG, B. (1994): Schikane am Arbeitsplatz. Erfolgreiche Mobbing-Abwehr durch systematische Ursachenanalyse, Göttingen 1994

Abbildungsverzeichnis

Tabellenverzeichnis

ANHANG

INNERE
KÜNDIGUNG

Ursachen, Folgen und Lösungsansätze eines
unterschätzten Phänomens

Fragebogen zum Forschungsprojekt
"Innere Kündigung"
an der Fachhochschule Worms

INNERE KÜNDIGUNG

Ursachen, Folgen und Lösungsansätze eines
unterschätzten Phänomens

Fragebogen zum Forschungsprojekt
"Innere Kündigung"
an der Fachhochschule Worms

I ZUM BEGRIFF DER INNEREN KÜNDIGUNG

Welche der folgenden Aussagen trifft zu:
(Nur eine Antwort ist möglich)

1. **Unter Innerer Kündigung versteht man...**

   O.... die stille, mentale Verweigerung engagierter Leistung. Sie vollzieht sich als lautloser Prozeß und ist deshalb für Vorgesetzte und Unternehmensführung schwer zu erkennen und rechtzeitig einzudämmen.

   O.... die gedankliche Vorstufe des Mitarbeiters, dem Unternehmen zu kündigen. Nach dieser zunächst Inneren Kündigung wird vom Mitarbeiter wenig später - als logische Konsequenz - die äußere Kündigung vollzogen.

   O.... die - aus Imagegründen - bewußte Geheimhaltung der wahren Fluktuationsrate in einem Unternehmen. Um potentielle zukünftige Mitarbeiter des Unternehmens nicht abzuschrecken, wird die - oft sehr hohe - Zahl der Mitarbeiter, die gekündigt haben, verschwiegen.

   O.... den bewußten Verzicht auf Eigeninitiative und Engagement eines Mitarbeiters im Unternehmen. Er will zwar seine Stellung behalten, beabsichtigt aber, sich aufgrund der von ihm als frustrierend empfundenen Arbeitssituation in keiner Weise mehr zu engagieren.

2. **Bei der Inneren Kündigung handelt es sich meiner Meinung nach um...**

   O.... ein temporäres Problem, das sich überleben wird.

   O.... ein permanentes Problem mit zunehmender Bedeutung

II DIE SITUATION INNERHALB IHRES UNTERNEHMENS

1. **Wie hoch schätzen Sie den Anteil an innerlich gekündigten Mitarbeitern in Deutschland ein ?**

   .... %

2. **Ist Ihrer Meinung nach der Anteil an innerlich gekündigten Mitarbeitern in den neuen Bundesländern deutlich höher ?**

   O   ja, nämlich .... %   O nein

3. **Wie hoch schätzen Sie den Anteil an innerlich gekündigten Mitarbeitern in Ihrem Unternehmen ein ?**

   .... %

4. **Wie stark ist nach Ihrer Meinung die Innere Kündigung in den folgenden, einzelnen Unternehmensbereichen ausgeprägt ?**

Top Management............................ %	Meisterebene.. %
Mittleres Management...................... %	Facharbeiterebene................................. %
Unteres Management........................ %	Ebene der angelernten Arbeiter...............%
Hilfskräfte in der Verwaltung........... %	Ebene der ungelernten Arbeiter............... %

5. Indikatoren für diese Einschätzung

Bewerten Sie bitte die folgenden Aussagen.

Sicherere Indikatoren für meine Einschätzung des Phänomens sind....	trifft voll zu	trifft ziemlich zu	trifft weniger zu	trifft gar nicht zu
.... eine steigende Fluktuationsquote	O	O	O	O
.... sinkende Produktivitätskennzahlen	O	O	O	O
.... häufigere Fehlzeiten	O	O	O	O
.... nachlassende Bereitschaft zur Teilnahme an Fortbildungsmaßnahmen außerhalb der Arbeitszeit	O	O	O	O
.... ein leeres " Schwarzen Brett " als ungenutzte betriebliche Kommunikationsmöglichkeit	O	O	O´	O
.... Unmutsäußerungen und Schmierereien auf Toilettenwänden und in Sozialräumen	O	O	O	O
.... rückläufige Zahl der innerbetrieblichen Verbesserungsvorschläge	O	O	O	O
.... eine Verschlechterung des Qualitätsniveaus	O	O	O	O
.... ansteigende Kundenreklamationen	O	O	O	O
.... ein steigender Krankenstand	O	O	O	O
.... die geringe Teilnahme an Betriebsversammlungen	O	O	O	O
.... mangelndes Interesse an Betriebsfeiern und -ausflügen	O	O	O	O
.... häufigere Beschwerden beim Betriebsrat	O	O	O	O
.... steigende Bearbeitungszeiten	O	O	O	O
.... sonstige Indikatoren, und zwar:	O	O	O	O

III URSACHEN DER INNEREN KÜNDIGUNG

Bewerten Sie bitte die folgenden Aussagen:

	trifft voll zu	trifft ziemlich zu	trifft weniger zu	trifft gar nicht zu
1. Ursachen, die im privaten und persönlichen Bereich des Mitarbeiters zur Inneren Kündigung führen, sind :				
- Ängstlichkeit	O	O	O	O
- Depressivität	O	O	O	O
- Mangelnde Selbstachtung	O	O	O	O
- Unsicherheit	O	O	O	O
- Geringes Durchsetzungsvermögen	O	O	O	O
- Übertriebene Anforderungen und Karriereerwartungen des Mitarbeiters	O	O	O	O
- Immobilität des Mitarbeiters und die daraus resultierende Bequemlichkeit, seine Stelle zu wechseln	O	O	O	O
- Das Versäumnis, keine individuelle Lebens- und Karriereplanung durchgeführt zu haben	O	O	O	O
- Mangelnde Bereitschaft zur kritischen Reflexion seiner Arbeitssituation	O	O	O	O
- Andere Gründe, und zwar:	O	O	O	O
2. Gesellschaftliche Ursachen, die zur Inneren Kündigung führen, sind :				
- Trend zur Freizeitgesellschaft	O	O	O	O
- Trend zur Anspruchsgesellschaft	O	O	O	O
- Ansteigen der Möglichkeiten, in außerberuflichen Bereichen Anerkennung zu finden	O	O	O	O
- Mangel an kulturellen Leitbildern	O	O	O	O
- Wandel gesellschaftlicher Werthaltungen (Werte wie Selbstverwirklichung und Spaß an der Arbeit treten an die Stelle von Werten wie Firmentreue, Fleiß und Pflichterfüllung)	O	O	O	O
- Zunehmende Perspektiv- und Orientierungslosigkeit	O	O	O	O
- Mangel an gesellschaftlichen Visionen	O	O	O	O
- Diskriminierung gesellschaftlicher Gruppen aufgrund ihres Geschlechts, ihres Alters, ihrer Nationalität oder Ihrer Religion	O	O	O	O
- Andere Gründe, und zwar:	O	O	O	O

3. Ursachen, die im Führungsstil des Vorgesetzten liegen und zur Inneren Kündigung führen, sind :	trifft voll zu	trifft ziemlich zu	trifft weniger zu	trifft gar nicht zu
- Ungenügender Informationsfluß zwischen Mitarbeiter und Vorgesetztem	O	O	O	O
- Informationen werden vom Vorgesetzten gezielt vorenthalten	O	O	O	O
- Informationen werden als Machtmittel eingesetzt	O	O	O	O
- Entscheidungen werden entgegen der Absprache mit dem Mitarbeiter getroffen	O	O	O	O
- Entscheidungen werden über den Kopf des Mitarbeiters hinweg getroffen	O	O	O	O
- mangelnde Bereitschaft des Vorgesetzten zur offenen und sachlichen Diskussion	O	O	O	O
- Verletzende, weil unsachliche und teilweise persönlich degradierende und diffamierende Beurteilung durch den Vorgesetzten	O	O	O	O
- Die Beurteilung erschöpft sich im Negativen ohne Alternativen aufzuzeigen	O	O	O	O
- Lob und Tadel werden ungerecht verteilt	O	O	O	O
- Erfolge werden vom Vorgesetzten für sich beansprucht, Fehlentscheidungen werden dem Mitarbeiter angelastet	O	O	O	O
- Zuviel Totalkontrolle anstelle von Stichprobenkontrolle	O	O	O	O
- Zuviel Fremdkontrolle anstelle von Selbstkontrolle	O	O	O	O
- Kompetenzräuberei des Vorgesetzten, indem er sich in den Kompetenzbereich des Mitarbeiters einmischt	O	O	O	O
- Andere Gründe, und zwar:	O	O	O	O

4. Ursachen, die im Bereich der Arbeitsgruppe liegen und zur Inneren Kündigung führen, sind :

	trifft voll zu	trifft ziemlich zu	trifft weniger zu	trifft gar nicht zu
- Unkollegiales Verhalten der Gruppenmitglieder	O	O	O	O
- Mangel an sozialer Unterstützung durch die Gruppe	O	O	O	O
- Fehlende fachliche Anerkennung in der Gruppe	O	O	O	O
- Starker Konkurrenkampf innerhalb der Gruppe	O	O	O	O
- Unfähigkeit des Gruppenführers, schwelende Gruppenkonflikte zu erkennen und langfristig und endgültig zu lösen	O	O	O	O
- Andere Gründe, und zwar:	O	O	O	O

	trifft voll zu	trifft ziemlich zu	trifft weniger zu	trifft gar nicht zu
5. Ursachen, die im Bereich des Gesamtunternehmens liegen und zur Inneren Kündigung führen, sind :				
- Fehlende Vorbildfunktion des Top-Managements	O	O	O	O
- Mißtrauen als Teil der Unternehmenskultur	O	O	O	O
- Unfähigkeit der Unternehmensführung, Visionen zu entwickeln und vermitteln	O	O	O	O
- Fehlende Transparenz der Unternehmenszusammenhänge	O	O	O	O
- Falsch verstandenes, weil falsch angewandtes Controlling	O	O	O	O
- Rückkehr zum autoritären Führungsstil in wirtschatlichen Krisenzeiten	O	O	O	O
- Unbefriedigende Gestaltung und Abstimmung einzelner Arbeitsbedingungen	O	O	O	O
- Starre, bürokratische Organisations- und Führungsstrukturen	O	O	O	O
- Mangelndes Angebot an Freiräumen zur Kreativitätsenfaltung	O	O	O	O
- Unfähigkeit der Unternehmenspolitik, dem Mitarbeiter die Sinnhaftigkeit seines Handelns zu vermitteln	O	O	O	O
- Andere Gründe, und zwar:	O	O	O	O

IV MASSNAHMEN ZUR BEWÄLTIGUNG DES PHÄNOMENS

1. Bewerten Sie bitte die folgenden Aussagen:

	trifft voll zu	trifft ziemlich zu	trifft weniger zu	trifft gar nicht zu
Als Maßnahme, um das Problem der Inneren Kündigung langfristig in den Griff zu bekommen eignet sich....				
.... das Vermitteln von Visionen durch die Unternehmensleitung und die engagierte Umsetzung durch den einzelnen Vorgesetzten	O	O	O	O
.... die Förderung und Entwicklung einer vertrauensbasierten Unternehmenskultur	O	O	O	O
.... die bessere Sinnvermittlung für die Mitarbeiter	O	O	O	O
.... die Verbesserung des Entlohnungssystems	O	O	O	O
.... das kontinuierliche Mitarbeitergespräch im Rahmen einer individuellen Karriereplanung	O	O	O	O
.... die Selbsthinterfragung des Vorgesetzten zum besseren Problemverständnis	O	O	O	O
.... die Einrichtung kleinerer, überschaubarerer Organsiationseinheiten mit stärkeren Freiräumen zur Kreativitätsentfaltung	O	O	O	O
.... eine Veränderung des Selbstverständnisses der Vorgesetzten: vom " Regieren " zum " Moderieren "	O	O	O	O
.... eine psychologische Unterstützung des Mitarbeiters nach fachlichen Fehlschlägen und bei privaten Problemen	O	O	O	O
.... die regelmäßige Teilnahme der Vorgesetzten an Führungsseminaren	O	O	O	O
.... die positive Gestaltung der im Unternehmen gepflegten Umgangsformen und der unternehmensinternen Kommunikation	O	O	O	O
.... die stärkere Vergabe innerbetrieblicher Titel und anderer, nicht-monetärer Anreize	O	O	O	O
.... das Angebot flexibler Arbeitszeiten	O	O	O	O
.... die regelmäßige Renovierung und Instandhaltung der Arbeitsräume	O	O	O	O
.... regelmäßige Betriebsfeiern unter Teilnahme des Top-Managements	O	O	O	O
.... andere Gründe, und zwar:	O	O	O	O

2. **Werden diese Maßnahmen in Ihrem Unternehmen angewandt ?**

(Wenn einige dieser Maßnahmen in Ihrem Unternehmen nicht zur Anwendung kommen:
Teilen Sie uns bitte mit, welcher Hinderungsgrund vorliegt.)

	ja	nein	Hinderungsgrund:
.... das Vermitteln von Visionen durch die Unternehmensleitung und die engagierte Umsetzung durch den einzelnen Vorgesetzten	O	O	
.... die Förderung und Entwicklung einer vertrauensbasierten Unternehmenskultur	O	O	
.... die bessere Sinnvermittlung für die Mitarbeiter	O	O	
.... die Verbesserung des Entlohnungssystems	O	O	
.... das kontinuierliche Mitarbeitergespräch im Rahmen einer individuellen Karriereplanung	O	O	
... die Selbsthinterfragung des Vorgesetzten zum besseren Problemverständnis	O	O	
.... die Einrichtung kleinerer, überschaubarerer Organsiationseinheiten mit stärkeren Freiräumen zur Kreativitätsentfaltung	O	O	
.... eine Veränderung des Selbstverständnisses der Vorgesetzten: vom " Regieren " zum " Moderieren "	O	O	
.... eine psychologische Unterstützung des Mitarbeiters nach fachlichen Fehlschlägen und bei privaten Problemen	O	O	
.... die regelmäßige Teilnahme der Vorgesetzten an Führungsseminaren	O	O	
.... die positive Gestaltung der im Unternehmen gepflegten Umgangsformen und der unternehmensinternen Kommunikation	O	O	
.... die stärkere Vergabe innerbetrieblicher Titel und anderer nicht-monetärer Anreize	O	O	
.... das Angebot flexibler Arbeitszeiten	O	O	
.... die regelmäßige Renovierung und Instandhaltung der Arbeitsräume	O	O	
.... regelmäßige Betriebsfeiern unter Teilnahme des Top-Managements	O	O	
.... andere Gründe, und zwar:	O	O	

V INFORMATIONEN ÜBER IHR UNTERNEHMEN

1. Welcher Branche gehört Ihr Unternehmen an ?

[ ] Handel
[ ] Dienstleistung
[ ] Industrie

2. Wieviele Mitarbeiter beschäftigt Ihr Unternehmen ?

[ ] unter 50   [ ] 50-100   [ ] 101-200   [ ] 201-500
[ ] 501-1000   [ ] 1001-2000   [ ] 2001-5000   [ ] über 5000

3. Wie hoch war Ihr Umsatz im Jahr 1992 ?

[ ] unter 1 Mio. DM   [ ] 1-5 Mio. DM   [ ] 5-10 Mio. DM   [ ] 10-20 Mio. DM
[ ] 20-50 Mio. DM   [ ] 50- 100 Mio. DM [ ] 100-500 Mio. DM   [ ] über 500 Mio. DM

4. Ist Ihr Unternehmen

[ ] lokal   [ ] regional   [ ] national   [ ] international

tätig ?

Sachregister

HOCHSCHULSCHRIFTEN ZUM PERSONALWESEN
hrsg. von Thomas R. Hummel, Dieter Wagner, Ernst Zander

In der Reihe Hochschulschriften zum Personalwesen erscheinen Arbeiten, die im wesentlichen in universitären Forschungszusammenhängen entstanden sind. Charakteristisch für die Schriftenreihe ist, daß die einzelnen Bände praxisnah und wissenschaftlich fundiert einen für das Personalwesen relevanten Themenbereich behandeln. Sie wendet sich damit an Wissenschaftler und Studierende des Personalwesens sowie an den interessierten Praktiker in Wirtschaft und Verwaltung.

Auswahl einzelner Bände:

Burkhard Müller

Vermittlung von Methodenkompetenz für kaufmännisch-administrative Tätigkeiten
ISBN 3-87988-140-5, Bd. 21, Rainer Hampp Verlag, München und Mering 1995, 229 S., DM 42.80

Die Aus- und Weiterbildung von Mitarbeitern steht immer häufiger im Zentrum der personalwissenschaftlichen Veröffentlichungen und Diskussionen. Ein wesentlicher Grund ist die heute immer schneller voranschreitende Obsoleszenz des Fachwissens. Hiemit bekommen andere Qualifikationen, die häufig als Schlüsselqualifikationen oder als extrafunktionale Qualifikationen bezeichnet werden, eine immer stärkere Bedeutung.

Im Zentrum dieser Arbeit steht ein Teilbereich dieser Qualifikationen, der Bereich der Methodenkompetenz, der z.B. Methoden zur selbständigen Wissensaneignung und Methoden zur systematischen Lösung von Problemen einschließt.

Dabei liegt ein Schwerpunkt in der Entwicklung eines Verfahrens zur Bestimmung konkreter, an einem bestimmten Arbeitsplatz erforderlicher Problemlösungsstrategien. Damit erfolgt hier eine Konkretisierung oder auch eine "Operationalisierung" eines relativ abstrakten Schlüsselqualifikationsbegriffs. Ein weiterer Schwerpunkt stellt die Ableitung von Trainingskonzepten zur möglichst selbständigen Aneignung dieser Strategien durch die Mitarbeiter dar.

Gerade der möglichst eigenständige Erwerb von Strategiewissen setzt eine Rückkopplung hinsichtlich des Ergebnisses, also die Existenz eines Regelkreises, voraus. Im Gegensatz zu technisch-gewerblichen Tätigkeiten treten hier bei kaufmännisch-administrativen Tätigkeiten besondere Schwierigkeiten auf; ein weiterer Aspekt, der in der einschlägigen Literatur bisher wenig Berücksichtigung gefunden hat und der hier bei der Konzeption von Trainingssequenzen berücksichtigt wird.

Matthias Riedel
Evaluationsmanagement betrieblicher Weiterbildung - am Beispiel der Fachausbildung für Zeitoffiziere
ISBN 3-87988-040-9, Bd. 19, Rainer Hampp Verlag, München und Mering
1992, 248 + XV S., DM 42.80

Iris Rohde
Direktansprache versus Stellenanzeige. Welches Verfahren ist bei der Suche von Führungskräften durch Personalberater erfolgversprechender?
ISBN 3-87988-036-0, Bd. 18, Rainer Hampp Verlag, München und Mering
1992, 96 S., DM 26.80

Heike Nolte
Entwicklungspotential im Fach- und Führungskräftebereich. Untersuchung am Beispiel ausgeschiedener Zeitoffoziere
ISBN 3-87988-028-X, Bd. 17, Rainer Hampp Verlag, München und Mering
1992, 278 S., DM 39.80

Helmut Brüggmann
Persönlichkeitsentwicklung als Aufgabe der Personalführung. Eine Untersuchung bewußter und unbewußter Momente in der Personalführung und ihre möglichen Auswirkungen auf die Persönlichkeitsentwicklung
ISBN 3-87988-010-7, Bd. 16, Rainer Hampp Verlag, München und Mering
1991, 220 S., DM 32.80

Esther Rahel Kolter
Strategisches Personalmarketing an Hochschulen. Ergebnisse eines Dreiländervergleichs
ISBN 3-87988-004-2, Bd. 15, Rainer Hampp Verlag, München und Mering
1991, 163 S., DM 32.80

Gudrun Rinninsland
Die Auswirkungen des MitbestG 1976 auf die Gesellschaften mit beschränkter Haftung. Eine empirische Analyse der Machtstrukturen, Konfliktfelder und Entscheidungsprozesse zwischen Gesellschafterversammlung, Aufischtsrat und Geschäftsführung
ISBN 3-924346-96-8, Bd. 14, Rainer Hampp Verlag, München und Mering
1990, 280 S., DM 39.80

Lutz von Rosenstiel (Hg.): **Führung im Systemwandel. Untersuchungen zum Führungsverhalten beim Übergang von der Plan- in die Marktwirtschaft**
ISBN 3-87988-105-7, Rainer Hampp Verlag, München u. Mering 1994, 348 S., DM 58.-

Der Wandel macht Mühe. Selbst in den neuen Bundesländern Deutschlands stellt sich die Transformation von einem System ins andere als harter Weg heraus; bei einigen Ländern in Ost- und Mitteleuropa zweifelt man grundsätzlich, ob er gelingen wird. Dies alles hängt mit Strukturen zusammen, da gibt es kaum Zweifel. Aber innerhalb dieser Strukturen sind Menschen aufgewachsen, haben ihre Orientierungen und Verhaltensstile gewonnen und dort eine Heimat gehabt. Strukturwandel muß entsprechend mit einer Veränderung menschlicher Kompetenzen, Bedürfnisse und Wertvorstellungen einhergehen. Dies gilt im besondern Maße für jene Personen, die Verantwortung für die Organisationen der Wirtschaft tragen: Die Führungskräfte im Osten Europas und besonders in den neuen Bundesländern.

Vor welchen neuen Anforderungen stehen sie, und wie vereinbaren sie dies mit ihren bisherigen Erfahrungen und Gewohnheiten? Sind sie fähig und bereit zu lernen und sich auf die veränderten Anforderungen einzulassen? Unter welchen Bedingungen gelingt die Veränderung des Führungsverhaltens, wann scheitert sie auf welche Weise, und mit welchen Methoden kann der Wandel unterstützt werden?

Das hier vorliegende Buch sucht Antworten auf diese und ähnliche Fragen. Wissenschaftler und Praktiker aus dem "Osten" und dem "Westen", alle verbunden in ihrem Engagement und ihrem Interesse für die Führung im Transformationsprozeß, haben sich zusammengefunden, um das Phänomen grundsätzlich zu überlegen, konkrete Erfahrungen darzustellen, Bedingungen des Erfolgs und Gründe des Mißerfolgs offenzulegen und einen vorsichtigen Blick in die Zukunft zu wagen.

Oswald Neuberger: **Mobbing. Übel mitspielen in Organisationen**
ISBN 3-87988-146-4, Rainer Hampp Verlag, 2., verb. und erweiterte Aufl., München und Mering 1995, 154 S., DM 19.80

Mobbing ist ein Sammelbegriff für feindseliges, drangsalierendes und schikanierendes Verhalten in der Arbeitswelt. Ausgehend von den verschiedenen Definitionen Leymanns (jenes Autors, der das Konzept in Deutschland populär gemacht hat) wird die journalistische und fachwissenschaftliche Rezeption anhand von Fallbeispielen, Argumentationsmustern und empirischen Ergebnissen dargestellt und kritisch untersucht. Mobbing wird als allgegenwärtiger Aspekt organisierten sozialen Handelns gesehen und aus verschiedenen theoretischen Perspektiven analysiert. Einer dieser Zugänge - der mikropolitische - wird ausführlicher behandelt. Auf der Grundlage der Mobbingdefinition "Jemandem wird übel mitgespielt und man spielt wohl oder übel mit" wird Mobbing als komplexes Interaktionsgeschehen rekonstruiert. Statt der einseitigen Parteinahme für das Mobbingopfer wird die Verschränkung der Handlungen von Opfern, Tätern und Zuschauern betont.

Fred G. Becker, Albert Martin (Hg.): **Empirische Personalforschung. Methoden und Beispiele**

Sonderband 1993 der *Zeitschrift für Personalforschung*
ISBN 3-87988-077-8, Rainer Hampp Verlag, München und Mering 1993, 296 S., DM 68.-

Mit diesem Sonderband soll ein Überblick über einzelne Instrumente wissenschaftlicher und betrieblicher Personalforschung geboten werden. Wenngleich dieser Überblick notwendigerweise durch die Auswahl bestimmter Schwerpunktthemen unvollständig bleiben muß, so erschließt sich dem Leser dennoch ein breites Spektrum theoretischer wie praktischer Anwendungen. Da vorwiegend solche Autoren gewonnen werden konnten, die sich neben der theoretischen Auseinandersetzung auch mit der praktischen Umsetzung der von ihnen vorgestellten Instrumente beschäftigen, ergibt sich ein sinnvolles Gleichgewicht zwischen Realitätsnähe und wissenschaftlich-theoretischer Fundierung.

Im ersten Teil werden grundsätzliche Beiträge vorgestellt. Ausgangspunkt der Betrachtung ist die kritische Diskussion solcher Methoden, die traditionell im Zuge der *empirischen Sozial-/ Personalforschung* - zumeist durch Wissenschaftler - angewendet werden, z.B.: nonreaktive Methoden, Fallstudien, Netzwerkanalysen, interpretative Methoden, explorative Studien, qualitative Interviews. Im zweiten Teil wird die Fragestellung behandelt, inwieweit eingeführte Instrumente - z.B. Arbeitsbewertung, Aktionsforschung, Personalbeurteilung, Mitarbeitergespräch, Mitarbeiterbefragung -, mit deren Hilfe sich Informationen im Rahmen der betrieblichen Personalarbeit gewinnen lassen, auch als Instrumente der betrieblichen *Personalforschung* dienen können.

Hartmut Wächter, Thomas Metz (Hg.): **Professionalisierte Personalarbeit?**
Perspektiven der Professionalisierung des Personalwesens

Sonderband 1995 der *Zeitschrift für Personalforschung*
ISBN 3-87988-141-3, Rainer Hampp Verlag, München und Mering 1995, 232 S., DM 48.-

„Is Personnel Management a Profession?" Mit dieser Frage rückt ein besonders problematischer und facettenreicher Aspekt des Managements in den Vordergrund, der - wegen seiner Indirektheit für den Unternehmenserfolg und wegen seiner Wertbehaftetheit - in hervorstechender Weise professionelles Handeln ermöglicht - und vielleicht erfordert. Gleichwohl muß man die Frage stellen, in welcher Weise der Professionalisierungsbegriff überhaupt wesentliche Züge des Personalmanagements abbilden und womöglich auch noch Wandlungen erfassen kann.

Die in diesem Buch versammelten Aufsätze legen auf je verschiedene Weise Zeugnis davon ab, daß sich anhand des Professionalisierungsbegriffes - trotz aller Probleme - verschiedene Tatbestände und Entwicklungen des Personalwesens sinnvoll thematisieren lassen. Das Buch befaßt sich mit „Personalarbeit als Beruf" und wendet sich somit an alle, die sich in Betrieben, als freiberufliche Berater, als Wissenschaftler oder Studierende mit Personalfragen beschäftigen.

Mit Beiträgen von: *Hartmut Wächter, Groria L. Lee & Katrin Limberg, Peter Butz & Brigitta Nöbauer, Rainhart Lang, Dieter Wagner/Eckhard Domnik & Achim Seisreiner, Max Ringlstetter & Axel Kniehl, Joachim Freimuth, Jürgen Beyer & Thomas Metz, Stefan Titscher* sowie mit einem Interview mit *Dr. Hans Böhm* von der DFFP.